U0520161

# 中国经济突围

王东京 著

## 新发展阶段的关键议题

中信出版集团 | 北京

图书在版编目（CIP）数据

中国经济突围 / 王东京著 . -- 北京 : 中信出版社，2022.9（2023.3 重印）
ISBN 978-7-5217-4638-9

Ⅰ . ①中… Ⅱ . ①王… Ⅲ . ①中国经济－研究 Ⅳ . ① F12

中国版本图书馆 CIP 数据核字（2022）第 142162 号

中国经济突围
著者： 王东京
出版发行：中信出版集团股份有限公司
（北京市朝阳区东三环北路 27 号嘉铭中心　邮编 100020）
承印者： 北京盛通印刷股份有限公司

开本：880mm×1230mm 1/32　　印张：17.25　　字数：343 千字
版次：2022 年 9 月第 1 版　　印次：2023 年 3 月第 5 次印刷
书号：ISBN 978–7–5217–4638–9
定价：88.00 元

版权所有·侵权必究
如有印刷、装订问题，本公司负责调换。
服务热线：400-600-8099
投稿邮箱：author@citicpub.com

# 前　言

我注意到一个现象：研究自然科学的学者发表论文，非同行专家一般不会说好说坏；而经济学者发表观点，却往往容易引起人们质疑，甚至遭到指责。再一个现象：我相熟的朋友中，他们大多承认自己不懂物理、化学，却很少有人认为自己不懂经济，每次碰面，大家总会为某个经济话题争论得面红耳赤，谁也说服不了谁。

上面的现象奇怪吗？冷静想其实并不奇怪。道理很简单：自然科学研究的是自然规律，经济学研究的却是人类行为。人们对自己的行为选择，当然更有发言权。而问题就在这里，人们都认为自己懂经济，可各自利益诉求不同，经济学者无论提出何种观点都难免有人反对。难怪当年哈耶克说，经济学家要有面对不受欢迎的勇气。

在我看来，经济学虽不像物理学、数学那样高深，但也并非可以无师自通、人人皆懂。比如，人们通常将成本理解为"耗费"，而经济学却是指"选择的最高代价"；日常生活中，人们相信眼见为实，而经济学认为看见的未必就是真的，需要从看不见的角度分析；人们担心农产品涨价会引发通胀，而经济学认为只有货币超发才会通胀。如此等等，不一而足。

是的，经济学作为一门科学，同样需要学习才能掌握。读者面前的这本书，是我去年出版的《王东京经济学讲义》的姊妹篇，《王东京经济学讲义》旨在用中国案例讲解经济学原理，本书则是示范怎样用经济学原理研究当前我国面临的诸多现实难题。侧重点不同，但殊途同归，目的皆是为读者提供观察经济现象的理论框架。读者可以不同意书中的某些观点，但应该留意我观察分析的角度。

最近几年，对中国经济来说是多事之秋。以美国为首的西方国家先是用高关税围堵中国出口，后又禁止将芯片、光刻机等高科技产品卖给中国。祸不单行，两年前又暴发新冠肺炎疫情，一时间我们腹背受压、险象环生。现在回头看，全球经济下行，中国却一路爬坡过坎、稳中有进。往后的路并不平坦，仍会是危机四伏，我们何以成功突围？本书从宏观和微观两个层面做了分析。

这里要说明的是，本书收录的是我2018年以来在《学习时报》发表的部分专栏文章，写专栏当然是追着热点走，不可能事先设定篇章结构。原本打算出版时就按写作日期的先后排序，而编辑觉得那样排序不方便读者阅读，建议分专题。我认为在理，于是"沙场秋点兵"，来来回回分了多次，现在总算分成我国进入新发展阶段的 11 个关键议题和 2 个附录。

最后还有一点我要提醒读者，阅读本书时，请大家务必注意每篇文章的写作日期。前后跨度 4 年，斗转星移，之前的一些现象（事件）可能已经发生变化，或者有些问题的约束条件已经有所改变，若不回到当时的背景，今天理解起来恐怕会有难度。正是基于此考虑，在各专题的篇章页上，我特地注明了每篇文章的写作日期。

王东京

# 目 录

前 言 · I

## 第一章 告别数量型经济

发展阶段演进的逻辑 · 003

不要以 GDP 论英雄 · 009

产业升级的秘密 · 015

用市场机制保护环境 · 021

怎样研判经济形势 · 027

## 第二章 立足供给侧扩内需

稳中求进关键是"稳就业" · 035

改进供给也是扩内需 · 041

稳就业当从供给侧发力 · 047

隐性失业弊大于利 · 053

引导民间资本投资"新基建" · 059

从企业性质看大众创业 · 065

## 第三章 积极财政加力提效

要重视"看不见的代价" · 073

积极财政不是扩张财政 · 077

警惕地方债闯祸 · 083

结构性减税的两个维度 · 089

用财政倒逼改革 · 095

反对浪费与鼓励消费 · 101

征收房地产税的困难 · 107

## 第四章 稳健货币以静制动

货币政策的目标取向 · 115

通胀是否会卷土重来 · 121

论货币推动力 · 127

"负利率时代"是危言耸听 · 133

高储蓄不会抑制需求 · 139

股市为何测不准 · 145

房价问题症结何在 · 151

"东北大米"现象解析 · 161

## 第五章 有为政府与公共选择

改革需要顶层设计 · 169

行政问责应慎用"一票否决" · 175

政府为何集中采购 · 181

公共选择如何体现民意 · 187
协商与投票可以并行不悖 · 191
将"双减"进行到底 · 197
关键要办好职业教育 · 203

## 第六章 激发市场主体活力

体制成本与改革成本 · 211
用两招支持实体经济 · 217
两问"融资成本" · 223
公共品也需界定产权 · 229
债务风险及其警戒线 · 235
独董辞职是"积极信号" · 241
资本何以无序扩张 · 247
稳定企业家预期 · 253

## 第七章 打通创新"两个一公里"

创新是一连串事件 · 261
专利保护的性质 · 267
用改革推动创新 · 273
谁来承担创新风险 · 279
科技人员创业正当其时 · 285
推动科技与产业对接 · 291
高效率机器不会导致失业 · 297

## 第八章 保护竞争与反垄断

市场竞争及其推论 · 305

从等价交换看反垄断 · 311

反垄断不是"反大" · 317

市场常态是垄断竞争 · 323

技术垄断不排斥创新 · 329

企业为何掠夺性定价 · 335

## 第九章 迈向共同富裕

"三次分配"的制度安排 · 343

不宜过度渲染收入差距 · 349

怎样衡量收入差距 · 355

扶贫应兼顾效率 · 359

共同富裕不是"均贫富" · 365

## 第十章 畅通国内循环

国际分工可以共赢 · 373

国内循环为主绝非封闭循环 · 379

美国为何发动贸易战 · 385

特朗普减税的前景 · 391

关于贸易战的冷思考 · 397

防止"卡脖子"要以卡止卡 · 403

## 第十一章 聚焦乡村振兴

我看乡村振兴战略 · 411

中国今后谁来种地 · 417

"三变改革"的启示 · 423

再论"三变改革"的价值 · 429

耕地流转应以农民为主体 · 435

农民为何贷款难 · 441

## 附录一 观察者说

中国经济学家的责任 · 449

国际视野与历史眼光 · 455

实践是压倒一切的标准 · 461

理论提炼与理论验证 · 467

我与经济学的不解之缘 · 473

## 附录二 回望改革历程

怎样看待改革开放前后两个历史时期
　　——基于我国基本经济制度形成发展逻辑的分析 · 479

中国市场经济改革的逻辑 · 505

国企改革攻坚的路径选择 · 515

后　记 · 535

致　谢 · 539

# 第一章

# 告别数量型经济

**发展阶段演进的逻辑**

（2021 年 8 月 18 日）

**不要以 GDP 论英雄**

（2021 年 2 月 8 日）

**产业升级的秘密**

（2020 年 3 月 20 日）

**用市场机制保护环境**

（2021 年 5 月 28 日）

**怎样研判经济形势**

（2021 年 8 月 7 日）

## 发展阶段演进的逻辑

> 罗斯托关于发展阶段转变动力的研究,为我们提供了一个分析框架。有两个要点:一是"中心人物"的需求升级,二是需求升级要求主导产业转型升级。这个分析框架告诉我们,理解发展阶段转变的理论逻辑,应从"中心人物"需求与主导产业转型升级两个维度入手。

一个国家从落后到发达,需经历不同的发展阶段。1960年,经济学家罗斯托出版《经济成长的阶段》一书,将人类社会划分为六个阶段:传统社会阶段,为起飞创造前提阶段,起飞阶段,向成熟推进阶段,高额消费阶段,追求生活质量阶段。罗斯托指出,"起飞"与"追求生活质量"是两个重要的突变,而"追求生活质量"是所有国家都希望达到的阶段。

经济发展为何会出现不同的阶段？罗斯托用"布登勃洛克式动力"做解释。"布登勃洛克式动力"一词，来自德国现实主义作家托马斯·曼的小说《布登勃洛克一家》。19世纪中期，布登勃洛克一家迁移到卢卑克城，第一代人艰苦创业，终于从社会底层变成了地方富户；而到了第二代，便不再对金钱感兴趣，转向追求社会地位，后来也当上了议员；可到了第三代，既不追求金钱也不追求地位，而转向追求精神生活。

上面这个故事中，由于布登勃洛克家族前后三代人的生活环境不同，需求不断更迭，因此满足需求的方式也不一样。罗斯托由此推断，既然一个家族的变化受"需求"变化所牵引，那么同理，一个国家经济发展阶段的转变，也应由不同阶段"中心人物"的需求所决定。准确地讲，是"中心人物"的需求升级，引起主导产业部门更替，并带动发展阶段不断演进。

罗斯托进一步举证指出，历史上那些为起飞创造前提阶段的新教徒，起飞阶段的企业家，向成熟推进阶段的钢铁大王、石油大王、铁路大王，直至成熟阶段完成后管理企业的专业经理人员，他们都是各自所处时代的"中心人物"，正是他们的需求升级导致主导产业部门改变，从而使发展阶段依次更迭，并形成了各个发展阶段的不同特征。

对经济发展阶段究竟如何划分，目前学者尚有不同看法，大家还可以继续讨论。在我看来，罗斯托关于发展阶段转变动力的研究，为我们提供了一个分析框架。有两个要点：一是

"中心人物"的需求升级，二是需求升级要求主导产业转型升级。这个分析框架告诉我们，理解发展阶段转变的理论逻辑，应从"中心人物"需求与主导产业转型升级两个维度入手。

具体说我们中国，若将为起飞创造前提阶段、起飞阶段、向成熟推进阶段、高额消费阶段统称为"高速增长阶段"，而将追求生活质量阶段称为"高质量发展阶段"，那么我国目前无疑已进入高质量发展阶段。习近平总书记曾明确地讲，现阶段，我国经济发展的基本特征就是由高速增长阶段转向高质量发展阶段。

我国之所以从高速增长阶段转向高质量发展阶段，理由有二。第一，中国作为社会主义国家，"中心人物"是人民群众，人民对美好生活的向往，就是我们奋斗的目标。也就是说，满足人民群众需求，是我们发展经济的出发点和最终落脚点。第二，全面建成小康社会后，人民群众的需求将会不断升级，由此决定，国内主导产业部门当然也需要随之转型升级。

这其实也就解释了我们为何要坚持以供给侧结构性改革为主线。改革开放40多年来，我国中高收入群体在日益扩大，需求结构发生了巨大变化；然而，过去我们的生产要素却长期集中于中低端产业，中高端产业发展相对滞后，造成了中低端产品过剩与中高端产品短缺并存的局面。要扭转供需结构失衡的局面，别无选择，必须从供给侧发力，推进产业基础高级化和产业链现代化。

应该看到，我国目前尚处于全球产业链、供应链的中间位置，一些关键核心技术产品仍高度依赖进口，特别是高端数控机床、芯片、光刻机、操作系统、医疗器械、发动机、高端传感器等还存在"卡脖子"的问题。2018年5月28日，在中国科学院第十九次院士大会、中国工程院第十四次院士大会上，习近平总书记强调："关键核心技术是要不来、买不来、讨不来的。"若不加快推动产业向全球产业链高端延伸，尽快进入研发设计、供应链管理、营销服务等高端环节，我国经济持续稳定发展将难以为继。

纵观世界经济史，有一个不争的事实：谁占据了科技创新的制高点，谁就能成为经济强国。众所周知，英国是工业革命的发源地，第一次世界大战前一直被称为"世界工厂"，可到20世纪初却被美国赶超；第二次世界大战后日本迅速崛起，经济总量超过了德国。美国和日本取得成功的原因虽多，但归根结底是美国引领了第二次和第三次新技术革命，日本也高度重视科技创新。

是的，中国要成为经济强国，必须重视创新。创新不仅决定产业升级的路径，同时也决定中国的国际竞争力。第三次新技术革命前，产业升级路径通常是从劳动密集型升级到资本密集型，然后再升级到技术密集型的。可第三次新技术革命后，产业升级的路径发生了改变，不少企业直接从劳动密集型跃升为技术密集型，也有企业一经设立便是技术密集型，美国的微软、英特尔、苹果等企业就是典型例子。

美国的科技企业为何未走传统升级的老路？经济学的解释是，由于"受价者"与"觅价者"存在差别。受价者是指只能被动接受市场价格的企业，觅价者则是指拥有自主定价权的企业。企业一旦能够觅价，则可在市场上呼风唤雨。问题是，企业为何能觅价呢？是因为有独特的核心技术，别人无法竞争。今天美国成为世界头号经济强国，一个重要原因就是它拥有一大批掌握觅价权的高科技企业。

综上分析，给我们三点启示：第一，未来15～30年我国经济能否真正强起来，关键在于国内产业能否实现跨越性升级；第二，国内产业能否实现跨越性升级，则取决于国内企业能否在国际市场上掌握觅价权；第三，国内企业能否掌握国际市场的觅价权，最终取决于是否拥有独特的关键核心技术。总的结论是：我国要实现由站起来、富起来到强起来的历史跨越，必须把"科技自立自强"作为战略支撑。

## 不要以 GDP 论英雄

> 长期以来,社会上有一种流行的看法,认为一个国家经济增长率越高,GDP 规模就越大,经济实力也就越强。若仅从当期看,这样讲没有错。但要是拿不同时期的增长速度做比较,得出上面的判断却是错的。不同时期的增长速度,其高低并不具有可比性。GDP 增长率并不代表一国经济实力的强弱。

岁末年初,人们自然关心新一年的经济走势。2020 年受新冠肺炎疫情影响,中央没有提出 GDP(国内生产总值)增长的具体指标,而全年实际增长 2.3%。有海外研究机构预测,我国 2021 年经济增长率将达到 7% 或 8%。此数据令人欣喜,也备受鼓舞。不过我认为,GDP 增速能达到多少其实并不是最重要的,最重要的是经济发展质量。

我曾说过,一个国家进入工业化后期,增长速度必会放缓。经济增长率=(当年国内生产总值/上年国内生产总值–1)×100%。随着经济总量的增加,等式右边分母越来越大,而由于边际产出递减规律的作用,分子与分母的比率铁定会下降。比如,当 GDP 为 10 亿元时,新增加产值 8 000 万元,增长率为 8%;而当 GDP 扩大到 100 亿元时,即便新增加 5 亿元产值,增长率也仅为 5%。这是说,经济发展到一定阶段,增速放缓是客观规律。

西方工业国家的经验已经印证了这一点。今天的发达国家,皆经历了从农耕社会到工业社会再到后工业社会的转型。农耕时代经济增长慢;进入工业化时代,经济增长明显加快;到工业化后期,增长速度又放慢了。20 世纪 50 年代,美、日、德、法等国的年均增长率分别为 4.2%、8.8%、9.1%、4.8%;而 21 世纪的前 10 年,则分别降至 2.1%、1.5%、2.1%、1.2%。

长期以来,社会上有一种流行的看法,认为一个国家经济增长率越高,GDP 规模就越大,经济实力也就越强。若仅从当期看,这样讲没有错。但要是拿不同时期的增长速度做比较,得出上面的判断却是错的。不同时期的增长速度,其高低并不具有可比性。GDP 增长率并不代表一国经济实力的强弱;而且做这种比较,还很容易误导人们追求高速度。

请读者看下面两组数据:1992 年,我国 GDP 总量为 2.7 万亿元,增长率为 14.2%;2019 年,我国 GDP 总量为近 100

万亿元，增长率为 6.1%。若论增速，2019 年明显低于 1992 年；可从新增加的产值看，1992 年仅增加 3 800 亿元，2019 年却增加了近 6 万亿元。可见，不同时期的经济增长率，与一个国家的财富存量（经济实力）并不是一回事。

再往深处想，一国的财富存量，其实也不代表该国的财富生产力。德国经济学家李斯特有一个著名观点：不能将财富存量与财富生产力混为一谈。他解释说，财富生产力好比果树，财富存量则是果树结出的果子，财富生产力要比财富存量重要得多。是的，一个国家的 GDP，只是该国的财富存量，而财富的市值，则取决于该国财富创造收入的能力。

举个例子解释。现在有甲、乙两人，分别购置了 100 万元的机器。从存量看，他们的财富都是 100 万元。可甲的机器每年可创造 10 万元收入，乙的机器每年只创造 4 万元收入。按照资产定价原理：资产价格 = 该资产未来年收入 / 银行年利率。假定年利率为 5%，那么甲的资产市值为 200 万元，乙的资产市值仅为 80 万元。同样是 100 万元的资产存量，由于财富生产力不同，甲的财富增值了 1 倍，乙的财富却缩水 20%。

由此分析，便有三点结论：第一，经济增长速度放缓是客观规律，当一个国家经济发展到一定阶段后，不应继续追求高速度；第二，增长速度快慢并不反映一个国家经济实力的强弱，所以既不必纠结增长速度快慢，也不必拿增长速度做纵向或横向比较；第三，一国财富生产力比财富存量更重要，发展经济的重点是提高财富生产力，而不是追求 GDP 增长率。

习近平总书记明确讲，现阶段，我国经济发展的基本特征就是由高速增长阶段转向高质量发展阶段。如果说在过去的高速增长阶段，经济主要靠投资、出口拉动，那么进入高质量发展阶段后，则应主要靠创新驱动。这不仅是因为以往高投入、高能耗、高污染的生产方式已难以为继，在当前贸易保护主义、逆全球化盛行的背景下，主要靠出口拉动经济也已难以为继。

事实上，经过 40 多年改革开放，我国已经具备高质量发展的基础条件。从生产供给看，我们具有最完整、规模最大的工业供应体系，拥有 39 个工业大类、191 个中类、525 个小类，是全球唯一拥有联合国产业分类中全部工业门类的国家。从消费需求看，我国有 14 亿人口，人均 GDP 达到 1 万美元，中等收入群体已超过 4 亿人，规模居全球第一，已成为全球最大的消费市场。

可同时也要看到，我国目前尚处于全球产业链、供应链的中间位置，一些关键核心技术产品仍高度依赖进口，特别是高端数控机床、芯片、光刻机、操作系统、医疗器械、发动机、高端传感器等还存在"卡脖子"的问题。随着中国经济的崛起，西方主要国家的先进技术产品已越来越难以引进，以前能够引进的现在也变得困难重重，甚至出现了"断供"现象。

严峻的现实提醒我们：关键核心技术是要不来、买不来、讨不来的。要打破西方国家的围堵和封锁，我们绝不能再追求高速度，而应转向高质量发展。要加快推动产业向全球产业链的高端延伸，引领并主导全球创新链、供应链重构。为此，必须加大关键核心技术攻关，抢占全球技术创新的制高点。只有坚持自主创新，才能从根本上解决被人"卡脖子"的问题。

转眼就到了 2 月中旬，全国"两会"召开在即，我写这篇文章，中心意思就一句话：财富存量不等于财富生产力。各地在谋划全年经济工作时，不必过多地纠结 GDP 增速，更不要以 GDP 论英雄，而应把主要心思放在怎样改进发展质量上。

# 产业升级的秘密

> 产业升级是部门内企业竞争推动的结果，目的是争取超额利润。产业升级的路径则取决于企业是否具有定价权，企业没有定价权会向资本密集型升级，而有定价权则升级为技术密集型。定价权来自独特的核心技术，要实行跨越式升级，前提是必须有自己的核心技术。

学界对产业升级有两种解释，一种解释是用高新技术改造提升现有产业，而另一种解释是产业重心依次从第一产业向第二、第三产业转移。对以上两种解释，我赞成第一种。严格地讲，产业重心转移属结构升级而非产业升级。产业升级有两个前提：一是产业保持不变，二是生产效率或产品附加值要提升。否则，就不是产业升级。

举农业的例子。众所周知,人类早期农业刀耕火种、广种薄收,生产效率极低,后来随着犁、耙等手工农具的出现,生产效率逐步提高。直到18世纪工业革命到来,机器的发明推动了机械化农具的采用,农业才真正得以升级。不过到19世纪末,虽然农具的自动化程度不断提高,但种植技术却未有大的改进,故此前的农业被称为"传统农业"。进入20世纪后,生物技术开始应用于农业,于是传统农业向现代农业升级。

从上面的例子可以看出,农业的升级是逐渐从劳动密集型到资本密集型再到技术密集型的。纵观经济发展史,其实不只是农业,其他产业的升级路径也皆如此。比如制造业,先从手工生产升级到机械化生产,然后升级到智能机器生产;服装业最初也是手工缝制,后来采用半自动缝纫机,而今天则采用全自动化机器。

这样就提出了以下问题:从劳动密集型到资本密集型再到技术密集型,此路径是不是产业升级的一般规律?如果是,那么这一规律形成的内在机理为何?如果不是,比如产业可从劳动密集型直接升级为技术密集型,那么促成这种跨越式升级的原因又是什么?我写这篇文章正是要揭开隐藏在其背后的秘密。

不可否认,从农耕社会到工业化中期,产业升级确实是从劳动密集型转向资本密集型的。正因如此,马克思当年用"资本有机构成"来反映产业的技术水平。所谓资本有机构成,是指由资本技术构成决定的价值构成。技术构成是机器与劳动力的配比，而价值构成是技术构成的货币形态。比如原来机器与工人的比例为1∶1；而现在为5∶1，则技术构成提高了4倍。技术构成提高，作为价值形态的资本有机构成也会提高。

要追问的是，工业化中期前企业为何会普遍提高资本有机构成？我的解释是，由产业内部的竞争所致。具体说：第一，企业作为市场主体皆有追求利润的动机；第二，为取得超额利润，企业间必出现竞争；第三，产品价格不由企业决定而由市场供求决定。既然企业不能自行定价，要争取超额利润就只能降成本。而要降成本，当然得提高资本有机构成。

举例解释吧。假若有三家企业生产同样的玻璃杯，而玻璃杯的市场价格为每只10元。这是说，玻璃杯若超过10元，消费者不会买。既然价格不能涨，企业要赚取更多利润，关键就看能否降低成本。怎样降低成本呢？办法不外是降低生产耗费或者提高生产效率，而这两者都需使用先进的生产设备。多年前我考察过宁波的一家汽车零配件加工企业，据称使用数控机床后这家企业不仅材料耗费比原来降低了1.2%，生产效率也提高了3倍。

是的，降低耗费可直接降成本；不过想深一层，提高效率实际也是降成本。生产效率提高，表明用相同时长生产的产品数量增加，单位产品所耗费的劳动时间减少。劳动时间的节约，当然是成本的节约。从这个角度看，我们就不难理解工业化中期前的产业升级为何会从劳动密集型转向资本密集型了。

说到底，是价格被市场锁定后，企业为争取超额利润不得已的选择。

以上分析的是工业化中期之前的情形。然而，进入工业化中后期，特别是第三次新技术革命后，产业升级发生了变化，有不少企业直接从劳动密集型跃升为技术密集型，也有企业一经设立便是技术密集型，微软、英特尔、苹果公司等就是典型的例子。而且据我所知，国内的大牌制药企业同仁堂、九芝堂等，产业升级也主要靠提升技术含量，而不是提高有机构成。

于是我们要问，为何微软、苹果公司不再走传统升级的老路？读者也许会说，是新技术革命带来的改变。不错，这肯定与新技术革命有关。但若进一步问：第三次新技术革命到来已有半个多世纪，可为何至今仅有少数企业能跨越式升级而多数企业不能？显然，对这个现象仅用新技术革命难以解释。我的观点是，新技术革命是产业跨越式升级的必要条件而非充分条件，背后另有更深层的原因。

更深层的原因是什么呢？对此我们需借助经济学的"受价"与"觅价"原理做分析。所谓受价，是指企业被动接受市场价格，觅价是指企业自主定价。而且经济学理论指出，所有竞争性企业皆为受价者，而垄断企业皆为觅价者。经济学理论还表明，垄断企业之所以能觅价，是因为它有独特技术，别人无法竞争，它可以通过调控产量主导定价。

问题的关键就在这里。读者想想，一个企业一旦拥有了定价权，争取超额利润还需降成本吗？当然不需要。无须降成本，企业也就不必去提高有机构成。相反，由于市场上存在众多潜在竞争者，为了维护定价权，企业会不断加大创新投入，让产品向更高的技术层面升级。留心观察，其实生活中不乏这样的例子，比如苹果手机现已升级到 iPhone 11，可苹果公司自己主要做研发，产品却委托给别的企业生产。

最后归纳一下本文要点：第一，产业升级是部门内企业竞争推动的结果，目的是争取超额利润；第二，产业升级的路径则取决于企业是否具有定价权，企业没有定价权会向资本密集型升级，而有定价权则升级为技术密集型；第三，定价权来自独特的核心技术，要实行跨越式升级，前提是必须有自己的核心技术。

# 用市场机制保护环境

> 用市场机制保护环境，政府只需做两件事：一是界定碳排放权，二是开放碳排放权交易市场。不然就只能征收"庇古税"。中外实践证明，用市场机制限排要比政府限排更有效率。今天经济学家大多赞成科斯方案而不支持庇古方案，因为庇古方案是一种政府限排方案。

"污染防治攻坚战"三年行动，2021年是决胜之年。中国的体制优势是集中力量办大事，而中央高层又高度重视生态环境保护，并将"生态文明建设"纳入"五位一体"总体布局，所以对打赢这场攻坚战我从未怀疑过。不过着眼于未来，我认为当前亟待研究的，是怎样巩固攻坚战取得的成果，建立推动生态文明建设的长效机制。

2021年4月,习近平主席在领导人气候峰会上发表重要讲话,他指出"保护生态环境就是保护生产力,改善生态环境就是发展生产力"。然而,据我所知,对如何保护和改善环境,时下多数人的看法是靠政府监管与财政投入。政府监管与财政投入当然重要,也是政府义不容辞的职责。可从长远看,我认为应利用市场机制,让市场在保护和改善环境中发挥更重要的作用。

保护环境与改善环境虽然有联系,但也有区别。环境之所以要被保护,潜台词是有人为了自己的利益可能会损害环境。众所周知,碳排放会造成环境污染,可为何企业不主动限排?经济学解释,是企业只承担生产的私人成本而不承担损害环境的社会成本。由于私人成本与社会成本分离,企业对碳排放才漠不关心,甚至肆无忌惮。

由此看,要限制碳排放,关键是要将社会成本内化为企业成本。问题是,怎样内化?经济学家曾提出两种不同的方案:20世纪初,英国经济学家庇古提出了征税补偿方案,即由政府先向进行了碳排放的企业征税,然后再补偿给受损居民。可是科斯于1960年发表《社会成本问题》一文,明确表示不赞成庇古提出的方案,他认为政府征税虽然能内化社会成本,但并非唯一方案,更不是最佳方案。

科斯提出的方案,是通过市场内化。该方案有两个重点。第一个重点是,根据交易成本分摊社会成本。在科斯看来,分摊社会成本的实质是分配碳排放权（界定产权），而交易成本是指信息、沟通、协调等的费用。科斯说，将碳排放权界定给企业，企业则无须承担社会成本；若不将碳排放权界定给企业，社会成本就得由企业承担。至于碳排放权到底如何分配，政府要根据交易成本高低来决定。

第二个重点是，开放碳排放权交易市场。分配碳排放权只是内化社会成本的第一步，同时还得允许碳排放权交易。具体说，企业要想获得碳排放权，必须先从市场购买到排放指标，买不到或买不起排放指标，企业就只能限排。用市场机制优胜劣汰，正是科斯方案的目的所在。

概而言之，用市场机制保护环境，政府只需做两件事：一是界定碳排放权，二是开放碳排放权交易市场。不然就只能征收"庇古税"，或者由政府用行政命令直接管控。中外实践证明，用市场机制限排要比政府限排更有效率。今天经济学家大多赞成科斯方案而不支持庇古方案，归根结底，因为庇古方案是一种政府限排方案。

回头再讨论改善环境。前面分析过，保护环境的关键是内化社会成本。而改善环境不同，其中一个显著特点是，改善环境具有正外部性，社会收益往往大于私人收益。也正因如此，鼓励人们投资改善环境，就得设法将社会收益内化为投资者收益。经验表明，要是没有利益驱动，投资者通常不会有改善环境的动力。

时下很多人对"绿水青山就是金山银山"有误解，以为环境好了经济也就发达了，其实不然。习近平总书记还讲过："我们既要绿水青山，也要金山银山。宁要绿水青山，不要金山银山，而且绿水青山就是金山银山。"意思很清楚，绿水青山与金山银山有时会有冲突，当两者有冲突时也不能牺牲环境；而另一层意思，是说绿水青山变成金山银山，需要有相应的盈利模式。

以"美丽乡村建设"为例。2013年12月，在中央城镇化工作会议上，习近平总书记要求"让居民望得见山、看得见水、记得住乡愁"。鼓励农民建设美丽乡村，就得将改善乡村环境的社会收益变成农民收入。可这样在操作上却有两大困难：一是环境属公共品，由于环境消费不排他，无法向游客收费；二是即便能够收费，也难以计价。比如"乡愁"作为游客的心理感受，游客享受了多少乡愁说不清，乡愁值多少钱也说不清。

解决以上难题，当然也不是毫无办法。经济学的办法是，找委托品，并借助委托品进行交易。让我用矿泉水做解释。你认为商家卖矿泉水是在卖什么？若你以为只是卖水就错了。商家不单是卖水，同时也是卖"方便"。由于"方便"不好计价，于是将"方便"委托到了矿泉水上。比如，一瓶矿泉水300毫升卖2元，600毫升卖3元，水多一倍而价格未高一倍，因为水增加了而"方便"未增加。

类似的例子很多。我曾亲眼见到，湖南省永州市新塘村土壤环境好，农民把无污染的土壤环境委托到蔬菜上，将蔬菜和"环境"一起卖到了粤港澳；湖南省吉首市隘口村将当地特殊的气候委托到茶叶上，将茶叶和"气候"销到了全国各地；湖南省湘西自治州马王溪村发展观光农业，将田园风光委托到了生态产业上，黄桃当地市价4元一斤，而观光客自己采摘，8元一斤不打折。

再往深处想，不同的环境要素其实皆可找到相应的委托品。上面例子中，农民将特色山水委托到了特色农产品上；同理，乡愁虽不好计价，但也可委托到古村、古树、古井、古建筑的门票上。可以肯定的是，只要找到了委托品，社会收益便可内化为投资者收益。而改善环境一旦可以带来收入，人们当然会积极改善环境。

# 怎样研判经济形势

> 用"投资、消费、出口"的增长率判断经济形势并不可取。从经济学角度看,"投资、消费、出口"皆属于一定时期的支出。支出增加,并不保证收益就一定增加;有些时候,支出增加反而可能让收益下降。个中原因是,支出增加后收益能否增加要受诸多条件的约束。

有个现象不知读者是否注意到,时下经济专家在分析经济形势时,所用方法皆大同小异:首先根据 GDP 增长率对经济形势进行总体判断;然后再分别用"投资、消费、出口"的数据与上年对比,要是今年的增长速度高于去年同期,就认定经济形势向好,反之,则认为形势不乐观。

回想起来,当年我读大学时老师就是这样教的,学生也这样听，而且也不见学界对此有何异议。想来也是，那时候刚改革开放不久，中国经济正处于"起飞阶段"，而1982年召开的党的十二大明确提出：到2000年，国内生产总值要比1980年翻两番。在那样的背景下，根据增长速度研判经济形势，当然无可厚非。

然而，今非昔比。2010年，中国GDP总量超过了日本，成为全球第二大经济体；2013年，中国经济进入发展新常态，同时中央提出要"稳增长"。读者应该记得，在此之前中央强调的是"保增长"（保增长率8%）。从"保增长"到"稳增长"，这一变化所释放出的信号是，不再追求高速度，而要更加重视经济发展质量。

特别是最近几年，这方面的信号已越来越强烈。2017年，党的十九大报告指出，"我国经济已由高速增长阶段转向高质量发展阶段"。2020年召开党的十九届五中全会，习近平总书记又指出，我国已进入新发展阶段，并强调新发展阶段是我们党带领人民迎来从站起来、富起来到强起来历史性跨越的新阶段。

于是就引出了一个问题：在高速增长阶段，我们根据增长速度研判经济形势，那么进入高质量发展阶段后，应该怎样分析经济形势呢？不知读者有何高见，有一点我可以肯定，那就是不能再用过去的老办法。因为无论是GDP增速，还是投资、消费、出口的增速，皆是数量指标，并不反映一个国家（地区）的经济发展质量。

我曾撰文说过，GDP增长率高低并不代表一个国家的经济实力。可对比下面两组数据。第一组数据：2010年，我国GDP增长率为10.3%，总产值为39.7万亿元，新增产值约4万亿元。第二组数据：2019年，我国GDP增长率为6.1%，总产值为99.1万亿元，新增产值近6万亿元。2019年的GDP增长率虽然比2010年低4.2%，可新增产值却多出2万亿元。

由此见，GDP增长率与经济形势不可以画等号，不能说增长率高形势就好，也不能说增长率低一些形势就不好。事实上，进入工业化中后期，增长率放缓在所难免。如西方工业七国，它们在经济起飞阶段、向成熟推进阶段以及高额消费阶段，皆保持了较高的增长率，而进入追求生活质量阶段后，增长却明显放慢，且无一例外。

再往深处想，用"投资、消费、出口"的增长率判断经济形势并不可取。从经济学角度看，"投资、消费、出口"皆属于一定时期的支出。支出增加，并不保证收益就一定增加；有些时候，支出增加反而可能让收益下降。个中原因是，支出增加后收益能否增加要受诸多条件的约束。此点重要，让我分别解释。

关于投资与收益。经济学有一个基本规律："投资边际收益递减。"意思是，如果其他条件不变而增加投资，新增投资与新增收益的比率会不断下降。举个例子：某企业大规模增加了投资，产出也会随之增加；可若市场需求未增加，或者产品销售不对路，就会形成大量库存。倘若如此，投资增加后利润不会增加，甚至可能亏损。

关于消费与收入。一般来讲，消费支出要由收入决定。这是说，一定时期消费支出增加，表明同期居民收入在增加。但这并非铁律。比如发生通胀后，消费支出增加也许是消费品涨价所致，而非收入增加；而有了消费信贷后，人们贷款买车买房，消费增加也不代表当期收入增加。

关于出口与进口。本国将商品出口到国外可以换回外汇，但换外汇本身并不是目的，出口的目的是进口。说得更直白些，外汇的实质是外国对本国的欠债（或借条），若不用于进口，外汇不过是一串数字或者一堆纸。也正因如此，在大多数经济学家看来，外贸顺差和外汇储备并非越多越好，最佳状态是进出口平衡。

读者要是同意以上分析，那么我国进入新发展阶段后，研判经济形势就不应再看支出，而应重点看发展质量。发展质量怎样看？近段时间我一直在思考，思来想去，我认为应从收益角度看，可具体分为三个层面。

第一个层面，看总收入。总收入包括居民收入、企业利润、政府收入。这三大主体的收入，加总起来就是国民收入。国民收入不同于GDP，国民收入是一个反映经济质量的指标，一定时期国民收入增加，说明经济发展质量在提升；国民收入减少，说明经济发展质量下降。

第二个层面，看经济基本盘。所谓经济基本盘，是指失业率、通胀率、宏观债务率以及国际收支状况等。若失业率和通胀率适度，而宏观债务率可控，国际收支保持平衡，表明经济运行质量稳定。反之，如果失业率和通胀率大幅上升，宏观债务率超出警戒线，国际收支出现逆差，表明经济运行存在隐患，发展质量不佳。

第三个层面，看收入结构。生产的目的是满足消费，既如此，分析经济形势还应从收入结构看。若居民收入、企业利润、政府税收保持同步增长，说明投资与消费的比例协调；反之，若居民收入增长低于企业利润增长，意味着国内消费需求不足，而企业利润增长低于政府税收增长，说明税负偏重，经济发展缺乏后劲。

# 第二章

## 立足供给侧扩内需

稳中求进关键是"稳就业"
（2020 年 7 月 3 日）

改进供给也是扩内需
（2019 年 12 月 11 日）

稳就业当从供给侧发力
（2020 年 6 月 3 日）

隐性失业弊大于利
（2022 年 3 月 28 日）

引导民间资本投资"新基建"
（2020 年 6 月 8 日）

从企业性质看大众创业
（2021 年 2 月 20 日）

## 稳中求进关键是"稳就业"

> 政府调控目标的排序,焦点在于处理两组关系:一是充分就业与稳定物价的关系,二是稳定物价与经济增长的关系。若按"稳定规则"排序,"充分就业"应排在其他目标之前。一旦出现大面积失业,就会危及社会稳定。

"稳中求进"是中央确定的工作总基调,所谓"稳",是指稳住经济基本盘。何为经济基本盘?从经济学角度讲,其实就是政府宏观调控所希望达到的"四大目标":充分就业、稳定物价、国际收支平衡、适度增长。若将这"四大目标"进一步分解,则为"六稳",即稳就业、稳金融、稳外贸、稳外资、稳投资、稳预期。

对"四大目标"与"六稳"的关系,倒转过来也许更容易理解：稳就业，目的是实现充分就业；稳金融，是为了稳定物价；稳外贸、稳外资，旨在维持国际收支平衡；稳投资、稳预期，则是为了稳增长。据我所知，迄今为止经济学家对政府调控有"四大目标"并无异议。大家的分歧在于，以上"四大目标"应该如何排序？

早在20世纪50年代，西方学者就对政府调控目标的排序产生过争论。凯恩斯学派主张"增长优先"，货币学派却主张"稳定物价优先"。10多年前，国内也有学者主张优先"促进经济增长"；2018年底，中央经济工作会议明确提出"实施就业优先政策"。表面看，以上只是目标排序不同，无碍大局。可问题是，调控目标的排序不同，政府宏观调控政策的发力点与着力点也会大为不同。

从操作层面讲，对政府调控目标排序，首先需要确定排序"规则"。只要规则确定了，排序问题便可迎刃而解。那么应该用什么作为排序规则呢？我的观点是，对政府来说，最重要的是"社会稳定"。邓小平同志曾有一句名言："稳定压倒一切。"中央提出"稳中求进"工作总基调，强调的也是以"稳"为前提。由此说，政府调控目标应将"稳定"作为排序的规则。

前面说过，学界关于政府调控目标的排序，焦点在于处理两组关系：一是充分就业与稳定物价的关系，二是稳定物价与经济增长的关系。若按"稳定规则"排序，"充分就业"应排在其他目标之前。通胀发生后，虽然人们的实际收入会下降，但损失最大的却是高收入者。可失业不同,失业者大多是低收入者,一旦出现大面积失业,就会危及社会稳定。

同样的道理,"稳定物价"应该排在"经济增长"之前。经验表明,若将"经济增长"排在"稳定物价"的前面,政府通常会采用扩张性货币政策,货币大水漫灌,结果必引发通胀,而最终会影响社会稳定。一个国家失去稳定,经济也就不可能持续增长。正因如此,中央提出的"六稳"首先是稳就业,其次是稳金融(物价),再次是稳外贸、稳外资(国际收支),最后才是稳投资和稳预期(增长)。

有一种看法需要澄清:人们主张"增长"优先,据说理由是"发展是执政兴国第一要务"。显然,这是混淆了"增长"与"发展"的区别。在经济学里,增长是指GDP总量增加,而发展则是指社会全面进步。经济学家金德尔伯格对此做过形象的解释:增长是指人的身体长高,发展是指人的素质提升。习近平总书记提出的"新发展理念",就是对"发展"的最好诠释。

由此见,中央提出"六稳",是根据"稳定规则"对政府调控目标的排序,也是经济基本盘。要稳住经济基本盘,必须优先保就业和民生。为此,就得保市场主体、保粮食能源安全、保产业链供应链、保基层运转。公开数据显示,我国中小企业数量已占到市场主体的90%,创造了80%以上的就业。这是说,要保就业和民生,当务之急是保市场主体,而重点则是保中小企业。

毋庸讳言，目前中小企业确实面临诸多困难。一方面是受新冠肺炎疫情影响；另一方面是由于税费偏重，经营成本偏高，以及融资贵、融资难问题仍然突出。为帮助企业降成本，国务院今年推出一系列举措。比如，延长小规模纳税人减免增值税政策的执行期限；将小规模纳税人增值税起征点，从月销售额10万元提高到15万元；对小微企业和个体工商户年应纳税所得额不到100万元的部分，在现行优惠政策的基础上，再减半征收所得税等。

为解决融资难问题，国务院今年相继出台了小微企业贷款延期还本付息和融资担保降费奖补政策；持续增加首贷户，推广随借随还贷款。要求大型商业银行今年的普惠小微企业贷款增长30%以上，并适当降低小微企业支付的手续费。与此同时，还强调优化利率监管，进一步降低实际贷款利率，引导金融系统继续向实体经济让利，确保企业综合融资成本稳中有降。

以上举措，对广大中小微企业无疑是雪中送炭，我举双手赞成。不过，对解决企业融资难问题，我却想做一点补充。时下学界有一种看法，认为中小微企业贷款难，责任在银行，是银行嫌贫爱富。而银行却说，不给中小微企业贷款，主要是企业没有资产抵押。是的，银行信贷资金来自储户，当然要对储户负责。试想，若企业无资产抵押，日后银行贷款收不回怎么办？

困难就在这里：银行希望贷款安全，而中小微企业却缺少对应的资产抵押。这个困局怎样破解？政府现行的办法是，鼓励银行发放信用贷、无还本续贷。可这些措施只是缓解了中小微企业的融资难问题，而未保证银行的信贷安全。我想到的办法是，政府出资组建担保公司，一手托两家：在为中小微企业提供融资担保的同时，也为银行免去后顾之忧。

# 改进供给也是扩内需

> 19世纪初,萨伊提出了"供给自动创造需求"原理。其论证逻辑是,当社会出现分工后,人们要通过交换互通有无。而从交换看,一个人卖自己的商品,目的是购买别人的商品。既然大家都为买而卖,有供给必有需求。换句话说,扩供给也就是扩需求。

毋庸讳言,中国经济当前仍面临下行压力。2019年前三个季度的数据显示,GDP平均增长6.2%。为了稳增长,最近学界主张扩内需的呼声很高。扩内需当然有必要,但我认为怎样扩内需值得研究。学界流行的观点是,扩内需只能从需求侧发力。而我不同意这种看法,在目前结构失衡的背景下,扩内需的重点是改进供给,改进供给其实也是扩内需。

我曾撰文指出,供求平衡的关键在结构而不在总量。总量平衡不等于结构平衡，结构失衡则总量一定会失衡。这是说，直接从需求侧扩投资和消费，虽有助于总量平衡，但若不解决结构问题，最后总量不可能平衡。有前车之鉴。美国"罗斯福新政"时期政府曾大量举债扩需求，结果弄巧成拙，经济陷入了"滞胀"。

事实上，扩需求不仅可以从需求侧发力，也可以从供给侧发力。19世纪初，萨伊提出了"供给自动创造需求"原理（即"萨伊定律"）。其论证逻辑是，当社会出现分工后，人们要通过交换互通有无。而从交换看，一个人卖自己的商品，目的是购买别人的商品。既然大家都为买而卖，有供给必有需求。换句话说，扩供给也就是扩需求。

萨伊的论证当说无懈可击，然而20世纪30年代在西方国家却出现了普遍的生产过剩，"萨伊定律"四面楚歌，遭到了广泛的批评和质疑。1936年凯恩斯出版《就业、利息和货币通论》，掀起了一场对"萨伊定律"的革命。今天回头看，"萨伊定律"其实并无大错。要是说有错，那也是错在萨伊仅关注总量平衡而忽视了结构平衡。

是的，若仅就总量而论，"供给自动创造需求"的确是对的。但从结构看，若供给结构与需求结构不匹配，比如人们卖出商品后在国内买不到自己所需要的商品，他们就有可能转从境外购买，由于需求外溢，无疑会造成某时期国内需求不足。不过即便如此也不能推翻"萨伊定律"，若站在全球角度看，总供给仍然等于总需求。

另有学者说,"萨伊定律"在物物交换时代成立,在货币出现后便不再成立。理由是有了货币作为交换媒介,人们卖出商品后不一定马上购买,而是将货币用于储蓄,这样也会造成需求不足。骤然听似乎有理,然而深想却似是而非。请问:人们将货币存入银行,银行是否会将存款贷出去?若银行将存款转化成贷款,总需求怎会不足呢?

也许有人要问,既然"萨伊定律"没有错,可为何现实中会出现生产过剩?前面我说过,萨伊讲"供给自动创造需求"只是总量平衡,生产过剩虽表现为总量失衡,但深层则是结构失衡。"萨伊定律"之所以解释不了生产过剩,是因为萨伊将"结构平衡"假定成了既定的前提。

这里要指出的是,"萨伊定律"虽未研究结构问题,但对研究"结构平衡"仍有借鉴意义。"萨伊定律"讲"供给自动创造需求",若将此反过来理解,给我们的启示是:一个国家内需不足,症结其实不在需求侧而在供给侧。道理很简单。若企业生产的产品品质不适应国内消费者的需求,需求外溢,国内购买力当然会不足。

据此分析,扩内需的着力点应放在供给侧。对此我们可以从收入与消费关系的角度解释。想深一层,企业创造供给的过程,同时也是创造收入的过程,而收入水平又决定着消费水平。比如一个企业的"有效供给"(产销对路)增加,企业利润和员工收入皆会随之增加。利润增加能带动投资增加，员工收入增加能带动消费增加。由此见，扩内需的关键是要创造"有效供给"。

2016年5月，习近平总书记主持召开中央财经领导小组第十三次会议时明确指出，当前我国"结构性问题最突出，矛盾的主要方面在供给侧"。对习近平总书记为何强调重点从供给侧解决结构性问题，我们可从以下三个方面看。

首先，改善供给结构可以扩大内需。2010年中国已是全球第二大经济体，今非昔比，随着城乡居民收入的提高，消费在不断升级。可由于国内供给结构与供给质量跟不上消费升级的变化，国内需求大量转为进口，本土产品严重滞销。基于此，如果我们改善供给结构与供给质量，让供给更好地适应需求，当然能扩大内需。

其次，改进供给服务可以引导内需。事实表明，消费需求是可以引导的。以新能源汽车为例，早几年国内新能源汽车门庭冷落，是因为当时服务设施不配套。随着服务设施的完善，加上政府政策引导，近两年新能源汽车的销量不断刷新纪录。再比如网购，由于网购打破了实体店的诸多局限，可为消费者提供全天候购物便利，故网购不仅风靡城市，在广大农村也风生水起。

最后，创造新的供给可以创造新的需求。当人们的基本需求得到满足后，新的供给一旦出现，必能带动产生新的需求。

2016年1月,习近平总书记在省部级主要领导干部学习贯彻党的十八届五中全会精神专题研讨班上讲:"一个国家发展从根本上要靠供给侧推动。一次次科技和产业革命,带来一次次生产力提升,创造着难以想象的供给能力。当今时代,社会化大生产的突出特点,就是供给侧一旦实现了成功的颠覆性创新,市场就会以波澜壮阔的交易生成进行回应。"

回溯历史,工业革命前,人们出行主要是坐马车,而今天不仅可以坐火车,还可以坐飞机。40多年前手机尚未问世,那时人们对手机并无需求。自从"大哥大"出现后,新的需求和产业链被创造出来,渐渐地,拥有智能手机的人越来越多。事实上,通过创造供给不断创造新的需求是发达国家的普遍做法。他山之石,可以攻玉,我们何不借鉴呢?

# 稳就业当从供给侧发力

> 中国稳就业的思路,是促进产业与消费"双升级",发挥消费的基础作用和投资的关键作用。发挥消费的基础作用,是指以消费牵引投资,通过提振消费需求带动投资需求;而发挥投资的关键作用,则是指投资要立足于补短板,优化供给结构,让供给更好地满足消费、扩大消费。

近年来全球经济下行,我国也一直面临较大的就业压力。船慢又遇打头风,今年上半年新冠肺炎疫情肆虐,国内就业形势更是雪上加霜。为了稳就业,中央提出进一步加大宏观调控力度,强调财政政策与货币政策要精准施策。我写这篇文章,就是要讨论政府应该怎样稳就业,或者说财政政策与货币政策应从何处发力。

就业关乎民生，政府责无旁贷。而目前要研究的是，稳就业政府该做什么而不该做什么。我提这样的问题其实也是事出有因。1998年以来，中国遭遇了亚洲金融危机和国际金融危机，应对金融危机的冲击我们有成功的经验，当然也有教训。读者想想，美国次贷危机已过去12年，时至今日我们仍处在前期政策消化期，怎会没有教训呢？

在我看来，新冠肺炎疫情与金融危机有所不同。疫情对就业有影响，但影响不会像金融危机那样严重。当年亚洲金融危机后，国内曾有2 000万国企职工下岗；2008年美国次贷危机后，也有近2 000万农民工下岗返乡。相比而言，新冠肺炎疫情虽然让企业一度停产，但只是增加了短期失业；随着企业有序复工复产，短期失业者会逐步就业。

读者千万别误会，我说新冠肺炎疫情对就业的影响不会有金融危机严重，绝不是说政府对就业可以等闲视之。稳就业是政府的头等大事，早在2018年底中央就明确提出要"优先稳就业"，2019年底召开的中央经济工作会议又为稳就业做了部署。我这里想说的是，既然中央已有部署，我们就应保持定力，不能受疫情影响而自乱阵脚。

中央讲得很清楚，2020年仍实施积极的财政政策和稳健的货币政策。具体说，积极的财政政策要大力提质增效，更加注重结构调整，坚决压缩一般性支出，重点支持基层保工资、保运转、保基本民生。关于稳健的货币政策，中央要求灵活适度，保持流动性合理充裕，并强调货币信贷、社会融资规模增长要与经济发展相适应。

显然，2020年宏观政策还是贯彻"稳中求进"的工作总基调。在操作层面，我理解有三大要点：第一，财政政策与货币政策要形成合力，继续推进供给侧结构性改革；第二，在推进结构调整的同时，适度扩大国内需求，而财政政策则要重点支持脱贫攻坚和保障民生；第三，货币政策应松紧适度，既要防通缩，又要防通胀。

然而，学界有一种观点说，2019年12月底召开中央经济工作会议时，新冠肺炎病例不多，年后疫情迅速扩散，对经济的冲击始料未及，所以对年前确定的宏观政策要调整，应重新回到需求侧重点扩投资。此看法有一定的代表性，而且有迹象表明，新一轮投资热正在悄然兴起，据说各地预报的投资计划已达50万亿元。同时值得注意的是，不少产能过剩产业又在扩产，有些僵尸企业也跃跃欲试，伺机死灰复燃。

一个地区经济要发展，当然需要有投资拉动。从这个角度讲，地方政府希望扩大投资无可厚非。可问题在于，若离开了供给侧结构性改革的主线，政府调控的重心一旦从供给侧回到需求侧，投资难免再次一哄而起，结果不仅会使近几年的结构性改革前功尽弃，而且会加剧未来的结构性矛盾。有了前车之鉴，我们怎能重蹈覆辙呢？

往前追溯，从需求侧刺激投资的理论源头是凯恩斯1936

年出版的《就业、利息和货币通论》,在此之前,经济学家是重视供给管理的。20世纪30年代西方经济大萧条后,凯恩斯另起炉灶,创立了"需求管理"理论,主张政府用财政赤字刺激投资。二战前后,《就业、利息和货币通论》曾被奉为西方的国策,可不承想到20世纪70年代欧美国家普遍陷入了"滞胀",于是《就业、利息和货币通论》又成为众矢之的。

平心而论,仅就总量平衡而言,《就业、利息和货币通论》并无大错。凯恩斯遭到围攻的原因是他忽视了结构分析。事实上,总量平衡并不等于结构平衡,而结构失衡却一定会导致总量失衡。后来供给学派崛起,作为凯恩斯理论的反对派,提出了从供给侧减税,可该学派也同样忽视了结构问题。现在看,里根时期全面减税虽推动了美国经济复苏,但结构性矛盾却愈演愈烈。

回头再说中国。中国稳就业的思路,是促进产业与消费"双升级"。这显然不同于凯恩斯,也不同于供给学派。中央强调:要充分挖掘超大规模市场优势,发挥消费的基础作用和投资的关键作用。发挥消费的基础作用,是指以消费牵引投资,通过提振消费需求带动投资需求;而发挥投资的关键作用,则是指投资要立足于补短板,优化供给结构,让供给更好地满足消费、扩大消费。

我曾撰文说过,改进供给也是扩需求。以"新基建"项目为例,随着人们的消费升级,未来5G(第五代移动通信技术)、数据中心等必将成为新的消费热点。前不久,中央提出加快"新基建"进度,目的其实就是希望从供给侧拉动消费。不过有一点要提醒,中央鼓励"新基建"提速,绝不是搞"强刺激",政府可以引导,也可以给予政策支持,但应尊重市场规律,让企业发挥投资主体作用。

写到这里,最后让我总结本文观点:第一,供给侧结构性改革是推动经济"稳中求进"的长期方针,并非权宜之计,不能因疫情影响而中断改革;第二,积极的财政政策要更加注重调结构,一方面,要继续加大结构性减税支持企业投资,另一方面,政府应重点投资公共品领域,切实保障基本民生;第三,稳健的货币政策要保持流动性合理充裕,同时要防止加大债务风险。

# 隐性失业弊大于利

> 人类社会经济进步的首要原则是,以同等的劳动力生产出更多的产品,而不是相反。若以牺牲生产效率为代价"保就业",不仅是对人力资源的浪费,而且由于劳动力得不到优化配置,极有可能拖垮企业,反而造成更普遍、更严重的失业。

前不久国内某知名企业裁员,引发社会热议。人们议论的焦点是:在经济下行背景下企业该不该裁员?站在企业的角度,企业作为市场主体,目标是获取最大利润,为了降成本,裁员当然无可厚非;可是站在政府的角度,政府的目标是"充分就业",希望企业不裁员或少裁员。两者目标有冲突,对企业裁员到底怎么看?

先说西方学者的观点。20世纪30年代大萧条后,凯恩斯出版了《就业、利息和货币通论》,他指出,失业是由于"有效需求不足",要实现充分就业,政府应从需求侧发力,通过增加预算赤字扩大公共投资。凯恩斯理论的重点,无疑是保就业。道理简单:政府增加预算赤字,而弥补赤字得多收税,显然对企业不利。

20世纪70年代,西方经济陷入"滞胀",凯恩斯理论四面楚歌。1984年,美国经济学家威茨曼出版了那本轰动一时的《分享经济》,将研究视角转向了企业内部。他分析说,在供求规律的作用下,产品价格会随着供给的增加而下降,企业供给越多,产品价格会越低。若员工工资标准固定,利润下降而工资不降,企业迫不得已,只能裁员。于是他得出结论:失业的根源是"工资固定"。

为了让企业不裁员,威茨曼提出了一个新的解决方案。要点是:企业不再按人头设固定工资,而只确定劳资双方"分享收入"的比例,不管企业收入状况如何,皆按事先确定的比例分配。威茨曼预言,如果实施他提出的这一方案,企业便可以少裁员,甚至不裁员。可由于他的理论重点也是在"就业",因此遭到企业主和工会的一致抵制。

在操作层面,美国曾一度推行所谓"细部分工"准则。以铁路为例,美国铁路调节理事会明文规定,铁路上各项作业皆一律实行"细部分工",比如接听电话与扳动开关,必须由特定工种的员工分别操作。不然,若让负责扳动开关的当班工人接听电话，公司不仅要为该员工支付一天的工资，也得为负责接听电话的员工支付一天的工资，哪怕他在家休假而未赶到现场。

在今天看来，上面的规定似乎有些荒唐，可当年在美国类似的规定比比皆是。比如泥瓦匠砌烟囱，规定他不得使用石材，使用石材是石匠的专门工作；电工更换旧电线，不能拆装线槽木板，拆装线槽木板要由木工来做；管道工处理浴室漏水，不可撬开地砖，撬开地砖和铺回地砖，必须由泥瓦匠完成。

读者看明白没？所谓"细部分工"，其实并未增加就业，而是"三个人的活让五个人干"，将"显性失业"变为"隐性失业"。问题是，他们为何要那样做呢？1946年，美国学者亨利·黑兹利特发表了《分散工作机会的企图》一文，据他披露，是因为当时美国国会某些议员坚持认为，生产效率过高会导致失业，降低生产效率能增加就业。

黑兹利特对那些国会议员的观点提出了批评。他指出，人类社会经济进步的首要原则是，以同等的劳动力生产出更多的产品，而不是相反。若以牺牲生产效率为代价"保就业"，不仅是对人力资源本身的浪费，而且由于劳动力得不到优化配置，极有可能拖垮企业，反而造成更普遍、更严重的失业。

黑兹利特的分析是对的。的确，一个国家不能靠牺牲生产效率保就业；恰恰相反，应通过提高生产效率不断地创造就业。在这方面，我国国企改革是成功的例子：20世纪90年代中期，中央决定对国企职工实行下岗分流。下岗分流会增加短期失业，中央当然清楚，而之所以痛下决心，是为了通过搞活国企创造更多就业。

读者再想想，近年来中央为何反复强调保护市场主体，特别是保护中小企业？其中一个重要原因是，经济下行加大了国内就业压力。中小企业是吸纳就业的主要载体，要"稳就业"当然要"保企业"。不然中小企业垮了，皮之不存，毛将焉附？事实上，改革开放以来中小企业迅猛发展，不仅为城镇居民提供了就业机会，同时还吸纳了2亿多农村剩余劳动力。

综合以上分析，我们似可得出两点结论：第一，用凯恩斯"扩张财政"保就业，无异于饮鸩止渴，此举会挤出企业投资，结果必弄巧成拙，造成结构性失业；第二，用威茨曼的"分享制"或采用所谓"细部分工"，也不过是掩耳盗铃、自欺欺人，短期看，失业人数虽不会增加，但却降低了生产效率，长期看后患无穷。

可取的办法是什么呢？中央提出，通过"稳市场主体保就业"。换句话说，保就业要以保企业为前提。相比以往西方的做法，此举确实棋高一着。按照此思路，不仅政府目标与企业目标不冲突，而且也不会降低生产效率。现在的问题是，政府应怎样保企业？我认为总的原则是，为企业降成本。具体讲，可从四个方面发力。

第一，在严格控制预算赤字的同时，继续加大减税降费力度。国务院已明确，2022年拟退税减税约2.5万亿元，对此务必落实到位。

第二，帮助企业进一步降低融资成本。目前国内各类金融机构皆由政府授权经营，具有一定的行政垄断性质。基于此，政府应推动金融机构降低实际贷款利率，减少收费。

第三，应进一步规范目前各行业协会商会、中介机构等的收费行为，对涉企违规收费进行专项整治，对乱收费、乱罚款、乱摊派的行为要坚决查处，且追责到人。

第四，对不裁员、少裁员的企业，可以返还失业保险金，但是否裁员要由企业自己决定。隐性失业弊大于利，绝不能靠牺牲效率降低失业人口的统计数据。

# 引导民间资本投资"新基建"

> 引导民间资本投资"新基建",当务之急是做好将社会收益内化为企业收益的制度安排。总体思路是:当社会收益没有确定受益人时,政府应通过经营授权(如政府和社会资本合作模式)内化社会收益;而当社会收益有确定受益人时,政府应推动投资者与受益人股份合作。

开篇先提一个问题:为何传统基础设施通常由政府投资而民间资本很少涉足?读者也许会答:政府的职责是提供公共品,而基础设施属公共品,所以要由政府投资。说实话,我不同意这种解释。我的回答是,因为基础设施投资具有正外部性,而社会收益又难以内化为企业收益,民间资本当然不会投资基础设施。

早在100年前,经济学家就开始研究"外部性"问题。1920年,庇古在《福利经济学》中指出,当投资存在负外部性时,私人成本与社会成本分离会让市场失灵,而要内化社会成本,政府就应对投资者征税("庇古税")。可科斯却不认同庇古的观点。科斯在1960年发表的《社会成本问题》中表示,只要交易成本为零,产权界定清晰,市场会自动内化社会成本,无须政府征税。

遗憾的是,庇古与科斯关注的都只是负外部性。事实上,投资除了有负外部性之外,同时也存在正外部性,正外部性会导致投资者私人收益与社会收益分离。当存在这种正外部性时,市场能否将社会收益内化为投资者收益呢?我写这篇文章,试图对这个问题做分析。

正外部性不同于负外部性。区别在于:负外部性可能引发社会冲突,正外部性不会引发社会冲突。比如某企业拟在某地建化工厂,由于工厂排污有负外部性,居民有可能抵制建厂;而若该企业不是建化工厂,而是投资修路,修路不仅方便周边居民出行,同时还能带动土地升值,有正外部性,这样居民自然不反对修路。以往经济学家对正外部性关注不多,原因就在于此。

不过我要指出的是,正外部性虽不会引发社会冲突,但并不是没有后果,民间资本不投资基础设施就是后果之一。出现这种结果,就是因为基础设施投资有正外部性,而社会收益不能内化为投资者收益。前面我不同意基础设施是公共品的解释，说来理由简单，经济学讲得清楚，公共品是指消费"不排他"的物品，而基础设施使用大多具有排他性，怎可能是公共品呢？

有事实可以佐证。两年前我到西南地区调研，有一位县委书记告诉我，他们县盛产竹笋，市场对竹笋也有需求，可大山里不通公路，竹笋运不出去，农民赚不着钱。我问政府为何不帮助修路，他说县财政缺钱；我问为何不招商，他说山区投资修路收益低，民营企业不愿投资。

是的，投资修路的社会收益虽然高，可偏远山区地广人稀，投资的私人收益却不高。由此看，要鼓励民间资本投资修路，就得设法将社会收益内化为投资者收益，而且要让投资修路的收益不低于社会投资的平均收益。问题是，怎样才能将社会收益内化呢？经济学传统观点说，市场对此无能为力，需由政府给投资者补贴。

不可否认，政府补贴确实是可取的办法，但我认为并不是唯一的办法，甚至不是最佳的办法。改革开放40多年，国内各地皆有大量通过市场内化社会收益的试验。下面是几个不同类型的案例，让我做简要介绍。

案例一。2005年初，湖南双峰县委、县政府决定在老县城外围扩建新城区。可当时县政府财力不足，无力投资基础设施，于是拟引进省内民营企业大汉集团投资。大汉集团也表示愿意参与县城基础设施建设，但希望政府给予新城区部分土地的开发经营授权。经协商双方达成一致后，结果仅用三年就完成了新城区的扩建。

案例二。六盘水普古乡娘娘山，过去是典型的穷乡僻壤，而如今公路四通八达，基础设施一应俱全，农业旅游年收入达4亿元。何以有此变化？原来，当地一家民营企业与农民联合成立了普古银湖专业合作社，企业用1亿元投资基础设施，而农民用土地入股，共同将娘娘山打造成了远近闻名的农业旅游产业园。

案例三。此乃经济学的一个经典案例。养蜂人与果园主相邻而居，蜜蜂可为果树授粉，果树可供蜜蜂采蜜，于是养蜂人与果园主皆能享受对方提供的社会收益，故两人可以互不收费。难题在于，若养蜂人与果园主提供的社会收益不对等怎么办？庇古的建议是，政府给受益少的一方补贴。可大量事实表明，在竞争机制的约束下，市场会让受益多的一方给受益少的一方付费。

读者也许要问，社会收益内化为何会有三种方式？我的解释是，正外部性投资面对的约束不同。比如案例一，由于社会收益的受益人不确定，投资者若没有政府的经营授权，社会收益将无法内化。案例二不同于案例一，由于社会收益有确定的受益人，投资者可与受益人合作，通过按股分红内化社会收益。而案例三又不同于案例二，由于投资者互为受益人，社会收益可相互内化。

上面讨论的是"老基建"。其实,"老基建"的投资原理也适合"新基建"。为应对新冠肺炎疫情给经济带来的冲击,中央提出提速"新基建"。时下有一种观点,认为提速"新基建"主要得靠政府投资。此看法值得商榷。政府财政是公共财政,要重点投资公共品。而"新基建"项目并非都是公共品,政府可以支持,但不宜作为投资主体。

对政府来说,要引导民间资本投资"新基建",当务之急是做好将社会收益内化为企业收益的制度安排。总体思路是:当社会收益没有确定受益人时,政府应通过经营授权(如政府和社会资本合作模式)内化社会收益;而当社会收益有确定受益人时,政府应推动投资者与受益人股份合作,并严格保护产权,营造公平合作的投资环境。

# 从企业性质看大众创业

> 创业者至少应具备三种能力。第一,选择投资方向的准确判断力。若方向选错,必满盘皆输。第二,整合生产要素的核心实力。若既无资本也无高新技术,你凭啥整合别人的生产要素?第三,做强企业的持久定力。创业者不可急功近利、贪大求全,而应保持定力,以不断创新推动企业做强。

政府鼓励大众创业,旨在通过创业推动就业。而对创业者来说,首先应想清楚的问题是:为何要创业?有学者认为,科斯1937年发表的《企业的性质》一文已对此问题做了回答。科斯的大作我读过无数遍,确实让人醍醐灌顶。1991年,他因在交易成本和产权研究方面的贡献获得诺贝尔经济学奖,实至名归。

科斯是经济学大家,既然他做了回答,我这里为何要旧话重提?说实话,我认为科斯只是以企业为样本,解释了计划与市场的边界由交易成本决定,并未回答为何出现企业。事实上,交易成本只能决定企业配置资源的规模,而企业的出现并非因为交易成本。读者可以随机问一位企业家当初为何创办企业,他十之八九不会说是为了节省交易成本,你信不信?

在科斯的文章发表前,学界对企业为何出现有过多种解释。经济学鼻祖亚当·斯密从分工的角度分析,著名的例子是制针。他说,制针共有18道工序,如果没有分工,让一个人独立完成,一天难以制成一枚针,而通过分工协作,一天可制出4 800枚针。后来经济学家厄舍据此得出结论:企业是为了取得分工的收益而存在的。

与斯密和厄舍不同,美国经济学家奈特则用"不确定性"解释。他说,经济活动通常需要协作,而协作一方面要有人作为管理者负责指挥,另一方面要有人将自己置于管理者的指挥之下。问题是,谁来做管理者?奈特解释,由于市场存在不确定性,管理者只能是那些对市场变化具有特殊判断力(专门知识)的人。当管理者与被管理者建立起某种组织联系时,便出现了企业。

然而,科斯却不赞成厄舍的结论。科斯同意分工能提高效率,但认为分工并非企业出现的原因。他指出,实现分工的收益不一定需要建立企业,也可以通过市场交易实现。比如A、

B两人分工，A专门纺纱，B专门织布，然后A将纱锭拿到市场卖给B，这样分工的收益也能实现。于是科斯推断说，若A、B组成企业，一定是企业替代市场的交易成本更低。

科斯对奈特也提出了质疑。科斯承认市场存在不确定性，也不否认需要有人对市场变化做预判，可他认为这并不意味着有判断力的人就得亲自进入企业，他们完全可以通过出售自己的"建议"取得收入。科斯还说，企业的出现与不确定性无关，在不存在不确定性时也需要指挥，而有判断力的人之所以进入企业，归根结底，是在市场上出售"建议"的交易成本更高。

科斯不同意厄舍和奈特，而我也不完全同意科斯。那么企业到底为何出现呢？回答此问题，我认为要弄清楚三点。第一，要素所有者组建企业的动机是什么？第二，要素所有者中谁会成为企业家？第三，企业规模由何决定？只有将上面三点讨论清楚，才算真正从学理上解释了企业为何存在。

先分析创办企业的动机。可以肯定，要素所有者同意组建企业，一定是有共同的目标，不然人们不会合作。这个共同目标是什么？我认为不是节约交易成本，而是追求规模经济收益。经济学假定资源稀缺，是说人的生命有限。要素所有者要在有限的生命和有限的时间里争取最大化收益，必须对要素进行整合。否则，单打独斗不可能达到目的。

而由此带来的新问题是：要素一旦整合，就需要有企业家指挥，那么谁是企业家？奈特认为，由于市场存在不确定性，具有市场判断力的人会成为企业家。这种看法显然不对。我的看法是，在资本、劳动力、技术等要素中，何种要素更稀缺，该要素的所有者就是企业家。若资本更稀缺，则资本雇佣劳动，资本所有者成为企业家；若技术更稀缺，则技术雇佣资本，技术所有者成为企业家。

有了企业和企业家，企业规模由何决定？有两种说法。通常的解释是，最佳规模由边际收益等于边际成本决定。而科斯却说，由企业配置资源与市场配置资源的交易成本决定。到底哪一种说法正确？其实两种说法都对。要知道，科斯讲的企业规模不是产量，而是企业配置资源的规模。资源规模与产量不是一回事，前者由交易成本决定，后者则由"边际收益等于边际成本"决定。

回头再说创业。根据以上分析，我认为作为创业者至少应具备以下三种能力。

第一，选择投资方向的准确判断力。前面分析过，创办企业是为了追求规模收益，而取得规模收益的前提是产品有需求。若产品已经过剩，再增加投资必然会加剧过剩。产品卖不出去，怎么可能取得规模收益？故创业者的第一等大事是选准投资方向，若方向选错，必满盘皆输。

第二，整合生产要素的核心实力。假若你准备创业，不妨扪心自问：你是否拥有相对稀缺的生产要素？目前资本与新技术相对稀缺，若你拥有资本或新技术，当然可以创业。但若既无资本也无高新技术，你凭啥整合别人的生产要素？别人也不蠢，怎么可能让你空手套白狼？

第三，做强企业的持久定力。企业可通过扩大产量取得规模收益，但规模并非越大越好。企业最佳产量由边际收益等于边际成本决定，生产规模一旦超过最佳产量，边际收益就会小于边际成本，规模收益反而会递减。故创业者不可急功近利、贪大求全，而应保持定力，以不断创新推动企业做强。

# 第三章

## 积极财政加力提效

**要重视"看不见的代价"**
（2021 年 6 月 23 日）

**积极财政不是扩张财政**
（2021 年 9 月 15 日）

**警惕地方债闯祸**
（2013 年 10 月 21 日）

**结构性减税的两个维度**
（2021 年 9 月 29 日）

**用财政倒逼改革**
（2018 年 10 月 7 日）

**反对浪费与鼓励消费**
（2021 年 5 月 12 日）

**征收房地产税的困难**
（2021 年 11 月 10 日）

## 要重视"看不见的代价"

> 从选择角度看,所谓"看不见的代价",其实就是"机会成本"。"机会成本"是指,人们面临多种选择时,做一种选择而放弃其他选择的最高收益。巴斯夏说,由于既定选择的收益可以看见,而所放弃其他选择的收益(机会成本)看不见,若仅仅依据"看得见的结果"做决策,往往会得不偿失。

法国经济学家巴斯夏曾写过一篇文章,题目是《看得见的与看不见的》,最初发表于1850年,迄今已有171年。时过境迁,我不确定今天还有多少人读这篇文章;但可以确定的是,若政府决策者想做出"好"的决策,此文确实值得一读,你不仅可从中学到经济学的思维方法,还可以懂得为何要重视"看不见的代价"。

巴斯夏开篇就说，经济学家有好坏之分。一个差的经济学家，常常只看见可以看得见的结果；一个好的经济学家，却能同时兼顾看得见的与看不见的。大多数情况是，看得见的结果似乎不错，而看不见的代价却非常高。遗憾的是，差的经济学家总是急功近利，对看不见的结果（代价）置若罔闻；而好的经济学家则善于权衡看得见的与看不见的结果，然后再做选择。

从选择角度看，所谓"看不见的代价"，其实就是"机会成本"。"机会成本"是指，人们面临多种选择时，做一种选择而放弃其他选择的最高收益。巴斯夏说，由于既定选择的收益可以看见，而所放弃其他选择的收益（机会成本）看不见，若仅仅依据"看得见的结果"做决策，往往会得不偿失。

实不相瞒，我自己对巴斯夏的观点是完全认同的。事实上，我写这篇文章，就是要用巴斯夏提供的分析视角对目前几种流行的观点做澄清。比如有人认为，实施扩张性财政政策可以创造就业，商业银行贷款不该嫌贫爱富，高关税壁垒可以保护本国企业与就业。骤然听，以上说法似乎不无道理，可若结合"看不见的代价"做分析，这些说法其实皆似是而非。

何以见得？下面让我分几点讨论。

一是关于扩张性财政政策。说财政扩张可以增加就业，反对的人恐怕不多。以地方政府发债建造商业大楼为例。为了证明建商业大楼的决策正确，地方的主事官员通常会告诉公众，建造该大楼新增加了多少就业岗位、创造了多少利润和税收，而且还列出了一大串数字予以佐证。商业大楼已经建成，是有目共睹的事实，何况人家又是用数据说话，你凭啥要反对呢？

这位官员所讲的当然是实话，可我要提醒读者的是，他所说的只是看得见的结果。地方债的最大买家是银行，设想一下，若地方政府少发债，而让银行用这笔钱发放企业贷款，请问企业用这些钱是否也能建造商业大楼，是否也同样可以创造就业、利润和税收？答案是肯定的。只是后者并未发生，这样的结果人们看不见而已。

二是关于银行贷款。近些年我时常听到不少企业家抱怨，指责银行嫌贫爱富，对亏损企业见死不救；也见过有地方官员给银行施加压力，要求银行给当地亏损企业贷款。结果银行真的放了贷款，而且也真有亏损企业起死回生，这样不仅稳定了员工就业，也为国家创造了税收。于是有人说，银行原本就应雪中送炭，优先照顾那些亏损企业。

我们不能否认，银行给亏损企业贷款，有些企业确实扭亏为盈了，可这只是我们看见的结果。看不见的结果是，由于信贷资源有限，当银行将贷款给了亏损企业，那些盈利企业也可能因为得不到贷款产生亏损。而盈利企业一旦亏损，就会增加失业和减少税收，而且由此付出的代价（机会成本）往往更高。弊大于利，当然不是可取之策。

再从贷款风险看，银行信贷资金主要来自储户存款，而保护储户存款安全，银行责无旁贷。要是银行不对客户进行严格挑选，最后出现了大量呆坏账，不仅银行自己要破产，储户存款也会鸡飞蛋打。这样的结果应该不是人们希望看到的吧？因此，商业银行作为企业，必须在商言商。由此说，那种希望银行优先照顾亏损企业的想法是错的，对银行嫌贫爱富的指责也是错的。

三是关于高关税壁垒。若从看得见的结果看，一个国家对进口商品征收高关税，的确可以保护本国的企业与就业。举个例子，甲国生产衬衣，每件价格为500元；而从乙国进口同样的衬衣，价格为450元。甲国为了保护本国的衬衣企业，对进口衬衣加征100元关税，让进口衬衣的价格升至550元。如此一来，进口衬衣不再有竞争力，于是国内的衬衣企业和就业得到了保护。

然而，从看不见的角度看，代价却非常高。还是用上面的例子，若不加征关税，消费者可用450元买到进口衬衣，对消费者显然有利；而加征关税后，消费者要用550元才能买到进口衬衣。这样本国的衬衣企业虽然得到了保护，可买单的却是本国消费者。再有，消费者若不多花100元买衬衣，则可用这100元买食品，食品企业销量增加也同样可以扩大就业。

写到这里，最后让我对本文进行小结。总的结论是，一个好的决策者，做经济选择时要有"机会成本"意识，要重视"看不见的代价"。也就是说，决策者要有"眼光"。眼光不同于眼力，眼力是指别人看得见的结果你也能看见，而眼光则是指别人看不见的结果你却可以推测得出。

# 积极财政不是扩张财政

> 进入 21 世纪以来，我国经济的主要困难是结构失衡，而传统财政政策却无法化解结构问题，迫不得已，中国政府才提出实施积极财政政策。积极财政政策有三大特征：立足于供给管理，主要手段是减税，重点是结构性减税。

当年为应对亚洲金融危机，中国启动实施积极财政政策，屈指一算，已经过去 23 年。可至今人们对积极财政政策仍存在诸多误解：有人将其等同于扩张性财政政策，也有人将其等同于供给学派的减税。说实话，起初我自己也是这样看的。因为此前经济学里并没有"积极财政政策"的提法，当然也不会有明确的定义。

跟踪观察数十年，对积极财政政策我现在可以给出解释。

众所周知,进入 21 世纪以来,我国经济的主要困难是结构失衡,而传统财政政策却无法化解结构问题,迫不得已,中国政府才提出实施积极财政政策。现在回头看,我国积极财政政策有三大特征:立足于供给管理,主要手段是减税,重点是结构性减税。

我在学生时代所学的经济学,说财政政策分为扩张、中性、紧缩三类。20 世纪 30 年代前,经济学家皆推崇"财政健全原则",主张政府以收定支,财政预算不得列赤字。可 1929 年至 1933 年经济大萧条后,西方国家一反常态,普遍推行赤字预算。1936 年,凯恩斯出版《就业、利息和货币通论》,为赤字预算提供了理论支撑。

到 20 世纪 40 年代,经济学家汉森提出了所谓"补偿性财政政策"。意思是:在经济萧条期,应采用扩张性财政政策,扩大政府开支,增加社会总需求;而在经济繁荣期,应采用紧缩性财政政策,缩减政府开支,降低社会总需求。汉森分析说,经济萧条期财政有赤字,经济繁荣期财政会有盈余。用后者的盈余可弥补前者的赤字,这样从中长期看,财政预算仍是平衡的。

不难看出,无论是凯恩斯还是汉森,他们主张的财政政策皆立足于需求管理。而我国实施的积极财政政策则立足于供给管理。例如,1998 年我国实施积极财政政策投资基础设施,是因为当时基础设施是国内经济的短板,补短板是供给管理。

2015年习近平总书记提出供给侧结构性改革后,我国积极财政政策的目标更清晰,即从供给侧重点解决结构性矛盾。

为何说积极财政政策的主要手段是减税?理论上,从供给侧解决结构性矛盾,政府有两个选择:一是通过发行国债(赤字预算)补短板;二是减税,让企业根据市场需求调结构。那么政府在两者之间应当如何选择?要弄清此问题,让我先从英国的一桩历史公案说起。

19世纪初,拿破仑挥师南北、横扫欧洲。为了共同对抗法国,英国牵头组建了第四次反法同盟。为支持盟军作战,英国每年需对外援助巨额军费,围绕如何筹措军费,当时英国国会展开了激烈的辩论。焦点在于军费应通过发行公债筹措还是通过加税筹措。以马尔萨斯为代表的一派力主发债,而以李嘉图为代表的另一派则主张加税。

马尔萨斯分析说,每年军援若需2 000万英镑,英国平均每人需捐纳100英镑。若采用加税,居民每人就得从自己的收入中节约100英镑,这样势必减少国内消费,导致经济紧缩。若选择发债,由于国债当年无须还本,居民每人只需支付100英镑的利息,若年利率为5%,则政府只需向每人增加5英镑税收。如此,居民消费可大体不变。

然而,李嘉图不赞成马尔萨斯。他指出,发债与加税的区别仅在于公债要偿付利息。政府若不选择加税,居民当年虽不必缴纳100英镑的税,但政府就得发行2 000万英镑的国债,可国债要靠征税偿还,日后就得多征 2 000 万英镑的税。李嘉图由此推断说,为了应付日后政府要加征的税,人们不得不提前储蓄,现期消费同样会减少。

1974 年,美国经济学家巴罗发表《政府债券是净财富吗?》一文,对李嘉图的推断做了严密的论证,于是学界将李嘉图的推论与巴罗的论证并称为"李嘉图-巴罗等价定理"。不知读者的看法怎样,不过我在这里介绍上面的定理,目的并不是讨论加税与发债的关系,而是要借助该定理推出另一个我认为重要的结论。

从经济学角度讲,发债可增加政府投资,减税可增加企业投资。根据"李嘉图-巴罗等价定理",政府今天的债等于企业明天的税。言下之意是,发债会挤占企业投资。这样就引出一个问题:政府是应该发债还是应该减税?我的观点是,应该减税。理由很简单,因为企业对市场信号比政府更敏感。若由市场主导调结构,扩大政府投资显然不如扩大企业投资,而要扩大企业投资,就得减税。

公开数据显示,2019 年政府安排预算赤字,仅比上一年提高 0.2%,而减税降费近 2 万亿元;2020 年为 2.5 万亿元;2021 年继续执行制度性减税政策,不仅提高了小微企业增值税起征点,而且规定应纳税所得额不到 100 万元的部分,在现行优惠政策基础上再减半征收所得税。这些举措,不正好证明了积极财政政策的主要手段是减税吗?

再看第三个特征。我前面说,积极财政政策主要是减税,但却又不同于供给学派的减税。供给学派主张的是全面减税,而积极财政政策的重点是结构性减税。我曾撰文分析过,全面减税不仅不能解决结构性矛盾,而且最佳税率也难以确定。供给学派掌门人拉弗曾说,最佳税率在零与100%之间。可在零与100%之间怎样确定却没说。不是他不想说,而是他也说不清楚。

事实上,中国的减税也确实不同于供给学派的减税。2008年国际金融危机爆发后,我国国务院就提出实施结构性减税。2019年以来,我国结构性减税特征进一步凸显:制造业等行业的增值税税率从16%降至13%,交通运输业、建筑业等行业的增值税税率从10%降至9%,生活性服务业保持6%的税率不变。对同一行业,减税是普惠性的;而对不同行业来说,减税却是结构性的。

## 警惕地方债闯祸 *

> 控制地方债最简便的一招是约束地方主官。当下的问题是,"还钱"作为借债的约束只能约束政府而不能约束官员,若能通过某种制度安排让地方主官对当地政府的欠债负责,比如规定债务率超 100% 不得升迁,地方断不会再乱借债。

最近中国社科院有专家说,中国地方政府债务已破"20万亿元",听来让人震惊!而审计署前几天则公开称此数不实,相关媒体也刊发了更正。我也不信地方债会有那么多,但认为肯定有风险,若不管束可能闯祸不是危言耸听。

我不反对地方发债,缺钱借债无可厚非,但我认为地方举

---

\* 本文是我 2013 年 10 月 21 日刊发在《学习时报》的一篇旧文,今天重读,仍有现实针对性。特转录于此,供读者参考。

债应该量力而行。据官方消息,去年重点审计的36个地区,债务率超过100%的就有16个,最高的为188.95%,加上政府所做的担保,债务率达219.57%。怎么会这样?所谓债多不愁,难道地方政府当初借债时真的就没想过要还?

令人不解的是,银行行长不蠢,为何明知地方政府还不起债却还要给贷款呢?对此银行的解释是"被逼无奈",不排除这种可能,之前也确有地方政府给银行施压,扬言不贷款就抽走财政存款。但我个人认为此事绝非像银行说的那么简单。无利不起早,银行一定有自己的考虑,是何考虑暂不讲,容我后面谈。

先说地方债,目前的地方债有三块:一是中央政府代借代还,二是地方自借自还,三是地方政府为"融资平台公司"贷款担保。现在看,风险并不在第一种,中央替地方借债不仅规模可控而且还债有保证,不会出风险;问题是第二种、第三种,规模无约束,如脱缰野马一哄而起,结果自是一放不可收。

当然,也并不是说完全没约束,约束还是有的。自古欠债还钱,"还钱"就是约束。可你说怪不怪,时下不少地方借债似乎不会考虑还钱的事,只要能借皆来者不拒。如此原因其实简单,"还钱"虽是约束,但约束的只是政府而非官员。铁打的营盘流水的官,官员几年一换,不等债务到期人家早就远走高飞了。

说一件我亲历的事。数年前我在某欠发达地区调研,当地的一位市长告诉我,市政府向国家某商业银行借了70亿元30年期的贷款用于城改。我问,这么大一笔钱将来怎么还?他说在他的任期内给银行每年付利息就可以,30年后的事天知道,那时他早已退休,管不了也不用管。

一语道破,这正是当下的症结所在。仔细想,那位市长说得没错,为官一任,谁不想造福一方?然而,巧妇难为无米之炊,尤其是欠发达地区,财政没钱啥也干不了,岂能甘于落后?逼不得已,于是政府只好向银行借钱。有人批评那是地方官员为了追求"政绩"才让政府过度负债,可请问,天下哪里有官员不追求政绩的呢?

转谈银行吧。说过了,银行不蠢,银行之所以敢给地方过度放贷,除了被逼以外,我认为另一个重要原因是银行坚信地方政府不会破产。是的,中国不比西方,西方联邦制的国家地方政府有可能破产,而中国不会。我们的中央与地方政府是"父子"关系,血脉相连,一旦地方出事中央政府绝不会见死不救。

如此一来,有中央政府做靠山,银行给地方政府贷款而可能产生的风险就几近于零。当然也不是太绝对,实际上,所有贷款都有风险,只是风险大小有不同。而摆明的一点是,就政府贷款与企业贷款比,企业只承担有限责任,而政府承担无限责任,两害相权,假若你是银行行长,你会怎么做?

想多一层,说中央与地方政府是"父子",中央与国有银行又何尝不是？既然大家是一家人，银行把钱借给地方政府，即使将来有啥闪失收不回，中央政府也会兜底。不是吗？当年国企欠银行那么多债，而银行之所以能安然无恙，最后就是因为有中央政府兜底，将不良贷款剥给了四家"金融资产管理公司"。

问题很清楚，这些年地方债务失控，说来说去原因不过有三：一是地方政府投资冲动，二是中央财政集中过多而地方财政捉襟见肘，三是银行缺乏风险约束。针对此三点，有学者对症开药，提出今后地方债只能由中央代借，重新确定中央与地方财政的分配比例，加大国有银行改革力度以强化风险约束。

原则上，以上主张我都赞成，但也有三点疑问。第一，中央替地方借债当然好，问题是中央政府最后要对偿债负责，这样地方政府会不会更加有恃无恐？第二，重新界定中央与地方财政的分配比例做起来很复杂，远水能否解得了近渴？第三，不论银行怎么改，若中央与地方的"父子"关系不变，银行风险怎会变？

大道至简。控制地方债最简便的一招，在我看来是要约束关键人，具体说是约束地方主官。当下的问题是，"还钱"作为借债的约束只能约束政府而不能约束官员，若能通过某种制度安排约束官员，此事当不难解决。设想一下，假若让地方主官对当地政府的欠债负责，比如规定债务率超100%不得升迁，地方断不会再乱借债。

研究经济学数十年,有个看法我始终坚持,即约束政府必须先约束官员。政府由官员掌控,官员不受约束,政府行为规范不了。类似的例子是银行。20世纪末国内银行坏账率高得离谱,而在央行推出"贷款终身负责制"后效果立竿见影。尽管今天人们对此还有不同的看法,但"责任到人"的制度设计理念我认为没有错。

敢问一句:银行可以做到的事,何不让地方政府也做到?

# 结构性减税的两个维度

> 企业税负能否转嫁,关键在于商品能否提价,而商品能否提价,又取决于需求弹性的大小。若换个角度研究减税,道理也一样。减税也可看作政府对企业的"补贴",这种"补贴"是否会转移,则取决于商品是否会降价。若降价,企业与消费者皆为受益者;否则受益者只是企业。

我多次说过,积极财政政策的主要手段是减税,而减税有两种选择:全面减税与结构性减税。前者是供给学派提出的主张,美国在里根执政时期推行的是全面减税,特朗普执政时期也是全面减税。事实表明,全面减税能扩大企业投资,但同时也会加剧结构性过剩。中国与美国不同,2008年国际金融危机后中国也启动减税,但重点却是结构性减税。

我国之所以实施结构性减税,目的在扩投资与调结构并举。一石二鸟,显然棋高一着。不过我写这篇文章,并不是要比较两种减税方案,而是讨论怎样让结构性减税更合理。从再分配角度看,减税是财政让利给企业,也可看作政府对企业的"补贴"。现在要研究的是,结构性减税要通过怎样的安排才能让企业和消费者同时受益?

减税让企业与消费者同时受益,绝非天方夜谭。不知读者是否了解2009年我国实施减税的背景。2007年底,国家颁布了"新劳动法",法定最低工资标准平均升高了20%。如此一来,工资势必挤占企业利润。可不巧的是,次年又遇上了国际金融危机。内外交困,当时不少企业喊救命,为了救企业,于是政府启动减税。

表面上看,那次减税是在补贴企业,但若想深一层,其实也是在补贴员工(消费者)。设想一下,假若政府不减税而任由工资挤占利润,长此以往有些企业是否会关门?而企业一旦关门,不仅最低工资无法兑现,还会有大量员工失业。由此看,那次政府减税是为了避免工资挤占利润,一方面为企业减轻压力,另一方面也是为了惠及消费者。

当然以上只是特例。事实上,消费者并不总是减税的受益者,比如出口退税就与国内消费者无关。问题是,我们能否找到一组数据,可以明确判定谁是减税的受益者?我的思考是:政府加税,企业有可能会转嫁税负,那么政府减税,其"补贴"

是否也可以转移？我的答案是肯定的。何以见得？我们不妨先弄清楚税负转嫁是怎么回事。

所谓税负转嫁，是指政府对企业加税，而企业却将税负转嫁给了消费者。企业是怎样将税负转嫁出去的呢？要明白这一点，需借助"需求弹性"做解释。一种商品价格变动带动需求变动，两者变动率的比值为需求弹性。比如某商品价格上涨10%，需求减少了20%，其弹性系数是2。经济学说，弹性系数大于1，需求富有弹性；反之则缺乏弹性。

需求弹性与税负转嫁有何关系？让我再举一个例子。若政府对生产酱油的企业加征3%的税收，由于消费者对酱油的需求缺乏弹性，酱油降价不会多买，涨价也不会少买。这样企业将酱油价格提高，销量却不会减少，于是增加的税负就转嫁给了消费者。相反，若某商品需求弹性大，价格上涨令需求大幅下降，此时税负就转嫁不了。

由此见，企业税负能否转嫁，关键在于商品能否提价，而商品能否提价，又取决于需求弹性的大小。若换个角度研究减税，道理也一样。减税也可看作政府对企业的"补贴"，这种"补贴"是否会转移，则取决于商品是否会降价。若降价，企业与消费者皆为受益者；否则受益者只是企业。而商品是否会降价，也取决于需求弹性。

是的，假如某商品缺乏需求弹性，降价后需求不增加，企业自然不可能降价。但若某商品需求弹性大，比如降价5%，销量可增加 10%，企业就有可能降价。不过也仅仅是一种可能，企业是否降价，最终取决于商品的供求状况。这是说，减税（补贴）是否会转移，要从"供求状况"与"需求弹性"两个维度分析，对此我们可将不同行业分为四种类型。

类型一，供给短缺、需求弹性大。一般来讲，供应短缺的商品不会降价，从短期看，减税（补贴）的受益者是企业。但从长远看，却会让消费者受益。由于商品供不应求，而且需求弹性大，政府减税必然推动企业扩大生产。随着供给增加，商品迟早会降价。商品一旦降价，补贴就会向消费者转移。

类型二，供给短缺、需求弹性小。政府对此类行业减税，受益者当然也是企业，补贴不会转移。一方面，由于商品供不应求，企业不会降价；另一方面，由于需求弹性小，即便降价，商品销量也不会增加。但要指出的是，为此类行业减税可以推进和改善供给，能更好地满足消费者的需求。

类型三，供给过剩、需求弹性大。在此情况下，说明市场对这类行业的商品有需求，只是由于消费者不接受当前的"价格"而造成了产品积压。只要企业产品愿意降价，供求便可自动平衡。此时政府若能减税为企业降成本，让企业有降价空间，一定会对消费者有利。

类型四，商品过剩、需求弹性小。毫无疑问，政府对此类行业减税，补贴的只是企业。而且与类型二不同，这一类不仅消费者不能受益，而且对经济有百害而无一利。读者想想，既然商品供给已经过剩,需求弹性又小,此时减税怎可能减少过剩?相反,只会加剧生产过剩。

最后再说结构性减税的安排。推行结构性减税是中央确定的大政方针,当下的问题是,应该怎样减?据上文分析,要兼顾企业与消费者的利益,并考虑到国家现有财力,我的建议是:政府应优先加大对第一类行业的减税力度,对第二类、第三类行业也可适当减税,对第四类行业则完全不必减税。减税进行如此安排,读者以为如何?

# 用财政倒逼改革

> 政府加大财政投入可以推动改革,减少投入甚至不投入也可以倒逼改革。财政到底应在哪些领域加大投入而在哪些领域减少投入或不投入呢?划分的边界在于守住政府职能。属于政府职能之内的项目,财政应该加大投入;而在政府职能之外的领域,财政则应少投入甚至不投入。

看题目读者应该能想到我要说什么。中国改革开放40年,作为改革同路人,我也跟踪研究了40年。一路观察思考,对财政投入有了这样一种看法:政府加大财政投入可以推动改革,减少投入甚至不投入也可以倒逼改革。骤然听似乎自相矛盾,但若仔细想其实并不矛盾,下面就说说我的思考吧。

先从大家普遍关注的两件事说起。

第一件事是"僵尸企业"。2015年习近平总书记提出供给侧结构性改革，指出近期任务是"三去一降一补"，特别强调要加快处置"僵尸企业"。落实"去产能、去库存"，当然首先是要清理"僵尸企业"。起初我的困惑是，国内为何会有大量"僵尸企业"存在？既然企业已经资不抵债，而生产又处于停产、半停产状态，这样的企业照理早该依法破产，可为何至今未破产呢？

2016年到南方某地市调研，在一次座谈会上我提出了这个问题，当地国资委的一位负责人解释说，让企业破产不难，难的是短期内无法安置下岗职工，弄不好会引发职工集体上访事件。迫于无奈，政府只好给这种半死不活的企业继续输血。我恍然大悟，"僵尸企业"得以存活原来是背后有财政补贴。当时我就想，要是财政停止输血让企业破产，即便财政为所有下岗职工提供生活保障，花钱也比支撑一个扭亏无望的企业少得多。正是在此意义上，我才说财政不投入也是推动改革。

第二件事是"产学研脱节"。公开数据表明，政府科技投入在整个财政预算中占比超过了7%，连续6年科技专利申请平均近百万项，其中获得专利授权的每年有近20万项。然而令人遗憾的是，专利成果的市场化率却不足7%，产业化率更低，约5%。问题出在哪里？我曾走访几家科研院所的专家，虽然他们各自的研究领域不同，但答案却惊人地相似。这个答案我之前没想到，读者也未必能想到。

是何答案呢？说来简单，原来是现行科技投资体制所致。我国科研院所多如繁星，而且大多是事业单位，国家不仅拨课题经费，而且给发工资。研究人员衣食无忧当然不会去关心成果转化。设想一下，假若财政只对基础理论研究和关系国家安全的重大颠覆性技术研发加大投资，而将民用技术研发交给市场，财政不再给钱资助，如此一来，这类研发机构是否会重视成果转化？当然会重视。这样看，财政断奶也是推动改革。

上面说的是两件具体事，由此推及一般，财政到底应在哪些领域加大投入而在哪些领域减少投入或不投入呢？理论上讲，财政是否投入要看政府职能如何定位。经济学理论认为，市场经济条件下政府职能有四项：保卫国家安全、维护社会公平、提供公共品（服务）以及扶贫助弱。这是说，以上四大领域，财政应该加大投入；而在四大领域之外，财政则应少投入甚至不投入。

当然这只是一个理论原则，落实到操作层面要复杂得多。比如四大领域具体包括哪些项目，我们就很难一一罗列，而且即便能罗列，人们也难免会有不同的看法。据我所知，前面我说财政不能为"僵尸企业"输血，学界就有人不赞成。有不同观点不要紧，真理越辩越明，现在要紧的是尽快对这一问题展开研究，并把不同观点亮出来，让决策部门参考。

再接着说我的观点。财政投入应该怎样进退？目前我想到的有以下几个方面，不过是一家之言，我姑妄言之，读者也姑妄听之吧。

第一个方面是生态环保。毫无疑问，生态环境属公共品，财政应该投入，但财政却不能大包大揽。时下流行的观点是，环保必须由财政投入。这个观点其实不完全对。环境恢复和治理需要财政投入，但保护环境应主要靠市场。科斯定理证明，只要政府明确界定产权（如限定碳排放权），市场会将损害环境的社会成本内化为企业成本。这样财政不用花钱，污染也照样能控制。否则全由政府包揽，政府一边治理，企业一边污染，财政投入将是无底洞。

第二个方面是科技创新。财政当然要支持创新，不过对创新也应区别对待。说过多次，基础理论研究成果是公共品，需要财政投资；国防军工技术和核心技术创新事关国家安全和国家竞争力，也需要财政投资。但民用创新技术不同，其产品是商品，可通过市场取得收益，故此类创新不需要财政投资。最近听说有地方用财政资金奖励科技成果转化。莫名其妙，成果既已转让，有市场回报，财政何须再奖励？我认为这钱不必花。

第三个方面是扶贫。扶贫助弱政府责无旁贷，但财政扶贫有不同的角度：既可以从需求侧投入，也可以从供给侧投入。有不少地方干部反映，近几年财政从需求侧扶贫花钱不少，效果却不尽如人意，有的地方甚至出现了争当贫困户的现象。2017年夏天我赴贵州六盘水调研，当地通过"三变"（资源变资产、资金变股金、农民变股东）从供给侧扶贫，财政花钱不多,短短 3 年却带动了 30 万人脱贫。由此给我们的启示是:需求侧扶贫要精准,财政切莫花钱养懒汉。

最后再做一点说明:财政减少投入或不投入也可推动改革,此判断的潜台词是目前财政有些投资超越了政府职能,减少投资或不投资是回归政府职能。显然,政府职能回归是改革;而对原来的投入对象来说,此举则是倒逼改革。

# 反对浪费与鼓励消费

> 反对浪费并不排斥鼓励消费。中央明确讲，扩大消费是长期方针。浪费是指具有负外部性的消费。消费之所以产生负外部性，是由于该商品属于生存必需品而且短缺。由此看，国家所反对的浪费，是指对短缺生存必需品的过度消费。

《中华人民共和国反食品浪费法》历时多年，数易其稿，2021年4月29日终获全国人大常委会通过，并颁布实施。回想8年前，对反食品浪费要不要立法，学界曾有争论，相关的文章读者今天还可以在网上看到。当时人们的分歧在于，政府一方面鼓励消费，另一方面又反对浪费。"消费"与"浪费"仅一字之差，在立法层面怎样确定两者的边界呢？

这确实是一个看似简单却又难以说清楚的问题。众所周知，美国著名学者马斯洛曾将人类需求分为五个层次：生理需求、安全需求、社交需求、尊重需求、自我实现需求。这样就带来了一个难题：既然人们有五个层次的需求，那么我们应从哪个层次定义"浪费"呢？从不同的需求层次，对"浪费"的判定肯定会不同。

举个例子。你请朋友上饭店吃饭，本来点四菜一汤足以吃饱，可你却点了五菜一汤，结果饭菜吃不完剩下了。若从生理需求衡量，无疑造成了浪费；但若从满足尊重的需求看，你自己并不觉得浪费，对不对？你多点一道菜，是要表达对朋友的尊重，或是为了得到朋友的尊重。

在消费环节定义"浪费"困难，同时在加工环节也难以定义。有研究报告称，由于粮食加工过精过细，每年浪费的粮食至少150亿斤。这当然是专家的看法，粮食供应商未必这么看。一方面，市场上不少消费者对精米有需求；另一方面，精米价格也相对高。一斤普通大米卖4元，一斤精米却可卖10元，除去加工损耗，卖精米还是赚得多，供应商怎会认为是浪费呢？

显然，对某种消费行为是否存在"浪费"，不宜从消费者的角度看，也不宜从供应商的角度看。而应转换一下，站在政府的角度看。是的，当年亚当·斯密说得很清楚，政府作为守夜人，主要担负四项职能：保卫国家安全、维护社会公平、提供公共服务、扶贫助弱。民以食为天，国家安全本身包括粮食安全。从政府的角度看"浪费",实际就是从"粮食安全"的角度定义"浪费"。

问题是,从"粮食安全"的角度怎样定义"浪费"呢?这些天思来想去,我认为需把握三个重点:一是政府应优先保障消费者哪个层次的需求,二是消费行为在何条件下会产生负外部性,三是对哪些商品应鼓励消费而对哪些商品应倡导节约。以上三点相互关联,也是定义"浪费"的三个关键前提。下面让我们分别讨论。

对政府应优先保障哪个层次的需求,我想大家应该容易有共识。前面说过,人类需求有五个层次。对政府来说,当然要优先保障人们的生理需求,因为生理需求相对其他四个层次的需求,是第一位的需求。中国民间有句俗语:"人是铁,饭是钢,一顿不吃饿得慌。"也就是说,保障温饱是政府的底线目标,也是政府义不容辞的职责。

消费行为在何条件下会产生负外部性?此问题应根据商品的供求状况判定。一般来讲,供过于求的商品,消费不会有负外部性;供应短缺的商品,则往往会产生负外部性。仍以食品为例,若明知食品供应短缺,却有人出于赢得尊重需求或社交需求过度消费食品,结果导致另一部分人的生理需求得不到满足。这种消费行为,就存在明显的负外部性。

至于对哪些商品应鼓励消费而对哪些商品应倡导节约,我的观点是:若某商品供过于求,政府可鼓励消费;若供应短缺,则应倡导节约。具体拿食品来说,从全球范围看,目前食品供应明显短缺。根据联合国粮食及农业组织2020年公布的数据,全球仍有8.2亿人处于饥饿状态;从国内供应看,虽然食品能自给自足,但仍是"紧平衡"。中国是有14亿人口的大国,"粮食安全"当警钟长鸣。

根据以上分析,现在我们可以对"食品浪费"给出定义:从政府的角度看,在食品供应短缺的条件下,假若消费者超过生理需求而过度地消费食品,则此现象称为浪费。需要指出的是,这只是我个人的定义,读者不一定认同。好在学术可以争鸣,说实话,我写这篇文章不过是抛砖引玉。这里,让我对上面的定义再做三点解释。

第一,对食品是否存在"浪费"为何要从政府的角度判断?这一点说来简单,因为政府既不同于消费者,也不同于供应商。我们知道,消费者所争取的是满足个人最大化需求,供应商所争取的是最大化利润,而只有政府,追求的是最大化维护粮食安全。粮食安全事关国家安全,所以对"食品浪费"的判定,必须从政府的角度看。

第二,反对食品浪费为何要立法?我认为归根结底是市场失灵。前面说过,消费者自己花钱过度消费食品,是为了满足尊重需求;供应商过度加工粮食,是为了争取最大化利润。从市场规律看,两者皆无可厚非。可他们的行为却损害了国家粮食安全,而且市场对此无能为力。市场不能纠错,当然要靠法律纠错。

第三，反对浪费并不排斥鼓励消费。经济学强调，生产的目的是满足消费，投资要以消费为牵引。中央明确讲，扩大消费是长期方针。根据定义，浪费是指具有负外部性的消费。消费之所以产生负外部性，是由于该商品属于生存必需品而且短缺。由此看，国家所反对的浪费，是指对短缺生存必需品的过度消费。

# 征收房地产税的困难

> 国家征收房地产税,目的是增加政府财政收入,抑制炒房,提高住房使用效率。我看到的数据显示,发达国家的房地产税税率最高为2%。而中国是发展中国家,2020年全国城镇居民人均可支配收入约4.3万元。基于此,我国房地产税税率应该低一些,可根据住房面积,在0.1%~1%逐步累进。

房地产税将在部分地区开展试点,此消息2021年10月下旬披露后,立即成为社会关注的热点。坊间传闻,房地产税会在上海、重庆、杭州、深圳、海口等地先行先试。不过此消息尚未得到官方证实,作不得准,其实也非本文重点。我这里想讨论的是,开展房地产税试点可能会遇到哪些困难。

征收房地产税,是国际通行的做法,应该早在人们的意料之中。然而，据我所知，目前学界对征收房地产税的看法并不一致。有学者认为，国内房产不同于国外的房产，西方国家居民购房，拥有房地产的所有权，而国内购房只有 70 年使用权，并无所有权，所以我们不应仿效西方国家的做法。

另有一种观点说，近些年国内房价已整体高于西方国家的房价，究其原因，是政府高价出让土地，而高地价推高了房价。此外，消费者高价买房时，政府已经从消费者那里得到了不菲的收入，若再征收房地产税，无异于从一头牛身上剥下两张皮，这样对消费者不公平。

骤然听，两种观点皆不无道理，但我却不同意他们的分析。不错，我国城市土地归国家所有，居民购房只有使用权。可要指出的是，这里的"使用权"是习惯说法。事实上，它不仅包含房屋使用权（房主的居住权），同时也包括收益分享权（房屋出租取得租金的收入权）和转让权（房屋出售权）。在经济学里，此三项权利即为"产权"。房主拥有房屋产权，当然得缴税。

我曾多次说过，国家依法征税，原因是政府提供了公共服务，纳税人享受了公共服务，所以必须给政府支付对价。由此看，政府对房产征税，与房主是否拥有房屋"所有权"无关，关键是要看房屋"产权"是否需要国家保护。天下没有免费的午餐。若房主希望自己房屋的"产权"不被侵犯，需要国家保护，那么就应给国家缴税。

不能否认，国内房价确实偏高。问题是，房主支付了高房价是否就无须缴房地产税呢？我的看法是，高房价与征收房地产税是两回事。经济学说，房价与地价的关系，是房价拉高地价，而非地价推高房价。房地产开发商不蠢，若市场房价走低，他们绝不会去高价拿地。有事实为证：2008年国内房价大跌，地价也随之大跌；2009年后房价上涨，地价才又跟着涨起来。

国内房价为何会居高不下？经济学解释，是住房供不应求。可我们目前的现实是，一线城市住房空置率达16.8%，二线城市达22.2%，三线城市达21.8%。何以出现这种怪象？原来，有些人买房并不是为了自己住，而是为了炒，是炒房拉高了房价，今天"高房价"与"高空置"并存，原因即在于此。

设想一下，政府一旦开征房地产税，目前人们手里的空置房是不是会卖出去？当然会。若20%左右的空置房卖出去，住房供给增加，房价必然下降。可见，开征房地产税不仅可以增加政府的收入，而且可以平抑市场房价，满足低收入者的购房刚需。此举一石二鸟，请问有何理由反对开征房地产税呢？

当然，征收房地产税涉及千家万户，攸关利益，在操作层面应慎之又慎。其实，国家之所以先在部分地区试点，也是为了投石问路，希望通过试点摸索经验，然后再在面上推开。这些日子，我一直在思考这样一个问题：房地产税的计税对象和税率应该如何确定？

关于计税对象。最便捷的当然是按人均住房面积征税，这也是国内多数学者的主张。比如目前城镇人均住房约40平方米，故可考虑将起征点设定为人均50平方米，超过人均50平方米征税，50平方米以下可以免征。此办法虽然简便，但有一个难题不好解决。举个例子，一家老两口住房100平方米，不必缴税；可若其中一位过世，另一位就得缴税。如此，岂不会加重老人的负担？

实不相瞒，起初我的设想是按房产的套数征：首套住房可以免征，从第二套开始征。可当我与同事讨论时，对方却不赞成，并举证反驳说，他认识某对年轻夫妇，前几年购买了首套50平方米的住房，后来有了小孩，房子不够住，又买了一套90平方米的房子。若按人均面积征，不用缴税；但若按住房套数征却得缴税，他们会接受吗？

是的，按人均面积或按套数征税皆有弊端。所以我现在的观点是，将两者结合起来。顾名思义，房地产税是针对房产持有者征收的资产类税。所谓资产，是指能直接产生收入的财产。显然，当住房用于出租或者炒卖时，属于资产；而自己住时则属于消费品。首套住房是自己住的，故无论是否超过人均50平方米都不应征税。

至于对第二套房产是否征税，我认为应综合考虑住房面积。上面那对年轻夫妇有了孩子，两套住房加起来人均未超过50平方米，他们的第二套房不应征税。但若人均面积超出了

50平方米，对超出的部分则应征税。为何要进行这种区分？因为对第二套房不征税，难免会有人钻空子：一套房子自己住，另一套用于出租或炒卖。

最后再说税率设计。此问题相对简单些，我也简单说。总的原则是，要顾及多数人的承受度。国家征收房地产税，目的是增加政府财政收入，抑制炒房，提高住房使用效率。我看到的数据显示，发达国家的房地产税税率最高为2%。而中国是发展中国家，2020年全国城镇居民人均可支配收入约4.3万元。基于此，我国房地产税税率应该低一些，可根据住房面积，在0.1%～1%逐步累进。

# 第四章

## 稳健货币以静制动

### 货币政策的目标取向
（2021 年 8 月 11 日）

### 通胀是否会卷土重来
（2019 年 12 月 3 日）

### 论货币推动力
（2022 年 8 月 10 日）

### "负利率时代"是危言耸听
（2019 年 12 月 6 日）

### 高储蓄不会抑制需求
（2022 年 3 月 9 日）

### 股市为何测不准
（2018 年 5 月 7 日）

### 房价问题症结何在
（2019 年 4 月 11 日）

### "东北大米"现象解析
（2019 年 9 月 12 日）

# 货币政策的目标取向

> 2020年新冠肺炎疫情肆虐全球,美国大举推出量化宽松的货币政策,而中国则坚持实施稳健的货币政策,既要保持流动性合理充裕,同时货币信贷、社会融资规模的增长要与经济发展相适应。简言之,我国货币政策的目标取向是稳定币值,而不是对经济强刺激。

今天在讨论货币政策时,已很少有学者提及货币职能,给人的印象似乎是货币政策与货币职能无关。可是在我看来,货币政策不过是货币职能在宏观层面的展开,若离开货币职能研究货币政策,是舍本逐末。我作此文将从货币职能角度分析货币政策要解决什么问题,以及货币政策的目标取向为何。

人类早期的商品交换,是物物交换。货币作为一般等价物，是商品交换发展到一定阶段的产物。换句话说，是交换规模扩大后需要货币协助，才渐渐出现了货币。由此见，货币的出现就是为了协助商品交换。读者可以查阅任何一本经济学教科书，都说货币有五项职能——价值尺度、流通手段、支付手段、贮藏手段、世界货币，而且这五项职能，皆服务于交换。

所谓货币政策，通常是指利率、法定存款准备金率、公开市场业务这三大调控货币量的工具。马克思说过，货币需求量＝社会商品价格总额／同名货币流通速度。这里想问读者：既然能够知道货币的需求量，货币量按需求供给即可，为何央行要用货币政策予以操控呢？

从源头追溯，应该与瑞典经济学家维克塞尔有关。在维克塞尔之前，经济学家皆认为货币是"中性"的，即货币增减只会影响价格总水平而不会改变商品的比价。1898年，维克塞尔出版了《利息与价格》一书，首次提出了"货币非中性理论"。他的理由是，货币不仅是交换媒介，同时也有贮藏功能。一旦货币被贮藏，商品供求失衡会造成经济波动，故货币并非"中性"，而是"非中性"。

维克塞尔还分析说，由于货币非中性，要想让商品供求恢复均衡就得用"利率"调节价格。他指出，当货币借贷的"实际利率"低于实物借贷的"自然利率"时，企业有利可图会扩大贷款（投资），投资扩大会推高生产要素价格，而要素价格上涨，要素所有者收入增加又会拉动消费品涨价，于是价格形成了一个向上累积的过程；反之，价格会向反方向变动，形成一个向下累积的过程。

于是维克塞尔得出结论：由于货币的存在，实际利率往往会偏离自然利率，因此要保持价格稳定，就必须适时调控实际利率，让实际利率与自然利率保持一致。时下学界流行的"利率工具论"正是由此而来的，并且货币政策工具已扩展为利率、法定存款准备金率和公开市场业务。

"货币非中性理论"提出后，维克塞尔名声大振，熊彼特称他是"瑞典的马歇尔""北欧经济学的顶峰"，并引发了一场"规则"对"权变"的争论。其中一派以凯恩斯为代表，倡导所谓相机抉择的"权变"政策。凯恩斯说，经济活动仿佛一条有着荣枯周期的河流，货币供应是闸门，为平抑经济剧烈震荡，政府作为"守闸人"，应根据河流的水位适时关闭或开启"闸门"。

然而，到20世纪50年代后期，一股反对"权变"的旋风从美国刮起，代表人物是弗里德曼。弗里德曼研究发现，从货币供应变化到价格总水平变化，有两个"时滞"期：货币变化在6～9个月后才会引起名义收入变化，而收入变化后要再过6～9个月才会引起价格变化。正由于存在12～18个月的"时滞"，央行调控货币往往要么过松、要么过紧。而无论哪种结果，都会加剧经济波动。

不错，"权变"政策确实容易让经济陷入循环怪圈：为减少失业增加货币供应—利率下降—投资扩大—收入增加—物价上涨—利率反弹—投资收缩—失业增加。因此，弗里德曼告诫政府，与其手忙脚乱操控货币供应，倒不如实施"简单规则"的货币政策，将货币供应增长率稳定在与经济增长率大体一致的水平上。

判断"权变"与"规则"孰是孰非，我认为首先得弄清货币政策要解决什么问题。若为了稳定币值（物价），就应选择"简单规则"；若为了短期刺激投资，"权变"也不失为一种可取的选择。可问题是，货币政策的目标到底是什么呢？此问题显然涉及货币职能。前面说过，货币的职能是协助交换。从交换角度看，货币政策的重点当然是稳定币值。

历史是一面镜子。二战结束后 20 年，欧美由于实施"权变"政策，到 20 世纪 70 年代普遍陷入了"滞胀"。为摆脱"滞胀"，1975 年前后，世界主要工业七国中有五个实施"简单规则"货币政策，并且成功控制了通胀；以撒切尔夫人为首相的英国保守党政府更是唯"简单规则"是瞻；美国里根政府提出的"经济复兴计划"，也把"简单规则"作为控制货币供应的重要依据。

回到理论层面看，"货币非中性理论"其实存在诸多疑点。首先，维克塞尔说实际利率偏离自然利率并不成立。庞巴维克讲，利息是货币时差之价；而货币理论大师费雪则将利息定义为"不耐"（急于消费）的代价。两人表述不同但意思相近，利率取决于社会的不耐程度,与借贷品是"实物"还是"货币"无关。既如此,实际利率怎会偏离自然利率呢?

对于利率不能调节价格,其实经济学讲得很清楚:某商品涨价是由于商品供不应求;而价格总水平上涨,则是因为货币供给过多。这是说,利率既不决定单个商品的价格,也不影响价格总水平。按照维克塞尔的分析,实际利率低于自然利率企业会扩贷。可我要问:央行若不多发货币,企业何以扩贷?降低利率又怎能拉高要素商品价格呢?

最后说货币政策选择。2020年新冠肺炎疫情肆虐全球,美国大举推出量化宽松的货币政策,而中国则坚持实施稳健的货币政策,"稳健"当然不是"权变"。中央强调,实施稳健的货币政策,既要保持流动性合理充裕,同时货币信贷、社会融资规模的增长要与经济发展相适应。简言之,我国货币政策的目标取向是稳定币值,而不是对经济强刺激。

# 通胀是否会卷土重来

> 商品涨价与通胀并不是一回事。某种商品涨价，原因是供给短缺；而出现通胀，原因则是货币过度投放。前者属于微观经济行为，后者属于宏观经济现象，不可将两者混为一谈。说得更明确一些，只要货币总量保持适度，肉禽等农产品的涨价绝不会引发通胀。

真所谓世事难料。2019年1月CPI（消费者物价指数）才1.7%，2月降至1.5%。当时人们还在担心出现通缩，想不到7月过后CPI却一路上升，9月升至3.0%，10月升至3.8%，11月升至4.5%。于是人们又担心通胀会卷土重来。有专家分析说，下半年CPI上升，原因是猪肉涨价带动其他肉禽产品涨价，防通胀必须管控猪肉等肉禽产品的价格。

这让我想到了上一轮通胀。2007年初国内物价开始上涨，到 2008 年 2 月，CPI 最高达到 8.7%。那时也有学者将通胀归结于猪禽产品涨价，理由是 2007 年上半年先是猪肉涨价，然后带动了其他农产品涨价，而农产品涨价又推动了下半年工业品涨价。基于此，人们认定通胀是由成本推动的。而一边倒的呼声是，"管控农产品价格"。

上面两件事虽无关联，但有一点却相同，即皆认为通胀可由成本推动，而且都主张管控农产品价格。我写这篇文章要讨论的是，成本是否真能推动通胀？若能推动通胀，防通胀当然要管控肉禽等农产品的价格；假若不能推动通胀，管控农产品的价格无疑是错开了药方。

经济学的流行观点说，通胀有成本推动、结构推动、需求拉动三种类型，其实也是说通胀形成有三种原因。此说法不仅在社会上广为流传，而且写进了权威的经济学教科书。说实话，我一直不赞成上述说法。在我看来，成本与结构因素不可能推动通胀。通胀的形成只有一个原因，那就是货币超量发行引发需求膨胀，需求膨胀拉动物价上涨。

关于需求拉动通胀，弗里德曼早就做过论证，可人们为何会相信成本能推动通胀呢？思来想去，应该是从价格构成得出的推论。由于价格等于成本加利润，于是有人想当然地认为成本上升必推动价格上升。供求原理讲得很清楚，价格由供求双方决定。若商品供不应求，成本可以决定价格；若商品供过于求，则由需求决定价格，价格决定成本。

是的，若商品供过于求，成本上升商品价格不可能上涨。为便于理解，让我用一个例子解释。有甲、乙两家苹果供应商，苹果品质完全相同，可甲的成本却高于乙的成本，甲的价格也高于乙的价格。想问读者，如果苹果市场供给充足，你是否会买乙的苹果？若消费者都去买乙的苹果，甲的苹果无人问津，最后甲一定会降价，对不对？

问题就在这里，商品供过于求是市场经济的常态，所以在多数情况下是需求决定价格而不是成本决定价格。以大家熟悉的中秋节月饼为例。节前一盒月饼卖数百元，节后却降至数十元。一夜间价格大跌，并非一夜间月饼的生产成本有何变化，而是市场需求发生了变化。再比如20世纪60年代的邮票，当年8分钱一枚，而今天可以卖到数千元，也是需求决定而不是成本决定的。

懂得了供求原理，我们再来讨论"结构性通胀"。从产业分工的链条看，一国的产业可大致分为上游产业与下游产业。上游产业为下游产业提供原料，上游产品的价格便成为下游产业的生产成本。所谓"结构性通胀"，是说上游产品涨价会增加下游产品的成本，而下游产品成本的增加会推高最终产品的价格，从而形成通胀。

不知读者怎么看，我认为"结构性通胀说"错得明显。前面分析过，下游产品供过于求，供应商必存在竞争，成本升高价格不可能上涨。而根据供求原理，下游产品不能涨价，上游产品迟早得降价。往深处想：上游产品涨价，供给会增加；下游产品过剩，对上游产品的需求会减少。而上游产品一旦供过于求，价格当然要下降。

据此分析，当下游产品过剩时，价格不是由成本（上游产品价格）决定的，相反是下游产品价格决定上游产品价格。事实也的确如此。市场上钢材涨价，往往会带动铁矿石涨价；若钢材降价，铁矿石也会随之降价。由此见，"结构性通胀说"并不成立。而"结构性通胀说"不成立，通过管控肉价防通胀的主张当然也不可取。

需要特别指出的是，商品涨价与通胀并不是一回事。某种商品涨价，原因是供给短缺；而出现通胀，原因则是货币过度投放。前者属于微观经济行为，后者属于宏观经济现象，不可将两者混为一谈。说得更明确一些，只要货币总量保持适度，肉禽等农产品的涨价绝不会引发通胀。我曾用一个简化的例子论证过，这里再用一下。

假定一个国家只生产两种产品——大米与冰箱，大米价格为 1 000 元/吨，冰箱价格为 1 000 元/台，而央行当年投放的货币也正好是 2 000 元。这样在货币供应的约束下，大米与冰箱的价格会互为消长，不应该出现通胀。可奇怪的是，市场上一吨大米的价格涨了 500 元，一台冰箱的价格也涨了 200 元，你知道为什么吗？

经济学的答案，一定是央行多发了 700 元的货币。如果央行守住 2 000 元的货币供应不变，大米涨价 500 元，冰箱必降价 500 元，否则市场上没有对应的购买力，冰箱就只能压库，价格不可能跟着涨。正是在这个意义上，弗里德曼说"通胀始终是货币现象"。或者说，通胀的始作俑者只能是货币发行机构。

最后说近期国内是否会出现通胀。我的看法是，通胀不会卷土重来。2019 年下半年 CPI 上升，是由于肉禽产品供给短缺，并非货币扩张引起的。要知道，肉禽产品涨价会引起供给增加，只要货币政策保持稳健，明年第二季度肉禽价格就会回落，CPI 将稳定在 3.5% 左右。要相信供求规律，不信半年后见分晓吧！

# 论货币推动力

> 在当前经济下行压力较大的背景下,财政政策可靠前发力,重点减税,但货币政策则应继续保持稳健,绝不能搞大水漫灌。为了保就业与民生,应以供给侧结构性改革为主线,把扩大内需与结构性改革结合起来,坚持从供给侧发力扩内需。应重视 GDP 增速,但不必纠结 5.5% 的速度指标,要保持定力,坚持速度服从质量,把高质量发展放在首位。

研究经济学数十年,我从未见过有哪位经济学家否认货币的作用。当年读马克思的《资本论》,其中关于"货币作用"的名言,我至今还能背出原文。马克思说,在社会资本再生产中,货币表现为"发动整个过程的第一推动力",他还指出,对每一个新开办的企业来说,货币是"第一推动力和持续的动力"。

货币作为商品的一般等价物，具有价值尺度、流通手段、支付手段、贮藏手段、世界货币五大职能。事实上，在现代市场经济体制下，一切商品交换皆离不开货币，在经济生活中，货币确实起到了举足轻重的作用，这大概也是西方国家每次遇到经济衰退时，皆要用扩张性货币政策刺激经济的原因。

往前追溯，20 世纪 30 年代，西方世界发生经济大萧条。1936 年，凯恩斯出版了《就业、利息和货币通论》，他所开出的药方，是国家干预经济，即用扩张性财政政策与货币政策投资公共工程，扩大内需。这一主张，一度成为欧美国家的国策，凯恩斯也因此被誉为战后经济繁荣之父。然而，到了 20 世纪 70 年代，西方世界却普遍陷入滞胀。于是凯恩斯的理论遭到众多批评，千夫所指，四面楚歌。

2007 年，美国又发生了次贷危机。面对大规模失业，奥巴马政府再次采用凯恩斯的理论，一方面推行赤字预算（发国债），另一方面实施量化宽松的货币政策。可遗憾的是，奥巴马执政时期美国经济并无明显起色。特朗普上台后，改用供给学派的主张，大刀阔斧地减税，并将公司所得税率从 35% 降至 21%，最近几年，美国经济才逐步有所恢复。

再看中国，2008 年，受美国次贷危机的冲击，国内不少中小企业停产歇业，当时有近 2 000 万农民工提前下岗返乡。为了稳企业、保就业，同年 11 月，国务院推出了"4 万亿元扩需计划",重点投资铁路、公路、机场等基础设施。现在回过头看,"4万亿元扩需计划"对缓解次贷危机冲击,效果的确立竿见影,但同时也让我们进入了漫长的"前期政策消化期"。

从上面的例子可见,货币既能推动经济发展,但也有副作用,甚至可能闯祸。若站在企业的角度,这样讲似乎不太好理解。对单个企业来说,货币作为商品的固定等价物,手里的货币越多,调动资源的能力就越强,货币当然越多越好。也正是从这个意义上,马克思说货币是企业的第一推动力和持续动力。

但若从宏观角度看,货币并非多多益善。何以见得?对此需要我们理解"货币"与"资本"的区别。马克思讲得很清楚,资本是不断增值的价值,其"实物形态"是各种生产要素(商品),"价值形态"则表现为一定数量的货币。这就是说,货币本身并非资本,特别是当金银货币退出流通后,货币只是资本的纸制副本。

是的,货币与资本不是一回事。若读者不信,可以去读《资本论》,你会发现马克思说"货币是第一推动力",那里的"货币"其实是指"货币资本",而不是指纸币(钱)。当一国发行的货币等于商品流通所需要的货币量时,货币是资本。若货币超发,不仅不会增加资本,反而会导致货币贬值,引发通胀。

让我举个例子解释。根据货币流通公式:流通中所需要的货币量＝一定时期社会商品价格总额/同名货币流通速度。假定商品价格总额为50万亿元，货币流通速度5次/年，则流通中所需要的货币量为10万亿元。假定央行发行了12万亿元的货币，那么这多发的2万亿元没有对应的商品，就只是钱，而不是资本。

读者看明白没有？资本是不断增值的价值，而纸币发多了会贬值，所以我们不能将两者混为一谈。我在前面说过，作为经济第一推动力的货币，指的是货币资本，而且按照马克思在《资本论》中的分析，货币要发挥对经济的推动作用，至少应具备以下三大前提。

前提一：货币供求要保持总量平衡。在金银货币流通的前提下，货币是推动经济增长的动力；而当纸币替代金银货币流通后，若货币供给大于需求，必然导致通胀。一旦出现这种情况，则弊大于利，会给经济带来不利的后果。

前提二：商品供求要同时保持总量与结构平衡。经济理论与经济发展史皆表明，货币是中性的，货币调节属于总量调节，解决不了结构问题。当供给短缺时，增加货币投放只会拉动价格上涨；而当供给过剩时，多发货币也只会火上浇油，加剧生产过剩与结构失衡。

前提三：货币资源的分配应由市场起决定作用。有两个重点：一是要尊重市场的"等价交换"规则，政府不能管价格；二是要放开市场利率。对于某些需要扶持的企业，政府可用财政贴息的办法予以支持，不可用行政手段控制利率。只有让市场化利率引导资金流动，才能将好钢用在刀刃上，提高资金的配置效率。

回到中国的现实，我提三点建议：第一，在当前经济下行压力较大的背景下，财政政策可靠前发力，重点减税，但货币政策则应继续保持稳健，绝不能搞大水漫灌；第二，为了保就业与民生，应以供给侧结构性改革为主线，把扩大内需与结构性改革结合起来，坚持从供给侧发力扩内需；第三，应重视GDP增速，但不必纠结5.5%的速度指标，要保持定力，坚持速度服从质量，把高质量发展放在首位。

## "负利率时代"是危言耸听

> "负利率时代"不会到来。学界所说的"负利率时代",是指全球利率为负。按照经济学原理,负利率存在的前提是资产预期收益为负。而全球利率为负,意味着地球上所有资产的预期收益皆为负。怎么可能呢?别的不论,只要土地能长庄稼,至少土地的预期收益不会为负。

最近有学者预言,全球"负利率时代"即将到来。做此判断并非空穴来风,起因是2018年8月瑞典央行率先推出了负利率,跟着丹麦、欧元区、瑞士、日本等地的央行也先后实施负利率。与此同时,日本、德国、法国、瑞典、瑞士、丹麦、荷兰、奥地利、比利时等还发行了收益率为负的长期国债。到底发生了什么事?此现象值得为文讨论。

我研究经济学数十年，当然知道社会上有"负利率"之说。不过以往人们所说的负利率，是指银行名义利率低于通胀率，储户从银行取得的利息抵补不了通胀的损失，结果使储户实际利率为负。事实上，实际利率为负的情况，在20世纪90年代初中国出现过，国际上更是屡见不鲜。但名义利率为负的例子，人类历史上却不容易找到。

马克思在《资本论》中曾对利率做过分析。他指出，利息是货币资本家对产业资本家利润的分割。由此决定，利率不能高于平均利润率，同时又不能低于零。马克思还指出，利率在平均利润率与零之间具体如何确定，取决于借贷双方分配利润的比例，而此比例又取决于货币供求状况。原则上，货币供过于求，利率会下降；货币供不应求，则利率会上升。

马克思说名义利率不能低于零（为负），应该无可置疑。20世纪30年代，凯恩斯在《就业、利息和货币通论》中也提出了相同的观点，并分析说，假若名义利率为零，社会上将不会有人到银行存款，这样会导致形成"流动性陷阱"。然而理论归理论，我们看到的现实却是，今天不仅有的国家的央行采用负利率，甚至也有商业银行推出负利率。

对此现象最初我也感觉奇怪，而往深处想其实也不难理解。近年来欧洲经济一直不济，去年欧洲央行将金融机构超额准备金利率调至 –0.5%，不过是刺激经济的权宜之计而已。此举旨在一箭双雕：在央行不增发货币的前提下，迫使商业银行放贷，增加市场流动性。同理，日本央行对商业银行的贷款贴现率降至 $-0.1\%$，目的也是鼓励商业银行低息贷款，降低企业融资成本。

真正难以理解的是，商业银行为何推出负利率？我看到的资料显示，丹麦日德兰银行已将大额储户的存款利率降为 $-0.6\%$，10 年期房贷利率降为 $-0.5\%$。学界有一种观点认为，银行是为了刺激消费才这么做的。我不认同此看法。银行不是政府，它所追求的是贷款安全与盈利，怎可能用负利率刺激消费呢？

是的，刺激消费是政府的事，银行作为商业机构必须在商言商，否则银行迟早得关门。上面的例子中，日德兰银行将 10 年期房贷利率降到 $-0.5\%$，是因为将大额储户的存款利率降到了 $-0.6\%$，中间仍有 $0.1\%$ 的利差。而且据我所知，日德兰银行推出负利率房贷还有一个原因，那就是事先向房地产开发商发行了负利率债券，让房地产开发商贴补了利息，银行可以稳赚不赔。

应该追问的是：既然存款利率为负，那么储户为何还会去银行存款？或者问：银行发行债券的利率为负，开发商为何会购买银行债券？经济学的推断一定是，投资房地产的预期收益为负，致使房地产大量积压。何以见得？要明白其中的道理，读者需要懂得"资产定价原理"。为方便理解，让我对"资产定价原理"做简要介绍。

"资产定价原理"说,某资产的价格等于该资产预期收益的贴现。用公式表示则是:资产价格 = 该资产的预期年平均收益 / 银行年利率。毫无疑问,此公式来自马克思的土地定价原理。当年马克思在研究土地价格时指出:土地价格 = 该土地的年地租 / 银行年利率。若将土地当资产看,土地定价与资产定价其实是一回事。

现在的问题是,用资产定价原理如何解释负利率现象?顾名思义,所谓资产定价,是在已知银行利率与资产预期收益时决定资产的价格。而讨论市场为何出现负利率,则是在已知资产价格的前提下分析负利率存在的约束条件。按照资产定价原理,资产价格 × 银行年利率 = 资产预期年收益。由此推断,假若资产价格为正,银行利率为负,则资产的预期收益一定为负。

据此分析,负利率出现的约束条件是资产预期收益为负。换句话说,若资产预期收益大于零,负利率不可能出现。为何这样说?读者不妨扪心自问:若你对未来房产的预期收益为负,而银行利率为正,你是否会将房产变现存入银行?倘若如此,银行每天得为储户支付利息,然而却无人贷款购房。在此情况下你认为银行应该怎么做。银行别无选择,当然要推出负利率。

回头再说"负利率时代"。我的看法是,"负利率时代"不会到来。学界所说的"负利率时代",是指全球利率为负。按照经济学原理，负利率存在的前提是资产预期收益为负。而全球利率为负，意味着地球上所有资产的预期收益皆为负。怎么可能呢？别的不论，只要土地能长庄稼，至少土地的预期收益不会为负。

读者不要误会，不是说资产预期收益不能为负。若某行业生产过剩造成了设备闲置，而保养设备要花钱，此时资产预期收益无疑是负的，但这种情况绝非普遍。萨伊曾论证过：供给可以创造需求，供求总量能自动均衡。这是说，若需求总量不变，有供给过剩产业，就必有供给短缺产业。过剩产业预期收益为负，短缺产业预期收益为正，从全社会看，资产预期收益不可能同时为负。

写到这里，本文最后的结论是，资产预期收益不可能同时为负，人类也就不可能进入"负利率时代"。何况中国一直坚持实施稳健的货币政策，绝不可能出现负利率。在我看来，所谓"负利率时代"只是少数学者杞人忧天的想象，我们切不可听风是雨，更不必草木皆兵。

## 高储蓄不会抑制需求

> 储蓄是人们权衡现期消费与远期消费的一种选择。有人希望增加未来消费，今天愿意储蓄；有人希望提前消费，愿意贷款消费。逻辑上，银行要追求盈利，就得将储蓄转化为贷款。若储蓄能转化为贷款，无论储蓄率多高，皆不会抑制国内需求。

读大学前我一直以为，老百姓将钱存入银行（储蓄）是好事，可以支持国家建设。可上大学后读凯恩斯的《就业、利息和货币通论》，完全颠覆了我之前的认知。凯恩斯说，经济大萧条时期出现普遍的失业，其中一个重要原因是老百姓喜欢往银行存钱，令消费增长速度跟不上收入增长速度。由于消费需求不足，所以消费品生产过剩。

后来听老师讲《就业、利息和货币通论》，说当年凯恩斯写这本书是受到一名英国医生的启发。18 世纪初，伯纳德·曼德维尔出版了《蜜蜂的寓言》一书。该书的大意是，从前有一群蜜蜂，在蜂王的带领下过着挥霍奢侈的生活，整个蜂群百业昌盛、兴旺发达。可老蜂王去世后，新蜂王却要求改变原来的生活方式，崇尚节俭，结果反而造成社会凋敝、经济衰落。

说实话，我在大学求学整整 10 年，对凯恩斯的观点不曾怀疑过。尽管 20 世纪 70 年代西方陷入"滞胀"后，学界千夫所指，凯恩斯成为众矢之的，而我认为是西方国家用错了药方，凯恩斯理论并没有错。我对《就业、利息和货币通论》产生怀疑，是在 1998 年。当时亚洲爆发金融危机，国内 2 000 万名国企职工下岗，而中国却有惊无险，很快度过了危机。

面对大规模失业中国能有惊无险，当然主要是政府应对得当；除此之外，还有一个重要原因，那就是中国的老百姓有"银行存款"。我曾到东北老工业基地做过调研，访问过下岗职工。职工反映，要是自己以前没有储蓄，靠政府发救济金只能维持基本生活，供不起孩子上学。一语点醒，我忽然意识到凯恩斯的理论错了。

回北京后，我写了《凯恩斯理论的疑点》，对"边际消费倾向递减规律"提出质疑，并对"储蓄"与需求的关系做了分析。可不承想，2008 年国际金融危机后，西方对中国高储蓄群起攻之。2009 年春，我赴华盛顿参加会议，美国贸易代表处的官员批评说，美国发生次贷危机，原因是中国高储蓄使美国的对华贸易长期处于逆差。

2009年7月初，全球智库峰会在北京举行，会上美国代表又公开指责中国高储蓄。时任央行行长周小川先生做了回应，我也写了《美国指责中国高储蓄毫无道理》，那篇文章的主要观点是：中国自1992年至2009年，居民储蓄率一直保持在20%以上，可为何20年前美国未发生金融危机，10年前也未发生金融危机？只能说明，美国次贷危机与中国高储蓄无关。

以上说的是往事，回头再说现实：近年来美国等西方国家围堵中国出口，不断制造贸易摩擦，而新冠肺炎疫情又雪上加霜。面对双重压力，2020年中央提出实施扩大内需战略，且重点扩消费，用消费带动投资。于是"高储蓄"再度引起关注。有学者认为，高储蓄一定程度上抑制了国内需求，而要扩大消费，必须将高储蓄降下来。

看来，人们对"储蓄"存在不小的误解。事实上前面东北下岗职工的例子足以说明，储蓄可以为家庭"缓压"，家庭是社会的细胞，对维护社会稳定来说，储蓄无疑具有举足轻重的作用。而从整个国家层面看，储蓄并不会减少总需求，更不会增加失业。何以做这样的判断？让我从两个角度解释。

从投资需求角度看，居民为了取得利息，将自己的闲散资金存入银行（储蓄）；银行吸收储户存款后，需要给储户支付利息。我们知道，银行是自负盈亏的商业机构，利润来自存贷利息差。银行为了追求多盈利或避免亏损，会立即将存款放贷给企业。如此一来，储蓄则通过银行转化成企业投资，社会总投资需求会增加。

从消费需求角度看，若某人增加银行储蓄，他的当期消费会减少，但社会总消费未必会减少。有两个关键点。第一，银行不仅为企业提供贷款，同时也为消费者提供贷款。当社会上投资过剩而消费需求不足时，银行会将"储蓄"更多地转化为消费贷款。于是，张三的"储蓄"转化成了李四的消费，此消彼长，总消费需求不会变。第二，是莫迪利安尼提出的"生命周期假定"。此假定说，在人生的不同阶段，消费与收入会有不同的安排。通常的情形是：年轻时消费会大于收入，有负债；中年时收入会大于消费，有储蓄；老年时，消费会大于收入，用储蓄弥补缺口。前后算总账，一个人一生的消费，最终会等于他一生的收入。这是说，储蓄是人们在生命不同阶段"平衡"消费的一种理性安排。

有学者不同意莫迪利安尼的分析，并举例子反驳。美国和中国各有一个老太太，两人消费观念不同。美国老太太年轻时不仅不储蓄，反而从银行贷款买了房子；中国老太太却喜欢存钱，直到退休才买了房子。这样，美国老太太住了一辈子自家的房子，中国老太太退休后才住上自己的房子，明显吃亏。言下之意是，中国老太太年轻时就应该像美国老太太那样，不储蓄而去贷款买房子。

这个例子具有一定的迷惑性。可我想问的是：美国老太太贷款买了房子，每月是否需还本付息？还本付息后是否会减少其他方面的消费？中国老太太将钱存入银行有利息收入，收入增加是否可以买更多的新衣服，或者增加旅游、健身等方面的消费？再有，租房住与买房住都是消费，两者并无本质差别，怎能说储蓄就一定减少消费呢？

最后本文的结论是：储蓄是人们权衡现期消费与远期消费的一种选择。有人希望增加未来消费，今天愿意储蓄；有人希望提前消费，愿意贷款消费。逻辑上，银行要追求盈利，就得将储蓄转化为贷款。若储蓄能转化为贷款，无论储蓄率多高，皆不会抑制国内需求。

# 股市为何测不准

> 股票假若真的能被测准,就不会有股票交易了。若测准上涨,人们都会买入,不会有人卖出;若测准下跌,人们都会卖出,不会有人买入。倘若如此,何来股票交易呢?股票市场不同于商品市场。商品市场交换的是不同的商品,而股票市场交易的是同质资产。同质资产之所以有交易,是因为人们对未来收益有不同的预期。

我年轻时炒过股,那时候特别相信股评家,买进卖出一律听股评家的指点。当然在股市上赚过钱,也赔过,可算总账却赚少赔多。20年前读费雪的《利息理论》,醍醐灌顶,突然意识到股评家其实是望天打卦。我想明白了一点,股评家要是真能看准股票涨跌,他们怎会去做股评而不自己炒股呢?

明白了这个道理，于是"金盆洗手"，后来我再未涉足股市。曾有朋友问我为何不炒股，我说自己看不准股市。朋友说："你研究经济学怎会看不准股市？"我告诉他不仅我看不准，比我名气大的经济学家也看不准。这可不是说笑。前面提到的费雪，绝对是研究货币理论的大师，可他在股市却赔得一塌糊涂，以致后半生穷困潦倒，生活还要靠人接济。

格林斯潘这个名字读者一定熟悉。此人担任过美联储主席，也是著名金融学家。20世纪80年代，他曾与朋友开过一家公司，专为客户提供股市咨询并代理买卖股票，结果呢？照他的建议买股票不是套牢就是割肉。客户见势不妙，一个个落荒而逃。到最后公司连房租都交不上，赔进去几百万美元后，只好关门歇业。

另一个具有戏剧性的例子是康托罗维奇与库普曼斯，两人1975年联手获得诺贝尔经济学奖，获奖论文是《资产分配的最优理论》。他们宣称，假若根据他们的理论投资，保准稳赚不赔。有人问："既然你们的理论如此了得，何不用诺贝尔奖的奖金去验证一下自己的理论？"两位经济学家答："当然要验证。"不幸的是，仅几个回合，他们就把奖金赔得精光。

当然在股市赚到钱的经济学家也有，据说英国的凯恩斯就收获颇丰。凯恩斯究竟靠什么看准股市我不知道，但我知道像他那样在股市赚大钱的经济学家并不多。于是这就引出了本文要讨论的话题，股市涨落到底能否被测准？今天国内搞经济预测的学者多如星辰，有人甚至以预测股市为职业，若我说股市测不准，人家肯定会反对。

说自己的一件往事。当年我炒股时与朋友买"深天地"，15元买进，不到一个月涨至30元。有天晚上接到朋友的电话，问我是否可将"深天地"卖掉。我说股评家预测涨到50元，为何要卖？他说眼睛跳，心慌得厉害。我说你心慌去看医生好了，卖股票做甚？不料第二天果然跌停，我赶紧收听股评，股评家说是合理调整，过后还会涨。可第三天又跌停，股评家还说是调整，最后跌到14元，我赔钱沽出。

我不认为是股评家骗人，他们恐怕真的是那样看的。事实上，股评家说得明白，他们给你的建议仅供参考。潜台词是，照他们的建议炒股，赚钱赔钱他们概不负责。股评家为何不敢负责？因为他们很清楚自己其实看不准股市。也许读者会说，股评家看不准股市并不等于股市测不准，如果他们提前知道政府调控股市的政策信息，股市就能被测准。

骤然听似乎有道理，但深想却不对。证监会的官员应该了解政策信息吧？可他们同样也测不准股市。中央人民广播电台曾有报道，2015年6月12日时任证监会主席肖钢到中央党校做报告，他强调了三个观点："改革牛理论成立""市场不差钱""股市与经济背离的观点不能成立"。可第二天股市就大跌，短短20天沪指下挫了1 000点。由此见，证监会主席也测不准股市。

股市为何测不准？让我们回到理论层面做分析。费雪在《利息理论》中指出，资产价格等于该资产预期收入的折现之和。显然，投资股票是买上市企业资产，则股票市价也应等于该股票预期收益的折现。这是说，人们用一笔资金买股票，其收益要与用此资金存入银行的利息相等。用公式表示：资产价格＝资产预期收入／银行利率。

　　上面的公式中，由于利率相对稳定，股票价格实际就决定于该股票的预期收入。可是预期收入是未来收入而不是现实收入，看不见摸不着，人们的判断往往会不同。对同一只股票，预期收入可能有人看涨，也可能有人看跌，正因为人们的判断不同，所以才有了股票的买卖。问题就在这里，由于预期收入具有不确定性，对股票涨跌你只能预测（猜测），但却不能准确地测定。

　　请读者再想，股票假若真的能被测准，你认为还会有股票交易吗？我认为不会有。股票若测准上涨，人们都会买入，不会有人卖出；若测准下跌，人们都会卖出，不会有人买入。倘若如此，何来股票交易呢？是的，股票市场不同于商品市场。商品市场交换的是不同的商品，而股票市场交易的是同质资产。同质资产之所以有交易，是因为人们对未来收益有不同的预期。

　　我曾在本专栏中介绍过奈特的《风险、不确定性与利润》一书，奈特说利润是"不确定性"的报酬，这一点在股市可以看得更清楚。的确，股民炒股或赚或赔，皆是"不确定性"使然。由于"不确定性"事先无法准确测定（量度），所以我们看到股市上既有人暴富，也有人倾家荡产。

这里还有一个现象要解释。所谓股市测不准，并不是说现实中没有股评家测准某只股票涨跌的案例，这样的案例肯定有，要不然股评这个行业早就不复存在了。而对此我的看法是，不是股评家能测准某只股票，而是他们事先掌握了内部消息，或是他名气大，足可以引导股民的预期。他说涨，众人一起追买股票就真的会涨。

本文最后的结论是：投资购买股票是购买未来，由于未来具有不确定性，而不确定性又不可量度，所以股市也无法测准。请读者小心，今后若有人说他可以测准股市、能包赚不赔，那么你不妨先让他签字画押，不然千万别信他。

# 房价问题症结何在

> 应对高房价,政府应采取措施稳定房价而不是打压房价。打压房价会引起一系列连锁反应,在当前经济存在下行压力的背景下,此举绝非上策。稳定房价的关键是,降低购房的信贷杠杆,防止过度炒房,并通过增加有效供给和抑制需求,让房价大致稳定在现在的水平上。

国内房价居高不下,招来诸多抱怨与批评。有学者认为是房地产开发商为富不仁,为牟取暴利而哄抬房价;而开发商则将房价上涨归结于地方政府搞土地财政;也有学者认为是市场过度炒房导致的结果。对房价问题到底怎么看?这里说说我的看法。

第一,房价与成本。大约 10 年前,针对当时国内的高房价，社会上舆论一边倒，口诛笔伐，纷纷指责房地产开发商为富不仁、哄抬房价。于是，要求公布开发商成本、反对暴利的呼声不绝于耳。消费者希望房价回落可以理解。但需要指出的是，这种指望公布成本打压房价的想法是错开了药方。

事实上，商品价格并不完全由成本决定。"文革"时期发行的《全国山河一片红》邮票，当年8分钱一枚，如今卖到2 500元一枚，成本未变，而价格却涨了几万倍。再比如中秋节月饼，节前一盒卖数百元，而中秋节一过便立即降价。月饼降价显然不是成本下降了，而是供求发生了变化。

当然，商品按成本加成定价的情况也是有的。不过得有个前提，那就是供不应求。经济学说，价格要由供求决定。若从厂商看，定价必会考虑成本，蚀本的事没人肯做。问题是，厂商按成本加成定价，若消费者不买，有行无市，所定价格也就形同虚设。反过来，假若商品短缺，求者趋之若鹜，明知有人出高价，厂商也绝不会拘泥于成本，有钱不赚，天下不会有这样的商家。

要求开发商公布成本，无非是说房价相对成本过高，政府应该反暴利。可问题是，谁能说清楚价格高出成本多少是暴利？是20%还是30%？若把利润超出成本30%视为暴利，那么要反的恐怕就不只是房地产行业了。高科技如生物制药，传统产业如餐饮，高出这个比例的企业肯定不少。再说，若不允许企业追求高利润，企业创新的动力从何而来？

从经济学角度看，高房价的症结并不在暴利，而在供求。

根据供求原理，商品供不应求价格上涨，供过于求价格下跌。中国房价一路走高，原因固然很多，但归根结底是住房供应不足。假如供求平衡，房价绝不会涨上去。想想吧，这些年家用电器和农产品的价格为何不大涨？答案是这类产品供应充足。

是的，供应充足的商品，价格不可能持续地涨。可有统计数字说，2017年底国内住房空置率达21.4%，说明住房并不短缺。既如此，房价怎会只涨不跌呢？高空置与高房价并存确实令人费解，不过做点调研，也不难明白其中的原因。由于目前建房用地受限，开发商一窝蜂地建高端住宅。结果，高端住宅老百姓买不起，而买得起的又没有供给，从市场有效供给看，住房还是供不应求。

值得追问的是，高端住宅过剩，开发商为何不降价呢？原因主要有二：一是普通住宅供不应求，需求拉动房价上涨，高端住宅也就跟着水涨船高；二是消费者买涨不买跌，开发商不敢降价。开发商很清楚，若房价一旦下跌，消费者必持币观望，这对原本过剩的高端住宅无疑是雪上加霜。基于这样的考虑，开发商宁愿空置，也不肯轻易降价。

第二，房价与地价。世事无常。2007年国内房价高企，很多人因买不起房而怨声载道。可2008年初房价突然掉头，跌得很惨，开发商苦不堪言。不过到2010年底，房价又很快超过了2007年的高点，于是人们再次把矛头指向开发商，而开发商却归罪于地方"土地财政"，一时间"土地财政"成了众矢之的。

这里对"土地财政"的是非曲直暂不做评论,让我们先讨论地价与房价是何关系:究竟是地价推高了房价,还是房价拉高了地价?表面上,这个问题有点像"鸡生蛋、蛋生鸡"的关系。不过从经济学角度看,高房价与高地价谁因谁果,倒是可以说清楚,但前提是大家要遵从经济分析的逻辑,不能只看现象而不看实质。

官方数据显示,前些年地方预算外收入中土地出让金几乎占到了一半。而开发商称,地价占房价的比例也高达59%,于是开发商说是地价推高了房价。我却不同意此说法。不错,房子建在土地上,地价高,建房成本会增高。可我们前面分析过,价格是由供求决定而不是由成本决定的,地价高未必一定推高房价,不然就解释不了2008年开发商成本未变而房价大跌的现象。

2008年房价大跌,各地城市的地价也跟着跌。我到成都考察过,2007年成都市郊每亩地价为300万~500万元,而2008年下半年下降至100万元。究其原因,是房价下跌使土地需求下降。由此见,是下游产品价格决定了上游产品价格。现实中类似的例子很多,比如钢材降价会导致铁矿石降价,纺织品降价会导致棉麻降价。

要知道,土地相对于住房是上游产品,而住房是下游产品,地价怎可能推高房价呢?想多一层,开发商2008年前建成的住房，都是 2007 年之前买的地，地价肯定不低，而 2008 年房价大跌显然不是因为地价低，而是金融危机后购房需求下降。再换个角度想，假如有甲、乙两个开发商在同一地段建房，由于购地时间不同，甲的地价只是乙的一半，若乙的房子每平方米卖 2 万元，你认为甲会每平方米只卖 1 万元吗？我认为不会。

如果我们相信供求原理，那么可以推定：只要住房供应短缺，地价无论高低房价都会上涨。而由此引出的政策含义是，平抑房价应增加住房供给而不是打压地价。住房供应短缺的局面不改变，打压地价只会增加开发商的利润，房价不会降。这样看，那种指望打压地价降低房价的想法只是一厢情愿，一旦政府采纳，则正中开发商下怀，而对消费者是竹篮打水、徒劳无益。

回头再说"土地财政"。人们对"土地财政"多有诟病，然而平心而论，地价升高并非政府有意为之。房地产用地已一律招拍挂，地价要由开发商竞价决定。既如此，有人出高价，政府怎能卖低价？若政府真的卖低价，你是否会怀疑主事官员有猫腻？还有一种批评说，地价飙升是地方政府"捂地惜售"。而我想问的是，若将土地一次性卖掉，将来建房怎么办？到时候地价岂不更高？

第三，房价与炒房。中央高层多次强调：房子是用来住的，不是用来炒的。可国内总有人对炒房乐此不疲，一个重要原因是，人们对未来房价看涨，认为炒房有利可图。大家都这样想，结果纷纷投资炒房就真的把房价炒高了。20 年前，北京房价每平方米不过 5 000 元，而现在每平方米涨至 10 万元。20 年房价上涨近 20 倍，过度炒房怕是难辞其咎。

照理说，任何投资皆有风险，投资炒房也不能例外。可令人奇怪的是，投资炒房为何会推高房价呢？要理解这一现象，我们既要懂得资产定价原理，同时也需弄清楚信贷杠杆与房价之间的内在机理。为方便读者理解，下面让我分别解释。

住房作为投资品价格怎么定？费雪在 1930 年出版的《利息理论》中说，资产价格等于该资产预期收入的贴现。此观点其实来自《资本论》，马克思在分析土地价格时指出：土地价格＝土地年租金／银行利率。比如某一块土地，年租金 10 万元，而银行利率为 5%，则该土地的价格就是 200 万元，因为 200 万元存银行可得 10 万元利息，而购入土地也可得到 10 万元的租金。

用房产替换土地，道理也一样，即房产价格等于房产的年租金除以银行利率。可我们所观察到的事实是，人们用 200 万元投资炒房，收益却比银行存款利息高得多。何以如此？这就带出了我要解释的第二个原因——信贷杠杆。所谓信贷杠杆，是指银行提供的购房贷款。比如你购房需首付 20%，80% 的房款从银行借，这样你用 200 万元便能购买 1 000 万元的房产，杠杆率为 5 倍。假定该房产一年升值到 1 100 万元，按利率 5% 支付银行利息 40 万元后，你可净赚 60 万元。

看明白了吗？借助信贷杠杆，房产升值 10%，你用 200 万元便可赚60万元，投资利润率为30%。如此大的诱惑，投资者怎会无动于衷？更为麻烦的是，炒房具有"羊群效应"，只要有人追涨，投资者就会一起追涨，这样势必推高人们对未来房价的预期。根据资产定价原理，当人们预期到未来房价上涨时，现期房价就一定会涨。

另外还要指出的是，除了信贷杠杆之外，房产证券化也会加剧人们炒房。在经济学看来，一项资产被炒作有两个条件：一是资产相对稀缺，二是资产证券化。供应充足的资产炒不起来，而资产未证券化也不容易炒。人们炒股票，是因为股票是证券化资产；而人们炒纸黄金，也是因为黄金相对稀缺而且已经证券化。想问读者，城里的房产有人炒而农村的房产为何没人去炒？答案是，农村的房产既不稀缺，也未证券化。

第四，政府的应对。面对高房价，政府应该怎样应对？有两种对立的观点：一是希望政府打压房价；二是主张政府袖手旁观，不要管房价。对房价的不同态度，反映了人们不同的利益诉求。说得明确些：没有买房的希望房价跌，买了房的却希望房价涨。对此我的看法是，政府不必打压房价，但同时应采取措施稳定房价。

政府为何不必打压房价？理由至少有三。

第一，政府无论是否打压房价都会有人反对。有人说，居者有其屋，而要让中低收入者买得起房，政府就应该打压房价。这个观点貌似对，但却未必代表所有中低收入者的想法。

上面说过，买了房的并不希望房价跌，而事实上目前买了房的并非都是富人，其中不少也是中低收入者，打压房价也会损害这部分中低收入者的利益，这样看，打压房价并非上选之策。

第二，打压房价会扭曲市场信号。有一种观点说，住房事关民生，住房不是一般的普通商品，价格过高政府就得打压。可经济学认为，不论住房有多特殊，只要不是公共品便是一般商品。而作为商品，价格决定就要服从供求规律。再有，房地产是钢铁、建材等产业的下游产业，打压房地产的价格，其实也是打压钢铁、建材等产品的价格，由此必会引起连锁反应，政府当然要谨慎从事。

第三，打压房价可能会引发房贷风险。不要以为房价过高才有人不满，房价大跌的危害会更大。比如某人用100万元支付首付，向银行贷款200万元买房，要是房价跌一半，300万元的房产缩水为150万元。这样他自己的100万元就打了水漂，房子抵给银行仅值150万元，结果仍欠银行50万元。倘若他欠银行50万元还不上，类似的情况多了就会导致房贷危机。

两害相权取其轻，所以当前政府应立足于稳房价而不是打压房价。所谓稳房价，就是要把房价维持在目前的水平上，既不大涨，也不大跌。近年来政府出台了增加保障性住房供应、限购二套房、降低信贷杠杆率等一系列调控措施，试图通过改变供求调节房价，原则和方向都对，而且已初见成效。我这里要说的是，抑制房产需求应把握好力度，底线是不颠覆市场对未来房价的预期。不然房产收入预期一旦逆转，房价会立即大跌。

这绝非危言耸听，美国2007年的次贷危机是前车之鉴。在打压房价的问题上，政府应该慎之又慎。退一步说，即便今天国内的房价有泡沫，政府也不必打压，只要房价不再上涨，假以时日泡沫会不消自退。可以算笔账，若CPI每年涨3%，10年内社会商品价格会上涨34%，若房价10年不涨，就等于房价相对降低了34%。这样有房者和银行皆接受，两全其美岂不善哉！

综上分析，可以得出以下结论。

结论一：根据供求决定价格原理，房价并不由成本决定，地价也不可能推高房价。这是说，房价与开发商成本及土地财政无关。目前国内房价偏高，是由于住房供求结构错位，有效供给不足。

结论二：根据资产定价原理，作为投资品的房产价格等于房产未来预期收入的贴现。由于过高的信贷杠杆率与房产证券化加剧了人们炒房，而过度炒房又推高了未来房产的收入预期，房产的未来收入预期上升，所以今天的房产价格也会上涨。

结论三：应对高房价，政府应采取措施稳定房价而不是打压房价。打压房价会引起一系列连锁反应，在当前经济存在下行压力的背景下，此举绝非上策。稳定房价的关键是，降低购房的信贷杠杆，防止过度炒房，并通过增加有效供给和抑制需求，让房价大致稳定在现在的水平上。

# "东北大米"现象解析

> 国内大米出现"逆选择",归根结底是价格锁定。大米品质不同,价格一旦被消费者锁定,粮商则会先卖出质量相对差的大米。由此看,要改变市场"逆选择",就必须打破价格锁定。对价格解锁,经济学提出过两个办法:一是商品按质定价,二是针对不同收入水平的消费群体区别定价(价格歧视)。

我的家乡在洞庭湖平原,自己从小吃南方大米长大,31年前来北京便改吃东北大米了。实话实说,与东北大米比,南方大米无论是品质还是口感皆稍逊一筹。以研究经济为职业,原以为东北大米会比南方大米卖得好,可不久前赴黑龙江调研,听858农场干部职工反映,东北大米卖到南方不仅优质不能优价,就连销售也很困难。

是令人费解的现象。到底怎么回事？农场一位销售人员给我解释说：南方水稻一年种两季，产量相对高；东北水稻一年种一季，品质好但产量低，价格相对要高一些。正因为价格高，国家粮库一般不收储东北大米，而南方消费者也嫌东北大米价格高，所以购买者不多。他算了一笔账，四川大米在成都价格为4元/斤，东北大米在成都卖5元/斤，即便有人买，扣除每斤1元的运费，也体现不出优质优价。

读者明白了吗？东北大米不能优质优价，是因为国家粮库和消费者都不愿多花钱买米。骤然听似乎是这样的，然而深想却有疑惑：国家粮库不买高价米好理解，因为储备粮日后要当作陈米卖。可消费者怎会也不买高价米呢？据我所知，泰国"茉莉香米"10元/斤，价格高出东北大米一倍却在成都卖得好，此为何故？

对我提出的疑问，农场的张副书记做了如下解答。他说，泰国香米畅销南方市场，原因是香米特征明显，同时还有进口证和专业认证，人们容易识别；而东北大米与南方大米的样子差不多，东北人自己认得出，南方人却很难分得清。消费者担心买到假货，所以宁肯低价购买当地米也不愿多花钱买东北大米。一语道破，东北大米在南方市场销售不畅，原来是买卖双方信息不对称。

于是让我想到了经济学讲的"逆选择"。我们知道，市场竞争的结果是优胜劣汰，可有时也会出现劣胜优汰。以"二手车"买卖为例。在"二手车"市场，卖家若将所有旧车都刷上油漆，买家会怎样出价？买家看不出车的新旧程度，当然会尽量压低出价。若买家压低出价，而卖家却对车的新旧程度了如指掌，那么就会将最旧的车先卖出，这样市场也就出现了"逆选择"。

从信息不对称的角度看，大米市场与"二手车"市场确有相似之处。大米不仅存在品质差异，而且新米也不同于陈米。由于消费者对大米的差异无法识别，为了避免中计，他们不得不将价格锁定在自己认为合理的水平上。可卖家总比买家精，对卖家来说，既然大米优质不能优价，当然也不会将优质大米卖给消费者。

目前国内大米市场的现实，正好印证了上面的推断。听农场的同志讲，前几年东北大米本来已有几个不错的品牌，由于优质不能优价，有的粮商便在东北大米中掺入南方大米，或者用陈米冒充新米卖。几年下来，消费者并不认为东北大米好过南方大米，结果呢？不仅把品牌卖倒了，而且让东北大米陷入了"价格越低，供给品质越差；供给品质越差，价格越低"的怪圈。

这样的结果令人尴尬，也令人遗憾。不过事已至此，当务之急是研究如何亡羊补牢。让我们再次回到"二手车"市场。经济学说，"二手车"市场之所以出现"逆选择"，是因为信息不对称。反过来理解，若要避免市场出现"逆选择"，就必须让买卖双方之间信息对称。此推论在逻辑上肯定没有错,问题是在操作层面很难做到,即便能做到,所付出的交易成本(信息费用)也会非常高。

举例说吧。为了让市场信息对称,人们通常想到的是请权威机构(专家)给大米做鉴定,并将鉴定结果公之于众。我不否认这样做有助于大米市场的信息对称,可同时这也会带来两大难题:一是请权威机构(专家)做鉴定需支付相应的费用;二是权威机构做鉴定并不能保证粮商不再偷梁换柱,最终还是难以避免"逆选择"。

说我的观点:"逆选择"起因于信息不对称,但关键却在于价格锁定。我曾撰文讨论过"格雷欣定律",大多学者认为,"劣币驱逐良币"是人们关于金银货币磨损的信息不对称,其实不然,金银货币的磨损程度明眼人一看便知。货币市场出现"逆选择",真实原因是货币磨损而法定价格不变。既然劣币与良币的价格(购买力)相同,劣币当然会充斥市场,良币会被贮藏、退出流通。

同理,国内大米出现"逆选择",归根结底是价格锁定。大米品质不同,价格一旦被消费者锁定,粮商则会先卖出质量相对差的大米。由此看,要改变市场"逆选择",就必须打破价格锁定。对价格解锁,经济学提出过两个办法。一是商品按质定价。比如将东北大米按品质分为甲、乙两等,甲等定价每斤7元,乙等定价每斤5元,由消费者自主选购,这样价格锁定即可解开。二是针对不同收入水平的消费群体区别定价（价格歧视）。读者不要望文生义，价格歧视没有贬义，是指对同一产品按不同需求定价。显然，价格歧视不同于按质定价：飞机头等舱与经济舱票价不同是按质定价；同一架飞机的经济舱，白天航班与红眼航班票价不同则为价格歧视。也许有人问，同一产品为何可以定价不同？答案是，消费者需求不同。同一本书，精装本比简装本价格高30%，并不是精装本的成本高30%，而是有人愿出高价买精装书。

留心观察，现实中人们收入不同，需求层次确实存在差别。一般地讲，低收入者追求经济实惠，高收入者追求消费品质。正因为人们需求层次不同，卖方才有可能实行"价格歧视"。这里要指出的是，价格歧视虽不同于按质定价，但两者却可以结合进行。前面在讨论按质定价时我将东北大米分为甲、乙两等，甲等定价每斤7元，乙等定价每斤5元。若引入价格歧视，价差可拉得更大些，比如将甲等每斤可提至10元，乙等每斤可降至4元。

当然这只是卖方定价，价格高低最后还要看买方能否接受。不过有一点可以明确：卖方若希望优质优价，就得主动采取差别定价，若自己不拉开价格，价格就会被消费者锁定。价格一旦被锁定，市场将不可避免地出现"逆选择"。经济规律即如此，我们谁也无法抗拒，更无法改变。

# 第五章

## 有为政府与公共选择

**改革需要顶层设计**
（2018年6月9日）

**行政问责应慎用"一票否决"**
（2021年5月19日）

**政府为何集中采购**
（2021年7月28日）

**公共选择如何体现民意**
（2019年3月7日）

**协商与投票可以并行不悖**
（2019年3月15日）

**将"双减"进行到底**
（2021年12月15日）

**关键要办好职业教育**
（2022年1月5日）

# 改革需要顶层设计

> 若某项改革不仅能让内部人受益,还能让外部人受益,则此项改革具有"正外部性",可以放手让地方试验。相反,若某项改革只是内部人受益而外部人受损,则此改革具有"负外部性"。有"负外部性"的改革,就不宜由地方试验而要通过顶层设计,否则一旦出现利益冲突,交易费用会大增。

最近应邀参加一个学术会议,研讨"改革的顶层设计与地方试验",主题好,专家发言也有见地,只可惜听来听去却不见有人说清楚顶层设计与地方试验究竟是何关系。而且对"顶层设计"的理解,大家也说法不一:有人认为顶层设计就是"最高层设计",而有人则认为是泛指"上级设计"。以上问题到底怎么看见仁见智,我这里也来说说自己的看法。

学界对顶层设计的关注还是近几年的事。不是说以往改革无顶层设计，举世公认，邓小平是中国改革的总设计师。这是说，我们的改革早有顶层设计，不仅从前有，而且一直有。既如此，可为何今天要突出强调顶层设计呢？用不着去猜背后的原因，也不必相信道听途说，我的解释是，今天改革已进入深水区，我们不可能也不应该再像以往那样摸着石头过河。风险在加大，若无顶层设计，零打碎敲，改革将难以向纵深展开。

我说中国改革有顶层设计，不过客观地看，过去的诸多改革主要还是靠"地方试验"。所谓"突破在地方，规范在中央"，是对以往30多年改革路径的基本总结。典型的例子是农村改革，当年的家庭联产承包可不是由顶层设计出来的，而是地道的农民创造。国企改革也如是，政府最初的思路是复制农村承包，以为"包"字进城、一"包"就灵，可实际做起来却事与愿违，企业出现了普遍的短视行为。国企改革真正取得突破，是山东诸城的"股份合作制"试验。

是的，中国的改革能取得骄人的成绩，与地方试验密不可分。换句话说，若没有这些年地方改革的各显神通，就不会有今天的局面。于是人们要问：现在强调顶层设计是否意味着我们的改革已经到了"主要由地方试验"向"主要靠顶层设计"的转折点呢？如果是，那么促成这一转换的约束条件是什么？再有，如果说未来改革主要靠顶层设计，那么哪些方面的改革由顶层设计，而哪些方面的改革仍应鼓励地方试验？

这是亟待回答的问题。我的看法是，顶层设计与地方试验两者并无冲突，可以并行不悖。改革需要顶层设计，但同时也需要地方试验。理由简单，顶层设计不是拍脑袋，要以地方试验作为支撑，若无地方试验，顶层设计则无异于空中建塔，没有根基，设计是难以落地的。同理，地方试验也不可包打天下，有些改革仅靠地方试验难以成事，如当初计划体制向市场体制转轨，要是没有中央的顶层设计，靠地方的局部试验怕是无能为力吧？

改革呼唤顶层设计，改革也离不开地方试验，可顶层设计与地方试验到底怎样分工？从理论上讲，其实就是如何处理"计划与市场"的关系。经济学说，计划与市场的边界取决于交易费用：若计划配置的交易费用比市场配置低就用计划，否则就用市场。同理，改革选择顶层设计还是选择地方试验，归根结底也是要看交易费用。然而困难在于，交易费用难以计量，我们无法直接用交易费用做比对。

不能直接拿交易费用比较，那是否可以用其他办法？间接的办法当然有，思来想去，我想到了两个角度。一个角度是改革的"外部性"。比如说，若某项改革不仅能让内部人受益，还能让外部人受益，则此项改革具有"正外部性"，这样内外受益，皆大欢喜，交易费用自然不会高，于是也就可以放手让地方试验。相反，若某项改革只是内部人受益而外部人受损，则此项改革具有"负外部性"。有"负外部性"的改革，就不宜由地方试验而要通过顶层设计,否则一旦出现利益冲突,交易费用会大增。

另一个角度是从利益的分配状态看。改革本身就是利益的再调整,在经济学里,利益配置是否最优通常以"帕累托最优"衡量。而所谓"帕累托最优",是说利益分配达到这样一个状态,即不减少一人的利益就无以增加另一人的利益。若不减少任何人的利益就能增加另一人的利益则属于"帕累托改进"。由此,我的推论是,凡属"帕累托改进"的改革,可由地方试验;而要打破原有"帕累托最优"的改革,则需顶层设计。

以上角度虽不同,但结论却一致。若说得更明确些,但凡让他人利益受损的改革,均得通过顶层设计,不然不协调好各方利益,必产生摩擦,改革就会举步维艰。回首以往的改革,农村改革之所以在地方试验成功,重要的原因是联产承包让农民受益而未让城里人受损,没有负外部性,是"帕累托改进"。而这些年政府机构改革之所以阻力重重,是由于有人受益而同时有人(那些被精简的人员)受损。也正因如此,政府改革需顶层设计。

不必多举例,有了上面的原则,其他改革便可以此类推。接下来的问题是怎样理解顶层设计。我的看法,顶层设计是指"最高层设计"而非"上级设计"。相对乡党委(乡政府),县委(县政府)是上级;相对县委(县政府),市委(市政府)

是上级。显然，一旦改革有负外部性，地方政府很难自己平衡好。想想碳排放吧，大家都赞成"限排"，可若无中央顶层设计，一个县、一个市怎会主动"限排"？万一你"限排"别人不"限排"怎么办？再有，地方政府追求利税皆有投资冲动，请问"限排"的动力从何而来？

# 行政问责应慎用"一票否决"

> 对造成事故的相关责任人皆应问责,但同时应区分主次责任。划分主次责任,关键要看避免事故发生的成本,谁的成本最低,谁就是主要责任人。若按照这一原则,上级部门对基层主官问责不能搞"一票否决",而且基层主官也会明白自己应该对哪些工作承担主要责任。

我赞成对不作为、不担当的官员问责,但却不主张简单地搞"一票否决"。作为一种制度安排,"一票否决"无可厚非,而且在某些特定场合也有必要;可要是被滥用,效果往往会适得其反。这些年我在各地调研,耳闻目睹,知道不少基层官员对此颇有微词却敢怒不敢言。我写这篇文章,并不是要为谁开脱责任,以理论理,让我先从一个真实案例说起。

12年前,有一位县委书记告诉我,他们县有一公务员退休,希望儿子顶职,结果他儿子却未能通过公务员招录考试。于是他跟县委书记讲,若他儿子当不了公务员,就要在全国"两会"期间去北京上访。按有关规定,一个地区若出现越级上访,地方主官的政绩将一票否决。无奈,县里只好派专人看住他。

上面的案例恐怕读者也曾经遇到过或者听说过。此事不知别人怎么看,我认为有两个问题值得我们思考。

第一,问责的对象应该是谁?照理讲,是谁的过失导致了不良后果的产生,就应对谁问责。比如有人越级上访,是因为地方政府该办的事未办或者没办好,当然要追究政府的责任;但若并非如此,越级上访是因为某些人不合理的诉求未得到满足,追究政府责任无疑会推波助澜,让越级上访愈演愈烈。

现实中确实有这样的情况。某人本来没打算越级上访,可当他知道领导害怕群众越级上访后,为达到某种私人目的就以"越级上访"相要挟,往往使地方主官左右为难:要是不答应他,他真的就会去越级上访;要是答应了他,又会带动更多人仿而效之。请别误会,我不是说以往所有越级上访皆如此,但不能否认,时下越级上访者中这样的人也为数不少。

第二,追究责任是否应该分主次?有果必有因,比如某企业发生了生产安全事故,一定是管理上存在重大疏漏。惩前毖后,理当对相关责任人问责。可如果不分青红皂白,将主要责任归于一把手，而且是一票否决，那样显然失之偏颇。我的看法是，地方一把手对此负有责任，但责任应分大小。若动辄一票否决，换位思考，假如你是地方主官，你觉得合理吗？

我曾看到一份调研报告，说一个乡党委书记需与上级部门同时签 20 多份"责任状"，且全都一票否决。读者想想，上级部门千条线，基层一根针。一个上级部门一票否决，到了基层便是票票否决，基层干部压力有多大可想而知。其实，不同时期的工作是有轻重缓急的，若凡事皆重点，也就没有了重点。基层干部并无三头六臂，要求事事都是重点，无疑是强人所难。

再从经济学角度看，"一票否决"不过是投票选择的规则之一。事实上，投票选择有两种规则：一种是"一致同意"规则，另一种是"多数同意"规则。所谓"一致同意"，其实也就是"一票否决"。这里我想问读者：当人们用投票做选择时，规则应该怎样制定？或者，在何条件下可以采用"一致同意"规则，而在何条件下应该采用"多数同意"规则呢？

对这个问题经济学的答案是，投票规则取决于产权安排。具体地讲，私权领域的选择，需采用"一致同意"规则。比如你和朋友去商场购物，大家使用货币"投票"，买什么或买多少皆各自做主，谁也不能强迫谁。而公权领域的选择，由于达成"一致同意"的成本太高，通常只能采用"多数同意"规则。比如村民选村长，要是采用"一致同意"规则，怕是很难选出村长了。于是只好退而求其次，尊重多数人选择的结果。

公权领域既然不宜采用"一致同意"规则，而对干部的考核（上级部门给下级投票）则明显属公权范畴，那么也就不宜搞"一票否决"。有人也许会问：中央不也对某些官员就地免职吗？对此我的解释是，中央作为最广大人民利益的代表，行使否决权看似是"一票否决"，其实不是，中央代表的是多数人的意志。

很显然，政府各部门并不具有这种广泛的代表性，所以除非中央授权，否则任何部门都是无权搞"一票否决"的。读者如若不信，可以去看看2018年10月中共中央办公厅印发的《关于统筹规范督查检查考核工作的通知》。中央明确要求，"不能简单以问责代替整改，也不能简单搞终身问责"，而且规定，"部门督查检查考核不能打着中央的旗号，日常调研指导工作不能随意冠以督查、检查、巡查、督察、督导等名义"。

写到这里，再回头讨论如何划分责任。一个事故发生造成了损失，相关的责任人可能很多，那么应由谁来承担主要责任呢？20世纪50年代美国的汉德法官曾对此做过研究，他认为有三个要件：一是避免发生事故的成本，二是发生事故的概率，三是事故造成的损失。汉德的结论是：谁避免发生事故的成本小于发生事故的概率与事故造成的损失的乘积，就让谁承担责任，并由成本最低者承担主要责任。

还是让我用例子来解释。A君花20万元从古玩市场买回一只清代瓷碗,然后去参加朋友聚会。可装瓷碗的木箱并未上锁,朋友好奇而争相欣赏,结果瓷碗掉在地上摔碎了。请问谁应承担主要责任?按照汉德的观点:A君应承担主要责任。因为只要给木箱加锁,就可以避免事故发生;而且只要事故发生概率有1%,加锁的成本都会低于事故概率与损失(20万元)的乘积。

由此引申到行政问责,对我们至少有两点启示:第一,对造成事故的相关责任人皆应问责,但同时应区分主次责任;第二,划分主次责任,关键要看避免事故发生的成本,谁的成本最低,谁就是主要责任人。若按照这一原则,上级部门对基层主官问责不能搞"一票否决",而且基层主官也会明白自己应该对哪些工作承担主要责任。如此一箭双雕,岂非善哉!

# 政府为何集中采购

> 政府采购应当强化竞争：第一，要有面向中小创新企业招标的刚性规定；第二，明确供应商目录是指导性的而非指令性的，若目录内供应商报价过高，应允许向目录外的供应商采购；第三，政府采购的价格若明显高于市场价，要对相关责任人追责。

先亮明自己的观点：我赞成政府集中采购，但认为现行采购办法亟待改进。10多年前，我曾撰文呼吁政府集中采购不应限制竞争，文章刊发后应者寥寥。因为在很多人的观念里，政府集中采购是为了预防腐败，投鼠忌器，所以不愿参与讨论。而我写这篇文章却要告诉读者：政府集中采购并不是预防腐败的制度安排。

从历史上追溯，政府集中采购最初起源于欧洲。1782年，英国就成立了"文具公司局",专门负责采购政府办公用品。德国、法国也是较早实行政府集中采购的国家。1861年,美国国会通过法案,明令联邦政府采购必须履行招标程序。而我要指出的是,当初欧美国家推行政府集中采购,目的并不是预防官员腐败,而是节省财政开支,支持科技创新和扶持中小企业。

毫无疑问,相对于分散采购,集中采购可以增加政府参与市场议价的筹码。政府采买的数量越大,供应商的销售费用就会越低,这样,供应商当然要给政府一定的价格优惠。读者想想,市场何以存在批发价与零售价?明白了其中的道理,也就理解了政府为何要集中采购。

节省财政开支是一方面。事实上,政府集中采购还有一个更重要的目的,即支持科技创新和扶持中小企业。欧美国家政府采购相关法案皆明文规定,在同等条件下,政府应优先采买本国科技企业和中小企业的产品。亚洲的日本、韩国也是如此,如日本为扶持中小科技企业推出了三大举措:一是政府在采购报价、信息披露和社会服务方面提供便利;二是分拆合同,降低采购项目的标的;三是制定面向中小科技企业的采购目标。

有个问题我至今不清楚:20世纪末我国引入政府集中采购后,人们为何会认为集中采购可以防止官员腐败?而我们所观察到的事实却并不支持这一看法。不能否认,以往政府分散采购出现过腐败，而集中采购也同样出现过腐败。读者应该还记得曾经轰动一时的"刘志军案"，工程采购皆集中招标，可贪腐数额却令人触目惊心。

再看近年来被查处的贪腐官员，但凡贪官插手的工程采购大多是集中采购，手续一应俱全，程序上无懈可击。你知道为什么吗？因为贪官们不蠢，他们越是心中有鬼，就越是需要掩人耳目，绝不会在程序上留下纰漏而授人以柄；相反，他们会将程序搞得天衣无缝。

往深处想，政府采购是否会出现腐败，其实与是分散采购还是集中采购无关。经济学逻辑说，花自己的钱办自己的事，既讲节约又讲效果；花公家的钱办公家的事，既不讲节约又不讲效果。政府采购显然属于后者。这是说，防止腐败的关键是要有强有力的监督。集中采购不能代替监督，政府采购的集中度越高，就越需要监督。

时下有一个令人费解的现象，那就是政府集中采购商品的价格普遍偏高，有的甚至高于市场同类商品的零售价格。举一个我知道的例子。前几年某机关办公楼更换门锁，同品牌的门锁市场价格是1 200元，结果通过采购平台集中采购，价格却高达2 000多元。购买的数量越多，价格反而越高，岂非怪哉！

另一个例子。福建省宁德市寿宁县龚先生的堂嫂因喉咙长瘤住进县医院，医院开出硫酸软骨素注射液，价格为每支28.92

元。可龚先生发现，县医药超市的零售价为每支 0.45 元。同一品牌的药品，医院价格高出超市 63.3 倍。于是他一状告到县医药局，可经查证，医院使用的是省集中采购药品，价格被认定合法，此事最后也就不了了之。

何以出现这样的怪象？思来想去，原因不外有二：一是有人从中吃了回扣，二是集中采购制度存在缺陷。若第一种情况不存在，则一定是第二种情况。那么集中采购到底有何缺陷？我的看法是，现行采购制度限制了竞争。我们知道，同质商品竞争主要是价格竞争，优质优价的商品可以先卖出。试想，若放手让供应商竞争，政府集中采购的价格怎么可能高于市场零售价格呢？

我说集中采购限制竞争，是指政府编制"供应商目录"不利于竞争。应该说，政府最初选择供应商时是有竞争的，可以说是优中选优。问题在于，企业一旦进入供应商目录，产品就会"皇帝女儿不愁嫁"，可高枕无忧。相反，那些未进入供应商目录的新兴科技企业，哪怕产品质量更好或者价格更低，政府也不能采买。如此，对那些新兴科技企业或中小企业显然有失公平。

也许有人说，编制供应商目录是为了降低政府采购的交易成本。这样说当然没错，但我认为，此举弊大于利。之前我在南方调研时曾听到不少企业主抱怨：政府是大买家，中小科技企业尤其需要政府的扶持，可政府编制的供应商目录几年不变，中小科技企业很难进入。进不了供应商目录，当然也就得不到政府的扶持。

这确实是一个难题，不过要想解决并不难。前面说过，政府采购价格偏高或中小科技企业得不到政府扶持，原因是限制了竞争。为此我提三点建议：第一，要有面向中小创新企业招标的刚性规定；第二，明确供应商目录是指导性的而非指令性的，若目录内供应商报价过高，应允许向目录外的供应商采购；第三，政府采购的价格若明显高于市场价，要对相关责任人追责。

# 公共选择如何体现民意

> 投票虽非民意表达的最佳方式,但不能排斥投票。如果投票人数和供选方案不多,当然可以投票。不过我们要知道,公共选择的民意表达有多种方式,除了投票之外,民主协商也是重要的方式,而且更符合中国国情。

关于公共选择,人们往往想到的是投票,认为只有投票决定,才能真正体现民意。是的,公共选择不同于私人选择,你个人选择买什么样的住房与他人无关,用不着听别人的意见。可公共选择关乎公共利益,当然要尊重民意。问题是:民意表达是否一定要投票呢?

我的看法,投票是民意表达的一种方式,但并非唯一方式。何以见得?让我们先看经济学怎么说。美国经济学家布坎南认为,公共选择的最高准则是"一致同意"。可他同时又指出,由于人们的利益存在差别，要求"一致同意"会产生昂贵的成本。舍优求次，只好降低同意的"百分比"，比如从100%同意，降为80%、70%，或者是51%，于是就形成了"多数同意"规则。

相对于"一致同意"，"多数同意"显然可降低决策成本，但由于每项决策都是在有少数人反对的情况下通过的，这样难免使公共选择带有某种强制色彩。对此人们通常的看法是，少数服从多数是一种"民主"选择的过程，它虽然会使少部分人的利益受损，但却可以让大部分人获益。从整个社会的角度看，仍不失为一个"好"的选择。

然而，法国学者孔多塞不这样看。孔多塞怎么看？下面是一个假定的例子。假定有三家公司，同属一个主管部门，现在主管部门决定将其合并为集团公司，集团公司的总经理将从三家公司的现任经理中产生，他们分别是牛经理、杨经理和马经理。可供选择的方案有：职工普选（A）、主管部门任命（B）、按资金实力确定（C）。最终到底采用哪种方案，将由三位经理采用投票的方式决定。

上面三个公司中，牛经理的公司职工人数最多，资金实力最弱，与主管部门领导关系尚可。因此，牛经理希望职工普选，最反对按资金实力确定。杨经理的公司职工人数最少，资金实力居中，但跟上级领导关系很"铁"，因此他主张由主管部门任命，而最反对职工普选。马经理的公司资金实力最雄厚，但与上级领导积怨很深，因此他最赞成按资金实力确定，反对主管部门任命。

现在有趣的事发生了。若按多数同意规则，三个投票者中，总有两人认为方案 A 优于方案 B，方案 B 优于方案 C，方案 C 优于方案 A。如此一来，哪个方案最终通过则取决于投票的次序。比如，若先对 A 和 B 投票，牛经理和马经理更倾向 A，则 A 方案通过；若先对 A 和 C 投票，马经理和杨经理更倾向 C，则 C 方案通过；若先对 B 和 C 投票，杨经理与牛经理更倾向 B，则 B 方案通过。

这一现象最早由孔多塞发现，后来美国学者阿罗又做了进一步研究。他发现，如果让两个以上投票者就两个以上方案投票表决，就可能出现往返循环的结果，而且出现的概率会随着投票人数和供选方案增多而上升。经过严格的数学证明，他得出了一个令人震惊的结论：任何"多数同意"规则，都不可能万无一失地保证投票结果符合多数人的意愿。此结论称为"阿罗不可能性定理"。

阿罗的结论无疑是一种警告。给我们的启示是，公共选择固然要尊重民意，但尊重民意未必一定要投票，更不可唯票是举。事实上，正如市场可能失灵一样，投票也有可能会失效。尽管失效的概率很小，但这并不意味着阿罗的警告无足轻重。飞机失事的概率仅三百万分之一，但一旦掉下来对乘客可就是百分之百的灾难。

不知读者是否赞成阿罗的观点，为帮助读者理解，我这里再做三点补证。

第一，关于阿罗"多数同意"不一定代表多数人的利益的结论，我可以用一个真实的例子佐证。20多年前，我老家的父母官为了增加农民收入，希望发展珍珠养殖产业。经过村民集体投票，多数人同意办珍珠养殖场。不料几年下来湖水被严重污染，村民又怨声载道，于是10年前只好停产。

第二，按"多数同意"规则选出的官未必就是好官。为官一任，造福一方。所谓造福一方，是说当官的要为老百姓办事。问题也在这里，官员只要办事就可能得罪人。办好事会得罪坏人，办坏事会得罪好人。要是官员的职务晋升只看选票，当官的谁会去得罪人呢？若一个官员为了不丢选票而碌碌无为，得票再高也不是好官。

第三，投票必然产生成本，而且成本会呈递增趋势。从经济学角度看，投票竞选类似于市场竞买，谁付出的推介费用高，谁就有可能胜出。也正因如此，竞选成本会不断攀升。以美国为例。我看到的数据显示，1980年美国总统的竞选成本是1.62亿美元，而到2000年上升为5.29亿美元，到2012年又上升到20亿美元。要知道，竞选成本是非生产性费用，对社会无疑是浪费。

要特别说明的是，投票虽非民意表达的最佳方式，但不能排斥投票。如果投票人数和供选方案不多，当然可以投票。不过我们要知道，公共选择的民意表达有多种方式，除了投票之外，民主协商也是重要的方式，而且更符合中国国情。关于民主协商与投票应该如何选择，限于篇幅在下篇文章再讨论。

# 协商与投票可以并行不悖

> 从收益与成本两个方面看,协商皆优于投票,那么公权领域民主是否都应协商?真实世界的情况并非如此。多数公共选择需体现公意;也有少数公共选择无关公共利益,只需体现众意。需要体现公意的选择必须协商;如果只需体现众意,则可以投票。

限于篇幅,上篇文章《公共选择如何体现民意》没有对"民主协商"展开分析。因此,本篇文章将在前文的基础上,进一步讨论投票与协商的选择边界,并指明民主在何种条件下可以投票,而在何种条件下应该采用协商,或者在何种条件下两种方式应该并用。

"民主"一词源于希腊文(demos,人民;kratein,治理),意即"主权在民"。而"民主政治"则是指国家事务由人民当家作主。时至今日，学界不会有人反对民主政治，可对"人民当家作主"却有不同的解释。难题在于，人民是由众多个体集合成的群体，彼此间存在利益差异，这就决定了民主不能每个人都说了算，但也不能每个人说了都不算，故民主需要有相应的机制。

人类对民主机制的探索，最初是在私权领域，或者说是在商品交换领域。举个例子。假定甲、乙两个人，甲生产布匹，乙生产斧头。现在甲需要用布匹去交换乙的斧头，布匹与斧头的交换比例怎么确定？当然得由甲和乙讨价还价确定。这里的讨价还价，就是协商。协商的前提，是平等、自由交换。没有平等、自由，也就不会有协商。

早期商品交换是物物交换，货币出现后，随着交换范围扩大，风险也扩大了。为了防范可能出现的风险，买卖双方在商定好相关条款后用文字写下来，签字画押，这样就出现了商业契约。1762年，法国思想家卢梭在《社会契约论》中将契约精神定义为"自由、平等、守信"，很多学者认为这是卢梭对亚里士多德"正义论"的发挥。而我认为这是他对当时商品契约原则的提炼。

商业契约是私权契约，从私权契约到公权契约是人类民主的一大跨越。时下流行的观点是，私权契约属经济民主，可以协商；而公权契约属政治民主，只能投票。从历史看，公元前雅典城邦的政治民主确实是投票。不过也有反例。公元前494

年，罗马城许多平民撤离罗马城去圣山建造新城市。平民出走，罗马城生产停顿，兵员匮乏，于是贵族与平民协商，结果达成了"保民官制度"。

这样就带来了一个问题：政治民主到底应该是投票还是协商？对此问题其实不能一概而论。经济学认为，制度选择取决于制度的收益与成本。这是说，选择投票还是协商，需对收益和成本做比较。投票或协商的收益，可以用决策结果所代表的民意表示，所代表的民意越广泛，收益就越高；投票或协商的成本，可以用形成决策发生的交易费用衡量，交易费用越高，成本就越高。

从这个角度分析，我们便有两个推断。

推断一：从收益看，投票体现的是"众意"，协商体现的是"公意"。论民意的广泛性，前者明显不如后者。因为投票通行的规则是"多数同意"而非"一致同意"，既然不是"一致同意"，投票的结果当然只代表部分人的利益（众意）。然而协商不同，协商是为了寻求最大公约数（公意）。对两者的区别，卢梭讲得很清楚："公意着眼于公共利益，众意着眼于私人利益，众意只是个别意志的总和。"

推断二：从成本看，投票的交易费用递增，协商的交易费用却相对稳定。论成本，前者也不如后者。说过了，投票体现的是众意，假若存在两个利益群体，为争取中间者投票，他们必然展开竞争。而这种竞争无疑会推高拉票的成本。而协商的成本之所以相对稳定，是因为协商谋求的是公共利益，用不着投票。不存在拉票行为，交易费用自然稳定。

照此分析，从收益与成本两个方面看，协商皆优于投票，那么公权领域民主是否都应协商？原则上应该是，但也不尽然。不知读者是否注意到，我上面的推理暗含了一个假设，即公共选择皆需体现公意。可真实世界的情况并非如此。多数公共选择需体现公意；也有少数公共选择无关公共利益，只需体现众意。需要体现公意的选择必须协商；如果只需体现众意，则可以投票。

说得具体些，大致有以下三种情况。

第一种情况，某选择事关公共利益，且存在负外部性，此类选择应该协商。举个例子，某县拟引进某化工项目，投产后可增加财政收入和就业，但同时也会给周边居民造成污染。若由全县人民投票决定，赞成者肯定是多数。而一旦投票通过，就会损害周边居民的利益。相反，假若此事由协商决定，项目也可能引进，但厂方会被要求控制污染，或者给周边居民合理的补偿。

第二种情况，某选择事关公共利益，且不存在负外部性，此类选择应协商与投票并用。比如政府投资兴建公共图书馆，由于人们职业不同，有人去图书馆的机会多，有人去图书馆的机会少，甚至有人一次也不去。如此一来，对政府建图书馆有人赞成，也有人会不赞成。那么图书馆到底要不要建？可取的办法应该是先协商,说服那些不赞成者,然后再在协商的基础上投票决定。

第三种情况,某选择无关公共利益,却需体现众意,此类选择可以投票。比如某单位年底评"先进",谁当"先进"并不影响公共利益,只需体现众意,故选"先进"可在单位内部投票。但要是选"官"就不同了,官员掌握公权力,需要体现公意,故选官就不能仅在内部投票,更不能唯票是举,而应听取多方意见、协商决定。

# 将"双减"进行到底

> 初中不教学生奥数,为何有些地区中考要加试奥数?招生学校为何要看重培训机构的证书?不能说中间一定存在利益勾连,但却有为培训机构招揽生源的嫌疑。要将"双减"进行到底,政府应再出两道禁令:第一,今后中考出题一律不得超出教材范围;第二,校外培训获奖者不得优先录取。

"双减"是一个老话题,之前一直是雷声大雨点小。2021年7月下旬,中共中央办公厅、国务院办公厅发文要求进一步减轻义务教育阶段学生作业负担和校外培训负担。8月,国务院教育督导委员会办公室印发通知,要求各省每半月通报落实"双减"的进度;10月,教育部召开"双减"试点推进会;11月,国家市场监管总局等八部委发文,要求禁止在地铁、公交站台等所属广告牌、广告位刊发校外培训广告。

重症下猛药。看来政府这次确实动了真格，而且不获全胜绝不会收兵。见势不妙，下半年各类培训机构纷纷收摊散伙，连"新东方"这种庞大的机构也已关门歇业。照理讲，拆庙赶走了和尚，中小学生应该减轻了负担。可我最近却听说还是有孩子在校外补课，不过不是去培训机构，而是改成了"一对一"辅导。

起初我以为只是个别现象。国庆节回老家，在长沙也听说那里的中小学生在"一对一"补课。耳听为虚，我自己有一个正在读中学的侄子，国庆假期仅休息一天，其余六天皆"一对一"。看他一脸倦色，我说别补课了，邀同学一起去爬岳麓山吧。他说同学都在补课，没时间爬山。

不知现在的家长是怎么想的。在我看来，整个义务教育阶段皆是通识教育，只要老师照着课本教、学生循序渐进学就足够了，大可不必让孩子再去参加校外培训；相反，倒是应该留出更多时间让孩子们玩耍。要知道，小孩子一起玩耍不仅能强身健体，还能培养孩子的想象力和创造力。一举两得，家长何不顺水推舟呢！

这话可不是我说的。1936年瑞士心理学家皮亚杰就提出，"玩耍有助于孩子的认知发展"；耶鲁大学的辛格教授还出版过《想象之屋：儿童的玩耍与想象力》一书；加州大学的高普尼克教授研究后发现，孩子玩耍的方式与科学家做研究的思维非常相似——观察、假设、推理、实验、求证,这让儿童形成了认识世界的因果图像。

校长和家长其实都是过来人,上面的道理不会不懂,既然道理大家都懂,为何还要反其道而行之呢?我认为,应该是与20多年前提出的"教育产业化"有关。的确,从经济学角度看,校长、家长、培训机构是三个不同的行为主体,皆有各自的目标追求,而三方都要实现自己最大化的目标追求,难免会加重学生的负担。

先看校长。校长当然希望学生德智体美劳全面发展,可时下家长评价一个学校办得好不好,看重的却是"升学率"。家长这样评价学校,校长就得抓升学率,而抓升学率,就不得不让学生多做作业多刷题。这样看,学生作业重的责任并不全在校长,家长也难辞其咎。

有一个现象不知读者是否注意到:2009年教育部取消"小升初"考试后,小学生的作业负担确实是减轻了,可参加校外培训的学生却并未减少。何以如此?有同事告诉我,"初中升高中"还得中考,如果学生在校外培训机构组织的奥数或其他学科竞赛中获了奖,会有几个中学抢录。可捷足先登,家长自然要争取机会。

再看家长。家长无一不希望自己的孩子成龙成凤,明知作业负担过重、校外培训过多会损害孩子的身心健康,可谁也不想让孩子输在起跑线上。几年前,我曾劝一位当教师的朋友不要逼孩子补习奥数,我说你自己都不懂得奥数,为什么要难为一个小孩子?而他解释说:中考选拔要加试奥数题,若不早做准备,考不上高中咋办?

我理解这位朋友的苦衷。看到别人家的孩子参加校外补习,他不可能不让自己的孩子补习。事实上,校外补习不仅累孩子,家长也苦不堪言。支付高额学费不说,更头痛的是孩子常常与父母闹对立,越逼越厌学。可怜天下父母心。站在家长的角度,他这样做似乎也没错。

最后看培训机构。应该说,培训机构是最大的受益者。20年前,培训机构大多只是拾遗补阙,针对青少年搞一些才艺类培训。可后来慢慢变了,中小学开设的课程,它们也都开设。所不同的是,培训机构会不惜重金请名师讲授应试技巧,教学生怎样猜题、怎样答题才能得高分。

平心而论,培训机构其实也没错。家长希望孩子考试得高分,而作为市场化的培训机构,当然要投其所好,满足家长的需求。不仅如此,培训机构还会不断为家长创造出新的需求,如组织各类考试竞赛、为优胜者颁发获奖证书等。前面说过,有获奖证书的学生可优先升学,于是家长对"获奖证书"也就有了需求。

校长、家长、培训机构都没错,那么问题出在哪里呢?在这里我想再问读者两个问题。第一,家长送孩子去校外培训机构是不是因为校内教学质量差,或是校外培训机构的教学水平更高？第二，招生学校优先录取参加校外培训的获奖者，是否认为获奖者真的都是不可多得的人才？

对上面的问题，我的答案是否定的。事实上，家长送孩子参加校外机构的培训，并非校内教学质量差，而是担心中考内容超出教材范围（如附加奥数题）；而参加校外竞赛的获奖者也未必都是人才，我自己大半生教书，高分低能者见过不少。很多人有这种观念，是培训机构宣传造势给人们的误导。

这些天我一直在想，初中不教学生奥数，为何有些地区中考要加试奥数？招生学校为何要看重培训机构的证书？不能说中间一定存在利益勾连，但却有为培训机构招揽生源的嫌疑。亡羊补牢，要将"双减"进行到底，我建议政府应再出两道禁令：第一，今后中考出题一律不得超出教材范围；第二，校外培训获奖者不得优先录取。

令行禁止，违者必究。如此釜底抽薪，我相信培训机构绝不会卷土重来！

# 关键要办好职业教育

> 从操作层面上讲，办好职业教育，当务之急是政府要加大投入。若没有政府财政支持，短期内职业院校不可能达到高水平；若没有高水平的职业学校，家长不愿让孩子上职校，"中考分流"改革将无法进行。经济学逻辑表明，若不改变现在的"中考分流"办法，"双减"最终不可能落实到位。

《将"双减"进行到底》一文在本专栏刊出后，读者回应热烈。有读者反映，现在校外培训只是改了方式，学生的作业负担并未减轻，甚至更重了。细问原因，原来，中小学校一般是下午三点半放学，而为了阻拦学生参加校外培训，教育部门要求五点半才能离校。要在校多留两个小时，老师当然得多留作业。

看得出，教育部门做此规定只是权宜之计，也是无奈之举。从效果看，确实存在顾此失彼的弊端，而且时间长了会适得其反。读者想想，即便将来社会上没有了培训机构，难道学生不会去"一对一"补课吗？而"一对一"补课与培训机构补课有何实质差别呢？难怪最近有中小学教师抱怨："双减"已变成学生与教师"双累"。

学生作业负担重若真是出于上面的原因，解决起来倒也不难。可是据我所知，作业重的原因并不在于此，而是中考。照现行政策规定，中考将对初中生予以分流，50%可以读高中，另一半只能读职校。而"升学率"关乎学校声誉，校长不可能不重视。而要抓升学率，办法无他，学校只能让学生多做作业多刷题。

事实上，"中考分流"不仅加大了学校的压力，同时也给家长造成了恐慌。在许多家长看来，孩子考上高中才有出息，将来可以考大学、读研究生、读博士；而有了高学历，才有希望进入政府机关吃公家饭。人们有此观念，其实也是事出有因。比如时下政府招录公务员，通常都要求有本科以上文凭。由此可知，若一个孩子考不上高中，今后当公务员的机会就几近为零。

当然，并不是所有家长都希望孩子当公务员，也并非只有当公务员才有出息。三百六十行，行行出状元。对有些家庭来说，孩子上职校若能学到真本事，早就业、早挣钱也未尝不可。可家长却有两个方面的顾虑：一是用中考"分数"分流，担心孩子考不上高中会觉得低人一等、自暴自弃；二是目前职业教育的水平整体偏低，家长对孩子接受职业教育的前途怎样心里没底。

将心比心，家长有这样的顾虑也在情理之中。读者不妨扪心自问，假若你的孩子今年中考，你会让孩子上职校还是上高中？答案不必说出来。这些年，我见过不少官员大讲职业教育如何好、有多么重要，却不见他们把孩子送去上职校。你道为什么？因为他们并不真的那样看。官员自己都不信，老百姓怎么会相信呢？

存在决定意识。人们不看好职业教育，并非对职业教育有偏见。事实明摆着，由于政府过去对职业教育投入严重不足，无论是教学设施还是师资配备，职业院校与普通院校比皆有不小的差距。近年来虽有改善，但总体还是欠账太多。特别是民办职业学校，资金完全自筹，对学生收费也高，假若我是家长，也不会让孩子上职校。

是的，人们不愿让孩子上职校，不能简单归结于家长的偏见。我有一个问题想问读者：师范教育是不是职业教育？照理讲，师范院校专门培养教师，当教师是一种职业，师范教育也应该属于职业教育，可人们为何对师范院校没有偏见呢？我的解释是，因为教育部将师范院校划归普通教育系列，可以享受普通院校的相同待遇。

设想一下，假若当初国家规定，每年高考后，先让普通院校录取考分高的学生，考分低的学生只能上师范院校，人们对师范院校会怎样看？再比如，若师范院校的学历只有当教师才承认，而改行做别的职业社会上不承认，师范院校的学生是不是也会感到自己受歧视？

说我的观点，人们不看好职业教育，虽有观念方面的原因，但归根结底，还是目前职业教育的办学质量不尽如人意。要改变人们的观念，关键是要办好职业教育。2021年4月，习近平总书记对职业教育工作做出重要指示，强调各级党委和政府要加大制度创新、政策供给、投入力度，弘扬工匠精神，提高技术技能人才社会地位。为此，我提三点建议。

第一，加快建设一批具有高水平的职业院校。职业教育要达到高水平，不仅要有高水平的师资队伍和教学设施，而且要构建从中职、高职到本科等不同层次的职教体系。具备了以上条件，人们当然不会再歧视职业教育。前几天，我在一个座谈会上听说湖南的职业教育办得好，有不少大学本科生主动转入职业学校学习，这是好现象，表明人们的观念已经开始转变。

第二，改革"中考分流"。我并不反对"中考分流"，但不赞成目前的分流办法。现在让考分高的学生上高中，考分低的学生上职校，对职业教育带有明显的歧视，必须纠正。可取的做法是，让学生自主选择，中职与普通高中分开考试，分别择优录取。当年我读中学时有同学考技校，技校是择优录取，同学没有半点自卑感。

第三，实行职普通融。这一点尤为重要。假若职业教育学历与普通教育学历互不通融，比如报考研究生，普通高校不承认职业院校的本科文凭，或者参加工作后在职称评定、职务晋升时学历不能同等对待，人们怎会看好职业教育呢？目前正在修订《职业教育法》，若能在法律上明确"职普学历通融"，此问题就可迎刃而解。

从操作层面上讲，办好职业教育，我认为当务之急是政府要加大投入。巧妇难为无米之炊。若没有政府财政支持，短期内职业院校不可能达到高水平；若没有高水平的职业学校，家长不愿让孩子上职校，"中考分流"改革将无法进行。经济学逻辑表明，若不改变现在的"中考分流"办法，"双减"最终不可能落实到位。

# 第六章

# 激发市场主体活力

## 体制成本与改革成本
（2019年4月17日）

## 用两招支持实体经济
（2021年12月8日）

## 两问"融资成本"
（2018年7月9日）

## 公共品也需界定产权
（2021年6月9日）

## 债务风险及其警戒线
（2021年7月14日）

## 独董辞职是"积极信号"
（2021年12月22日）

## 资本何以无序扩张
（2022年4月6日）

## 稳定企业家预期
（2022年4月21日）

# 体制成本与改革成本

> 体制是否改革需要看体制成本,而体制怎么改则要看改革成本。改革势必要对现存的利益关系做调整,在有人受益的同时,也难免会有人利益受损。为了减少改革阻力,就需要去说服、协调、安抚那些利益受损者,由此产生的交易费用便形成了改革成本。

2018年我写了《改革40年回望》一文(未收入本书),根据自己的所见所闻,对中国改革历程做了粗线条勾画。如今改革已进入攻坚期,未来改革该怎样推进?习近平总书记多次讲要削减制度性成本,并强调"要做好为改革付出必要成本的准备"。我理解,改革需要从制度成本与改革成本两个角度谋划,是推进全面改革的总原则与方法论。

顾名思义,所谓制度成本不是生产成本,而是交易成本;

具体到改革层面，则是指体制运行的交易成本。我们知道，任何一种体制运行都是有成本的。用计划配置资源会产生交易成本，用市场配置资源也会产生交易成本，而一种体制是否需要改革，直接依据就是体制运行成本的高低。中国从计划经济向市场经济转轨，说到底是计划配置资源比市场配置资源的成本高。

马克思早就指出，生产关系和生产力、上层建筑和经济基础要相适应。这是说，若一个国家出现了不可调和的阶级冲突，表明上层建筑已不适应经济基础，此时就应变革社会制度。从体制层面讲，若一个国家体制运行成本过高，表明体制已不适应生产力发展，要降低体制成本，就得进行体制改革。

是的，体制是否改革需要看体制成本，而体制怎么改则要看改革成本。何为改革成本？简单讲是由改革产生的交易成本。改革势必要对现存的利益关系做调整，在有人受益的同时，也难免会有人利益受损。受益者支持改革，受损者却可能反对改革。为了减少改革阻力，就需要去说服、协调、安抚那些利益受损者，由此产生的交易费用便形成了改革成本。

应该追问的是，体制怎样改为何要看改革成本呢？对此我们不妨从以往的改革实践中寻找答案。举世公认，迄今为止中国的改革有三大特征：一是以分领域改革为主，率先从农村突破；二是以渐进式改革为主，分步推进；三是摸着石头过河，不断试错。想问读者，我们的前期改革为何会具有上面三大特征？我的看法是，这一切皆与改革成本有关。何出此言？让我分别解释。

在我看来，中国改革率先从农村突破，是因为土地承包的改革成本低。读者想想，将土地承包给农户，农民可以受益而其他人未受损，其他人也就没有理由反对。这种无"负外部性"的改革，经济学称为"帕累托改进"。既然是"帕累托改进"，改革成本当然会低。事实也的确如此，从1979年到1982年，短短三年土地承包就推广到了全国。

再看渐进式改革。中国选择渐进式改革，其实也是因为改革成本。说得明确些，是改革成本太高无力一次支付，只好分期支付。举国企改革的例子。要将国企改造成"自主经营、自负盈亏"的市场主体，就得允许企业减员增效，可改革之初我们不仅未建立社保体系，劳动力市场也未开放，企业要是从减员下手，阻力可想而知，改革成本一定会很高。

正是由于高成本约束，国企改革才不得不分步推进。现在回头看，当初政府从放权让利起步，先让企业搞承包经营，然后进行公司制改造（建立现代企业制度），再到今天实行"混合所有制改革"，这样一步步深化，不过是在分摊改革成本。由此想多一层，不单是国企改革，诸如价格体制改革、投融资体制改革、外贸体制改革等皆采取渐进方式，归根结底也是为了分摊改革成本。

是的，改革成本高，改革就应该渐进。可改革为何要摸着石头过河呢？其中一个重要原因是，某些领域改革成本不仅高，而且具有不确定性。由于事前无法对改革成本做预估，逼不得已，改革只能边改边试，方向改对了继续改，方向没改对就退回来再做新的尝试。

以政府机构改革为例，去年机构改革大获成功，我认为是以往改革反复试错的结果。早在党的十八大前，我们已经改了七次机构，可令人遗憾的是，每次改革后皆出现了机构越精简越臃肿、冗员越减越多的怪象。究其原因，是行政审批权在背后作祟。有鉴于此，党的十八大后中央釜底抽薪，大力削减行政审批。审批权小了，改革成本也就低了，于是才有了本次机构改革的完胜。

写到这里，读者应该明白以往改革为何会有三大特征。事实上，对习近平总书记关于全面深化改革的思想，也可从体制成本与改革成本的角度去领会。如果说以往改革主要是分领域、渐进式和摸着石头过河，那全面深化改革则主要是突出系统性和顶层设计。分领域改革八仙过海，改革往往不平衡，从而导致体制出现短板。而全面深化改革就是要补短板，以进一步削减体制成本。

再从改革成本角度看，经过多年分领域改革，那些容易改的、好改的都改了，现在剩下的是难啃的硬骨头。随着改革难度加大、改革成本升高，部门改革动力在递减，甚至有部门已不愿再改。然而问题在于，若不打通改革的最后一公里，整个改革就有可能前功尽弃。正因如此，习近平总书记强调要做好为改革付出必要成本的准备。

最后来说顶层设计。全面深化改革是系统、协同性改革，改革要系统、协同，当然离不开顶层设计。不过读者要注意，顶层设计并不排斥基层试验，前提是把握好顶层设计与基层试验的边界。两者的边界何在？总的原则是：但凡不存在负外部性的改革，应鼓励基层试验；而具有负外部性的改革，则必须由中央顶层设计。

## 用两招支持实体经济

> 支持实体经济发展要用两招。一招是治本的办法,即打破行政性经营垄断。不过此举涉及体制改革的方方面面,不可能毕其功于一役。远水难解近渴,眼前还有一招治标的办法,可考虑在税收政策上再做调整,进一步加大对制造业的减税力度。

2021年9月26日,"中国匠心大会"在杭州召开,400多位参会代表皆来自国内制造业大牌民企。之前与这些企业家虽没见过面,但许多人的大名我都知道。那天上午,大会安排我发表20分钟主题演讲,站在台上往下看,发现对面不少企业家满头银发,年龄在70岁上下。

是怎么回事?会间餐叙,我问坐在身边的华立集团汪力成董事长。他解释说,这些企业家当初创业时都很年轻,风风雨雨几十年，现在企业做大了，年龄也就大了，他们也想早点退下来安享晚年，可做制造业这一行太辛苦，赚钱又慢，儿孙们不肯接手。迫于无奈，还得自己接着干。

后来我又问过几位相熟的企业家，回答也大同小异。于是，我突发联想：西方国家"产业空心化"是否也有这方面的原因？读者应该还记得，当年奥巴马上台后曾信誓旦旦地宣称"美国要回归制造业"，而特朗普主政期间更是大力减税，希望吸引制造业回流。可结果呢？我们今天仍看不到美国有回归制造业的明显迹象。

可转念再想，我又有了一种担忧：中国是否也会因为制造业后继无人而出现产业空心化？并非杞人忧天。国内学界前几年就在讨论资本"脱实向虚"问题，中央也高度重视，说明我们也存在"产业空心化"的潜在风险。我曾撰文分析过，资本"脱实向虚"的原因虽多，但归根结底是虚拟经济的利润率高于实体经济。

是的，这正是问题的症结所在。而且我还要告诉读者，部门利润率存在差异并非始于今天。早在300多年前，英国经济学家威廉·配第在比较英国农民与手工业者、船员的收入后就曾说过，"从业之利，农不如工，工不如商"，并且他由此提出了一个大胆的推断：劳动力将会从农业部门逐渐向工业部门与商业部门转移。

1940年，英国经济学家克拉克用40多个国家近百年的数据做验证，证明配第的推断是对的。然而，需要追问的是，为何投资农业的利润率会低于投资工业，而投资工业的利润率又低于投资商业呢？我想到的答案是，产品的"稀缺度"不同。供求原理讲，供不应求的商品，价格会上涨；供过于求的商品，价格会下跌。

在配第所处的时代，工业革命尚未到来，那时工业品供给相对于农产品，无疑更稀缺；而商贸服务相对于工业品，稀缺度也更高。根据瓦尔拉斯"一般均衡模型"分析：在全社会商品中，某类商品的稀缺度越高，相对价格就会越高；相对价格越高，利润率也就越高。从这个角度，我们就不难理解行业利润率为何会有差异了。

上面分析的是300多年前的情形。今非昔比，工业革命迄今已有200多年。从全球市场看，工业品供给不仅不再稀缺，反而过剩成了难题；而美国一直强调回归制造业，表明美国的产业空心问题已经非常严重。既如此，美国资本为何还是对虚拟经济情有独钟呢？难道供求规律已经失灵？

这些日子我反复思考，思来想去，我认为要弄清这个问题还得回到马克思。马克思在《资本论》中对"实体经济"与"虚拟经济"有精辟论述。让我们看看马克思是怎样分析的。

关于虚拟经济的界定。马克思指出，劳动可分为生产性劳动和非生产性劳动。生产性劳动创造财富（价值），属于实体经济部门；非生产性劳动不直接创造财富（价值），属于虚拟经济部门。虚拟经济作为实体经济的延伸虽不创造财富（价值），但通过提供资金融通、商品流通等服务，可以协助实体经济提高财富生产效率。

关于虚拟经济与实体经济的关系。马克思认为，虚拟经济发展必须依托于实体经济，若脱离实体经济自行膨胀，必形成经济泡沫，最终会导致金融危机。而要抑制虚拟资本膨胀，前提是全社会利润率要平均化（等量资本获得等量利润）。利润平均化需满足两个条件：一是部门间可以自由竞争，二是资本在不同部门能够自由流动。

现在看，中国的现实完全印证了马克思当年的分析。国内资本脱实向虚，的确是虚拟经济利润相对高造成的结果。公开数据显示，2015年我国制造业上市公司利润率为6.84%，金融业上市公司的利润率却高达16.27%。金融业利润率之所以比制造业高，是因为政府对金融业牌照有严格管制，资本难以自由进入。也就是说，目前金融业利润中，有一部分是"行政租"。

问题就在这里：虚拟经济部门不创造财富（价值），但却参与财富（价值）分配。当财富（价值）一定时，实体经济与虚拟经济的收益则相互消长：虚拟经济的收益高，实体经济的收益就会低。另外从投资选择看，虚拟经济收益越高，投资实体经济的机会成本就越大，前面说到制造业后继乏人，这应该是其中一个重要原因。

综上可见，要扭转资本"脱实向虚"，支持实体经济发展，需要用两招。一招是治本的办法,即打破行政性经营垄断。不过此举涉及体制改革的方方面面,不可能毕其功于一役。远水难解近渴,眼前还有一招治标的办法。我建议,可考虑在税收政策上再做调整,进一步加大对制造业的减税力度。

我国的结构性减税,可圈可点。2016年国家启动"营改增"试点,制造业适用税率为16%,建筑业和房地产业为11%,金融业和生活型服务业为6%。2019年,制造业适用税率调减至13%,建筑业和交通运输业减至10%。为支持实体经济,国家何不将制造业适用税率也减至10%?读者知道"拉弗曲线",其中的道理就不用我说了吧。

# 两问"融资成本"

> 就降低企业融资成本而言，选择降息不如选择降准。下调存准率，商业银行信贷供应可增加。当然，也可通过公开市场操作增加货币供应。只要增加货币供应，整个社会的"不耐"会缓解，利率会下降，企业融资成本也会降低。

目前国内融资成本究竟高不高？学界的观点几乎一边倒，认为融资成本不仅高，而且已危及实体经济。最近在南方与企业家座谈，企业家的看法也如此。甚至有地方官员说，融资成本若不降下来，会有不少企业要歇业。事态的严重性我不怀疑，但我认为有两个问题要探讨：怎样判断融资成本高低？怎样降低融资成本？

分两刀斩，让我先说第一点。据我所知，时下人们认为融资成本高，主要是银行贷款利率高于企业投资利润率，而信托融资利率又高于银行利率。事实也的确如此。我看到的数据：2017年工业企业利润率平均为5%，银行贷款利率为6%；信托融资的利率更高，平均达13%~20%。所以有企业家抱怨，现在企业纯粹是在为银行打工。

从数据看，国内融资成本确实不低。不过我有个疑问，融资成本高能否这样判断？或者说银行利率高于投资利润率，企业是否一定会亏损？细想应该不是。举例说，某企业投资1亿元，其中自有资金7 000万元，贷款3 000万元。若投资利润率5%，则利润为500万元；若贷款利率6%，贷款利息为180万元。两相比较，利润比利息多得多。

想深一层，做以上比较其实并无实际意义。懂财务的朋友知道，贷款利息属于财务费用，企业是计入成本的。企业利润是销售收入减去成本后的余额，而利息已包含在成本之中，当然无须再从利润中扣除。由此看，贷款利息虽会增加企业成本，降低投资利润率，但只要投资利润率大于零，无论贷款利率多高，或支付多少利息，企业也绝不会亏损。

上面讲这些并不是反对降融资成本，我的意思是，判断融资成本高低不能用贷款利率与投资利润率比，风马牛不相及，不存在可比性。前些天在宁波调研，在一次企业家座谈会上我问银行利率高不高。你猜怎么着？众口一词，皆说目前银行利率不算高。我知道那天参会的代表都来自效益好的企业，要是效益不好，他们不会这么说。

由此我想到另一个问题：银行利率到底该不该降？若是降，企业融资成本会下降。但可以肯定，一旦利率下降信贷资源会更短缺。大家想想，目前13%~20%的信托利率都有人接受，说明信贷僧多粥少。若银行利率再调低，无异于火上浇油。再者，利率作为市场信号，要引导信贷优化配置，若无视供求调利率，利率的作用何以发挥？

转谈第二点，怎样降低融资成本？说过了，我不反对降低企业融资成本，也不反对降利率。不过与众多企业家的观点不同，我不赞成央行直接降利率，而是主张通过改变信贷供求，让市场调利率。虽然结果一样，但政策操作重点却大不相同。

学界一直流行一种说法，央行有三大政策工具：一是利率（贴现率），二是准备金率，三是公开市场业务。后两个当然是工具，但利率无论如何不能作为工具用。当年做研究生时，我就对这个问题有困惑：一方面，教科书说利息是资金的价格；另一方面，又说利率是政策工具。这不是自相矛盾吗？既然利息是"价格"，利率怎可当工具使用？

最近又有学者说，目前物价水平低位运行，基础利率存在下调空间，并断言，只要央行调低基础利率，商业银行贷款利率便会下降。我认为这种看法纯属异想天开。怎么可能呢？今天6%的利率企业贷款争先恐后，商业银行怎会以低于6%的利率放贷？若政府出面强制，托关系、找门路等寻租行为将层出不穷。羊毛出在羊身上，算总账，企业融资成本未必能降低。

我的观点是，利率只能由市场定。经济学发展数百年，对利息的定义说法不一，而我则赞同费雪。费雪说，利息是"不耐"的代价，人们越是急于花钱，"不耐"程度越高，需付出的代价就越高。我认为费雪的定义是对的。比如，目前信托利率高出银行利率不止一倍，可为何还有企业从信托机构融资？合理的解释是，这些企业的"不耐"程度比别的企业更高。

从市场角度看，人们的"不耐"程度最终要体现在货币供求上。"不耐"程度越高，供求缺口会越大。这是说，所谓"不耐"程度决定利率，其实也可理解为"货币供求"决定利率。货币供过于求利率下降，反之利率上升。由此引申到政策层面，含义是央行若希望下调利率，首先得增加货币供应。若货币不增，单降利率除了引发恶性竞争，怕是徒劳无益。

是的，就降低企业融资成本而言，选择降息不如选择降准。下调存准率，商业银行信贷供应可增加。当然，央行也可通过公开市场操作增加货币供应。近几年推行积极财政政策，每年国债皆在万亿元以上，央行若能在二级市场回购部分国债，货币供应也会增加。可以想见，只要增加货币供应，整个社会的"不耐"会缓解，利率会下降，企业融资成本也会降低。

当下的难题是，政府的稳健货币政策能否微调？央行已明确，2018 年货币（M2）供应增长为 12%，依据大概是弗里德曼的"单一规则"（货币增长等于经济增长加劳动力增长）。按年初的预想，经济增长 7%，劳动力增长 5%，货币增长正好 12%。而我的看法，货币供应似可稍宽松些，比如让 M2 增长到 13%~14%。目前 CPI 不到 2%，而控制上限是 3.5%，这样倒是用不着担心通胀。

# 公共品也需界定产权

> 为公共品的投资界定产权,其实就是赋予投资者相应的对价(收益)权。市场经济的通行规则是"谁投资谁受益"。投资者既然创造了社会收益,那么就理应取得对价收益。而要让投资者取得对价收益,当然得将产权界定给投资者。

经济学流行的观点说,"公共品"和"负外部性"皆有可能导致市场失灵。所以大多数学者认为,公共品应由政府提供,负外部性也要由政府出面纠正。1960年,科斯发表了《社会成本问题》一文,指出只要交易成本为零或者足够低,产权有清晰的界定,市场交易可以解决负外部性问题,市场就不会失灵。这便是鼎鼎大名的"科斯定理"。

两年多前,我曾讨论过"科斯定理"的疑点,我在文中说，科斯的研究独具匠心，其分析虽有疑点，但仍可让人深受启发。经济学行内的读者知道，科斯研究的是私人品的负外部性，他所提出的解决方案，是通过界定产权将社会成本内化为私人成本。而我这篇文章则将"公共品"与"外部性"合并，重点讨论怎样处理公共品的正外部性问题。

首先我要指出，公共品不同于私人品。主要区别在于：私人品的消费具有排他性，比如一瓶矿泉水，我喝了你就不能喝；而公共品的消费却不排他，如广播电台播放音乐节目，你收听不妨碍我收听，大家同时收听也互不干扰。这样就带来了一个难题：私人品有确定的消费者，供应商可以向其收费；公共品的消费者不确定，供应商无法直接收费，于是市场在这里出现失灵。

公共品供给者难以向消费者收费，由此引出的另一个问题是私人收益与社会收益分离。举个例子，人们都希望享受洁净的空气，而治理空气质量需要投资，可是空气（属公共品）的消费并不排他，投资者无法向消费者收费。如此一来，改善空气质量的投资就具有了正外部性，因为人们呼吸洁净空气是投资所形成的社会收益，但却未成为投资者的私人收益。

正由于公共品的私人收益与社会收益分离，私人资本才不投资公共品。以往人们之所以认为公共品需要政府提供，理由也在于此。可如果我们留心观察，就会发现现实中并不乏私人资本投资公共品的案例，特别是最近 10 年，国内各大中型城市私人资本投资环保的企业越来越多。此现象怎么解释？我的推断，一定是通过产权界定，将社会收益内化成了私人收益。

是的，解决外部性问题必须界定产权。科斯当年在研究负外部性时曾指出，解决负外部性的办法，是内化社会成本；内化社会成本的关键，是界定产权；而界定产权，应以交易成本为依归。同时他还指出，交易费用的高低，与避免损失发生的成本成反比：谁避免损失发生的成本高，产权界定给他的交易成本会相对低，因此产权应界定给避免损失的成本相对高的一方。

为帮助读者理解，下面让我用一个例子进行解释。

某铁路沿线皆是农田，农民将收割的亚麻堆放在铁路两侧，不料火车溅出的火星把亚麻点燃了，让农民受了损失。请问铁路公司是否应该赔偿？经济学的回答，要看产权界定：若产权界定给了农民，铁路公司当然要赔；反之就不用赔。问题是产权应如何界定呢？在这个例子里，农民只需将亚麻堆放在距铁轨10米之外的地方，损失就不会发生。相比而言，铁路公司避免损失的成本更高，故产权应界定给铁路公司。

负外部性的产权界定看成本。可正外部性的产权怎样界定呢？我认为需转换角度。前面提到科斯的《社会成本问题》，当初那篇文章发表后，在学界曾引起不小的争议。后来是芝加哥大学爱波斯坦教授的一句话点醒众人。他问：若将冲突双方当作一个人看会怎样？他分析说，假如有甲、乙两人，甲养牛，乙种小麦，甲的牛吃了乙的小麦自然会起冲突，但如果牛和小麦同属于一个人，当养牛的收益低于种小麦时，他不会让牛吃小麦，否则他会让牛吃小麦，甚至会购买小麦给牛吃。

爱泼斯坦的观点石破天惊。给我们的启示是，产权也可以从收益角度界定。事实上，对具有正外部性的投资者来讲，界定产权无非是将社会收益内化为私人收益。读者可以再想想前面广播电台的例子，电台为何要在节目中间插播广告？因为电台播放的节目消费不排他，社会收益大于私人收益。而法律保护其广告权，是为了让电台将社会收益内化为投资者收益。

从这个角度看，为公共品的投资界定产权，其实就是赋予投资者相应的对价（收益）权。我们知道，市场经济的通行规则是"谁投资谁受益"。投资者既然创造了社会收益，那么就理应取得对价收益。而要让投资者取得对价收益，当然得将产权界定给投资者。也就是说，正外部性的产权界定，不应该看成本而应该看收益，谁创造了社会收益，产权（收益权）就界定给谁。

按社会收益界定公共品投资的产权，是本文的重要推论。不过我要提醒的是，此推论包含三个要点：第一，投资者提供的产品是无法向消费者直接收费的公共品，而非可以收费的私人品；第二，界定对价（收益）权的前提，是私人收益与社会收益分离，若前提不存在，则无须界定对价（收益）权；第三，对价（收益）权一旦界定即受法律保护，任何人不得侵权。以上三点相互关联，缺一不可。

写到这里，我最后想为读者提供一个案例。事情是这样的：甲公司在网络平台为消费者免费提供短视频，在视频开头插播广告；而乙公司开发推出了一款具有强大拦截功能的浏览器，可以屏蔽广告。于是甲公司诉乙公司侵犯了它的对价（收益）权，属不正当竞争；而乙公司却认为自己提供的浏览器是为了满足消费者的需求，并非不正当竞争。

不知读者怎样看这件事。在我看来，判断谁是谁非的关键，要看在技术上甲提供的短视频是否无法向消费者直接收费。若无法收费，则短视频属于公共品，甲的对价（收益）权应受法律保护；若可以收费而甲不收费，则短视频不属于公共品，对价（收益）权就不应受到保护。本人不是网络技术专家，没有发言权，希望有懂网络技术的朋友可以教我一下。

# 债务风险及其警戒线

> 有些企业负债率高于 50% 没有风险，而有些负债率低于 50% 的企业却出现了偿债困难。原因在于，现行的负债率是账面资产负债率。将"账面资产负债率不得高于 50%"作为警戒线并不可取。银行贷款的警戒线，应该是企业资产收益率不低于银行利率。

我多次说过，债务问题并不只是经济问题，若管控不当，一旦出现债务风险，不仅会引发社会震荡，甚至会演化成政治问题。事实上，中央高度重视债务风险管控，学界这方面的研究成果也不少。我写这篇文章，是要对如何确定债务风险的警戒线做分析。债务分企业债务与政府债务，考虑行文方便，让我分别讨论。

先讨论企业债务。目前国内的企业债务，主要来自银行贷款。众所周知，银行作为融资中介机构，自有资金仅8%，所用信贷资金大多是储户存款。也正因如此，银行要把信贷安全放在首位。为规避风险，通常要求贷款企业有对应的资产抵押，其资产负债率不得超过50%。时至今日，此指标已成为银行界公认的风险警戒线。

对企业负债率为何不能高于50%，当年读大学时教科书是这样解释的：企业总资产＝负债＋权益资产（自有资产），资产负债率＝负债／总资产。一个企业资产负债率达到50%，表明该企业负债等于自有资产。当企业不能还贷时可用自有资产抵债，银行无风险；若负债率高于50%，表明该企业资不抵债，银行放贷则有风险。

听上去，以上解释无懈可击，我之前也对此深信不疑。1991年从人民大学毕业后到中央党校任教，为党政官员授课，需常去企业做调研，在调研过程中我发现一个现象：有的企业负债率高达60%，并未出现还贷困难；而另有一些企业，资产负债率不到30%却还不起贷款。此为何故？这一现象引起了我对信贷警戒线的反思。

自己思考了很多年，现在得出的答案是，企业资产不能从账面看，而应从资产的市场价值看。理由是，企业账面资产是一个存量，而资产的市场价值却是一个流量。经济学的资产定价原理说，资产的市场价值＝该资产的年收益／银行年利率。而根据此公式可以推定，若资产的年收益不同，等量资产的市场价值也会不同。

举一个例子解释。有甲、乙两个企业，账面资产相等，皆为1 000万元，但它们的资产年收益不同：甲企业资产的年收益为80万元，乙企业资产的年收益为40万元。假定银行存款年利率为5%，那么按照上面的资产定价公式计算，甲企业资产的市场价值（80万元/5%）为1 600万元，而乙企业资产的市场价值（40万元/5%）为800万元。

显然，按账面资产计算与按市场价值计算，负债率会大不相同。仍用上面的例子。假定甲企业负债550万元，账面资产负债率（550万元/1 000万元）为55%；乙企业负债450万元，账面资产负债率（450万元/1 000万元）为45%。若按资产的市场价值计算，甲企业的负债率（550万元/1 600万元）为34%，而乙企业的负债率（450万元/800万元）为56%。如此一来，乙企业的负债率反而高于甲企业。

从这个角度，我们就不难理解为何有些企业负债率高于50%没有风险，而有些负债率低于50%的企业却出现了偿债困难。原因在于，现行的负债率是账面资产负债率。由此见，将"账面资产负债率不得高于50%"作为警戒线并不可取。银行贷款的警戒线，应该是企业资产收益率不低于银行利率。因为资产收益率低于利率，表明企业资产缩水，偿债风险加大。

再讨论政府债务。国际上通行的说法，政府举债的警戒线，是预算赤字不能高于GDP的3%。为何是3%学界尚无论证，是经验数据。可经验数据未必就是规律。从证伪的角度讲，只要有一个国家的赤字率超过3%而未发生债务危机，此说法就被推翻。而现实中这样的例子很多。2014年，美国赤字率为4.1%，英国为5.7%，日本为8.8%，可这些国家皆未出现偿债危机。

是的，确定政府举债规模，不能单看经验数据，而应分析相关变量的逻辑关系。我以为，下面三组变量需重点研究。

第一组变量：国债与税收。"李嘉图－巴罗等价定理"明确讲，政府今天的国债，等于企业明天的税负。该定理的逻辑是，政府发行国债，大多用于基础设施投资，而基础设施投资不直接产生利润，偿还国债最终只能靠企业纳税。所以李嘉图和巴罗认为，政府扩大发债其实就是加税。

第二组变量：税率与税收。国债规模越大，政府还债就需要征收更多的税。而"拉弗曲线"却说，税率存在最佳均衡点。当税率低于最佳均衡点时，提高税率能增加政府税收；若税率高过最佳均衡点，提高税率反而会减少税收。这是说，政府能收多少税，并不仅仅取决于税率的高低，很大程度上取决于企业的经营状况。

第三组变量：政府投资与企业投资。经济学家已经证明，政府发行国债对企业投资存在挤出效应。理由是，政府国债的最大买家是银行，当信贷资源一定时，国债规模越大，银行给企业的贷款就会越少。而企业作为重要的纳税人，投资减少，政府税收当然会减少。

通过对上面三组变量的分析，我们可得出这样的结论：国债（预算赤字）规模应该由税收决定，而不能是政府收多少税由国债规模决定。如果说得更明确些，那就是每年还本付息的（债务）额度，不得大于当年的新增税收。可以肯定，政府只要遵循此原则，举债就不会有风险，也不会为了偿债而加重企业税负。

最后我想再多说一句，经济学家可以依据经验事实提炼规律，但是要知道，从经验事实中提炼的规律是"定律"而不是"定理"。定律要受时空条件的约束，时空条件改变后，定律则有可能失灵。因此，我们在确定债务规模时，大可不必迷信经验数据而作茧自缚。

# 独董辞职是"积极信号"

> 最近独董密集辞职,是因为从法院对康美药业的判决中感受到了"责任"。10年前,国内也出现过财务造假案,可那时并未让独董承担经济赔偿,独董自然不会辞职。而现在不同了,此例一开,不愿担责的独董会辞职,而不辞职的独董不敢再当"花瓶",对规范公司治理是好事。

最近独董密集辞职引起热议,起因是康美药业财务造假案。法院判决该公司赔偿投资者24.59亿元;而在财务报告上签字的13名高管也要承担连带赔偿责任,其中包括5名独董,赔偿比例为5%~10%,赔偿总额达3.69亿元。判决公布后,短短一个星期就有50多家A股独董先后辞职。

事发突然,也出乎很多人的意料,于是有媒体宣称,国内出现了"独董辞职潮"。对此官方回应：2021年独董的辞职人数和往年比大体相同，并无显著差异，"辞职潮"的说法不准确。其实，是不是"辞职潮"并不重要，也用不着争论。重要的是要弄清楚"独董辞职"对我国未来公司治理究竟会产生怎样的影响。

塞翁失马，安知非福。在我看来，这次"独董辞职"不完全是坏事，相反却是一个积极信号：预示着我国独董制度将发生一场深刻变革，公司治理会因此进一步规范。何以得出这种判断？让我先简要介绍独董制度的背景和设计初衷，读者要是明白了设立独董的目的，应该会同意我的判断。

独董制度最初起源于美国，主要针对当时公司治理存在的两大难题：一是内部人（经理）控制，二是小股东权益缺乏保障。1978年，纽约证券交易所规定，凡上市公司皆需设立独董。独董的职责是，当股东和经理层发生利益冲突时，独董应从专业角度对管理层提出质疑与建议；而当遇到"公司兼并、重组、破产"等重大事项时，则应站在小股东立场，维护小股东的利益。

独董制度建立后，在一个时期确实保护了股东特别是小股东的利益，各界好评如潮。于是此制度便很快风靡欧美。有人称此为"独立董事革命"。1999年，董事会中独董的比例美国为62%、英国为34%、法国为29%。而在大公司中，这一数字更高。据《财富》杂志调查，美国公司1 000强中，董事会平均规模为 11 人，其中独董 9 人。

公司设立了独董，当然要对独董有相应的激励与约束机制。在激励方面，独董不仅可以在公司领取薪酬，也可以接受公司一定比例的期权。而在约束方面，独董则需承担相关法律责任。如英美等国的法律规定，独董应履行受托责任，如果因为没有及时揭露虚假信息而给股东造成了重大损失，独董应给出相应的赔偿。

举个例子。若某公司刚上市股票便跌破发行价，对此董事会就有"不负责任"的嫌疑，会被投资者告上法庭。若法庭判决确属董事会失职，独董也要分担赔偿，而且可能因此倾家荡产。不仅如此，独董通常是名人，名人的亮点容易放大，污点也容易放大。如果名声有了污点，轻则口碑不好，重则遭人唾弃。可见，对独董的约束力度不小。

转谈中国的独董。我国引入独董制度，是在 1993 年；而第一家企业，是在香港上市的"青岛啤酒"。当时学界也曾讨论过一阵，有寄予厚望的，也有不看好的。我属于后者，并曾公开发表过质疑文章。不幸事实被我言中。这些年我时常听到有人抱怨"独立董事不懂事"，甚至有人说"独董不过是个花瓶，中看不中用"。

说实话，听到这样的议论我并不觉得意外。用经济学逻辑推理，这是必然的结果。前面说过，建立独董制度的初衷，是让独董维护小股东的利益。可目前国内独董的选聘，却由董事长和大股东说了算。如此一来，公司独董基本都是董事长或大股东的熟人（朋友）。"屁股"指挥"脑袋"。独董怎会为小股东的利益而得罪董事长和大股东呢？

最近有一份调研报告说，对公司高管决策提出异议的独董，近20年来寥寥无几，而2018年竟无一人提出质疑或反对意见。换位思考，出现这种现象也不奇怪。独董不在公司上班，对公司的了解仅限于公司财务资料，而独董的任免权又在高管层手里。假若你是独董，当你与高管层的意见相左时，恐怕你也不会直抒己见吧。

事实上，这种现象美国也一样存在。当年安然公司负债累累，长期靠做假账虚增利润。2001年11月终于东窗事发，股价一落千丈，从85美元跌到了1美元。而此前29名高管早已抛出手中股票，赚了11亿美元，中小股东却损失惨重。安然公司也有独董，为何事发前三缄其口？原来，独董也得了好处，倒戈转向了高管层。

回头再说"独董辞职"。最近独董密集辞职，是因为从法院对康美药业的判决中感受到了"责任"。10年前，国内也出现过财务造假案，可那时并未让独董承担经济赔偿，独董自然不会辞职。而现在不同了，此例一开，不愿担责的独董会辞职，而不辞职的独董不敢再当"花瓶"，对规范公司治理是好事。

所以我的观点是，政府不必担心独董辞职，中国并不缺有担当的专业人才，大浪淘沙，剩下来的才是金子；也不必改变现行独董的选聘模式，之前由董事长（大股东）选聘有弊端，是因为未依法追究独董责任。只要严格执法，独董由谁选聘都一样。现在要做的，是对上市公司"章程"进行清理，凡"独董免责条款"与国家法律有冲突的，要责令限期修订。

写到这里，我最后要提醒读者，独董制度并非灵丹妙药，不能包治百病。独董不过就是一个"裁判"，虽能使比赛更规范，但却不能阻止人们犯规，更不能指望他提高比赛成绩；当比赛规则不完善时，他也可能吹黑哨。因此，还得有其他措施看住大股东和高管。特别是中小股东，切不可因为有了独董就觉得高枕无忧。

# 资本何以无序扩张

> 对资本是否无序扩张,应从公平竞争的角度判定。马克思讲,商品是天生的平等派,市场交换必须等价交换。而要实现等价交换,前提是生产自由与交换自由。这是说,若资本(企业)违背"生产自由与交换自由"进行扩张,即为无序扩张。

为支持和引导资本规范发展,防止资本无序扩张,中央提出要为资本设置红绿灯。不瞒读者,近段时间我一直在思考:资本"无序扩张"到底指什么?或者资本怎样扩张才是"有序扩张"?没有规矩难成方圆,对此问题若不从学理层面给出清晰界定,规矩不明确,也就无法为资本设置红绿灯。

查阅学术文献,我发现西方学者这方面的著述并不多,而国内学者对资本无序扩张的解释,通常是举例说明,如某互联网企业或某房地产开发商采用欺诈手段"圈钱"等。当然也有学者试图给出定义,可大多是将资本无序扩张等同于"垄断",即指大企业利用其市场支配地位操纵市场、牟取暴利的行为。

究竟怎样给资本无序扩张下定义?我的观点,不能简单根据企业资产规模和利润率判定。追求规模经济是资本的天性,无可指责。我在本专栏撰文分析过,反垄断不等于反大。虽然《谢尔曼法》出台后美国曾一度反大,可20世纪70年代以来却改弦更张,不仅不再反大,反而鼓励企业(合并)做大。是的,今非昔比,今天市场竞争是全球竞争,美国当然不会作茧自缚。

可为何不能根据利润率判定呢?其中一个重要原因是,对"暴利"下定义也同样困难。想问读者,你认为多高的利润是暴利?高于平均利润的"超额利润"是暴利吗?若这样判定,那么我告诉你,反暴利其实就是反竞争。要知道,争取超额利润是企业展开竞争的原动力,若不允许企业获得超额利润,企业之间也就不会存在竞争。

也许有人说,企业可以有超额利润,但利润率不能太高。问题是,"太高"到底是多高?是30%还是50%?恐怕谁也说不清楚。比如对科技创新企业来说,创新有风险,创新失败企业可能血本无归;而一旦成功,则可掌握觅价权,利润率有可能达到50%，甚至更高。若利润率高于50%便打击，亏损却由企业自己兜底，你认为合理吗？

往深处想，企业资产规模大或利润率高不过是一种结果。政府要不要反对，应看这种结果是否取之有道，不能一刀切。比如企业凭借自己的市场支配地位欺行霸市、坑蒙拐骗，政府当然要亮红灯、予以打击；相反，若企业通过诚实守信、合法经营做强做大，政府就应该亮绿灯，并予以支持和保护。

由此看，我们的确不能简单地将资产规模大和利润率高视为无序扩张。那么怎样判定才对？我认为，应从公平竞争的角度判定。马克思讲，商品是天生的平等派，市场交换必须等价交换。而要实现等价交换，前提是生产自由与交换自由。这是说，若资本（企业）违背"生产自由与交换自由"进行扩张，即为无序扩张。

这里的关键是怎样理解"生产自由与交换自由"。经济学讲"生产自由"，是指市场不存在准入限制，资本等要素可以自由进出；对价高利大的商品，无论企业大小都可以生产。而所谓"交换自由"，有两层意思：一是交易双方不能用强制或欺骗手段达成交易；二是交易一方不能凭借市场支配地位，将自己的风险转嫁给交易对方。

不知道读者怎么看，要是同意我上面的判定，我们便可沿着这个思路对资本扩张做更深入的讨论。众所周知，资本按照不同职能可分为产业资本、商业资本、金融资本三类。在我看来，这三类资本都有可能无序扩张，而可能性最大的则是金融资本。为什么这样说？让我从资本循环的角度分析，读者会看得很清楚。

先看产业资本。产业资本是投资于实体经济部门的资本。产业资本循环，是先从货币转换为商品（生产要素），经过生产制造出新商品，然后再由商品转换为货币。由于生产规模要由"边际收入等于边际成本"决定，而且商品转换为货币是一次惊险跳跃，若不成功，摔坏的是商品生产者，故产业资本不容易无序扩张。

再看商业资本。顾名思义，商业资本是投入商品流通领域的资本。与产业资本不同，商业资本循环是将货币转换为商品，再将商品直接转换为货币。由于中间没有生产过程，商业资本便有可能无序扩张。比如商家对供应短缺的商品囤积居奇、坐地起价；再比如去年被处罚的某网络物流平台店大欺客，强制客户"二选一"等。

最后看金融资本。金融资本循环更简单，即从货币到货币，也就是人们所说的"以钱生钱"，正因如此，金融资本往往容易脱离实体经济无序扩张。"安邦保险集团"是典型例子。据官方披露，该集团通过关联企业相互投资或以高利率吸收资金，从2004年到2018年资产规模膨胀到了2万亿元。"余额宝"也如此，至2017年10月国家出手对其整顿之前，资产规模扩张到1.43万亿元。

为何说上面两个例子是无序扩张？我的回答：它们从事金融业务得到了政府特许授权，具有一定的行政垄断权，而它们明知以高利率为诱饵吸收资金有很高的风险，也明知一旦出险将无力偿还本金，却一意孤行，不惜将风险转嫁给大众投资者或政府。

总结以上分析，可得出三点结论：第一，资本都有追求扩张的动机，要防止资本无序扩张，应重点管控金融资本；第二，金融机构由政府授权经营，政府应承担监管的主要责任，对失职渎职的相关人员要严肃追责；第三，产业资本与商业资本有可能借助融资平台无序扩张，对各种巧立名目违规融资的行为要坚决打击。

# 稳定企业家预期

> 要稳定民营企业家预期,关键是要给民营企业家安全感。当务之急是,要为受到不公平对待的企业家撑腰,依法纠正冤假错案,通过典型案例继续释放毫不动摇鼓励、支持、引导非公有制经济发展的信号。

近年来,在全球经济下行背景下,美国等西方国家不断制造贸易摩擦,加上新冠肺炎疫情肆虐,中国经济同时面临"需求收缩、供给冲击、预期转弱"三重压力。关于怎样应对"需求收缩"与"供给冲击",我在本专栏曾撰文分别讨论过,这里再分析"预期转弱"问题,而且重点讨论怎样稳定国内民营企业家的预期。

从字面上理解,"预期转弱"是指人们对经济前景不如从前看好,普遍缺乏信心。可以从两个角度观察。一是从消费者角度看。若消费者预感到自己未来的收入会下降，从现在起就可能缩减消费，导致消费需求不足。二是从企业家角度看。若企业家认为未来投资的风险在加大，则会收缩投资，导致投资需求不足。

需要追问的是，人们的预期由什么决定？经济学历来重视研究"预期"，不过20世纪70年代前，经济学家关注的是"适应性预期"。所谓适应性预期，即人们根据以往经验，对未来的变化做试错性推测。比如历史上经济增长率较高的年份，失业率往往较低。根据这一经验，若今年经济增长加快，人们便会预期失业率下降。

到了20世纪70年代，以卢卡斯为代表的一批经济学家否定适应性预期，提出了"理性预期假说"。所谓理性预期，是指"逻辑推测"。换句话说，是人们利用已掌握的信息，根据逻辑对未来的变化做推测。举个例子。若政府实施扩张性货币政策，人们便可推测出现通胀；通胀出现后，则可推测央行可能加息；而央行一旦加息，又可推测股市会下挫。诸如此类预期，即为理性预期。

在现实生活中，我认为以上两种预期并不完全对立，可同时采用。而且无论是"适应性预期"还是"理性预期"，都告诉我们同一个道理：存在决定预期。适应性预期要以经验事实为依据；而理性预期对未来做逻辑推测，其实也不能脱离经验事实。要知道，"逻辑"不过是对客观事物之间因果关系的理论提炼而已。

理解了"预期"的含义，再来讨论民营企业家的预期。企业家作为理性人，推测未来当然要根据经验和逻辑。问题是，他们会依据哪些经验呢？为了写这篇文章，我访谈过20多位相熟的企业家，他们的回答大同小异，归纳起来有三点：一是看个人财产是否安全，二是看营商环境是否有利于民营企业参与公平竞争，三是看国家方针政策是否稳定。

那么企业家做预期的逻辑是什么呢？当然是在特定约束条件下追求最大化利润。企业家在商言商，追求利润名正言顺。这是说，如果企业家相信自己的财产不会受到侵犯、市场营商环境优越，而且也相信政府支持民营经济的政策不会改变，那么他们对企业前景就会有乐观预期。否则，预期就会转弱，甚至丧失信心。

是的，假若我是企业家，对企业前景也会这样预期。有一个可以佐证的例子。1992年初，邓小平在"南方谈话"时讲："农村改革初期，安徽出了个'傻子瓜子'问题。当时许多人不舒服，说他赚了一百万，主张动他。我说不能动，一动人们就会说政策变了，得不偿失。"读者要仔细体会这段话，里面包含了三层意思，即保护企业家（财产）、保护公平竞争、政策不能变。

邓小平讲这番话，目的是给民营企业家吃定心丸，提振他们的信心。果不其然，1992年后民营经济发展突飞猛进。有数据显示，民营企业对国家税收的贡献现已超过50%；国民生产总值、固定资产投资、对外直接投资均超过了60%；高新技术企业占比超过了70%；城镇就业超过了80%，而对新增就业的贡献达到了90%。

然而，令人不解的是，民营企业家预期目前却在转弱。照理不应该出现这种情况，党的十八届三中全会已经明确，"公有制经济财产权不可侵犯，非公有制经济财产权同样不可侵犯"，并指出，"国家保护各种所有制经济产权和合法利益，保证各种所有制经济依法平等使用生产要素、公开公平公正参与市场竞争"。而且，国家支持引导非公有制经济发展的方针政策也一直没有变。

问题出在哪里呢？学界有一种解释，是受国际经济环境变化和新冠肺炎疫情的影响。不否认这是原因之一，但并非关键原因。据我所知，关键原因是民营企业家缺乏安全感。毋庸讳言，时下确实有少数人存在"仇富心理"，对民营企业有偏见，不仅错误解读或曲解中央精神，甚至用个别企业出现的违法事件，从整体上否定民营经济。危言耸听，企业家心里没底，预期当然会转弱。

习近平总书记在2018年11月召开的民营企业座谈会上讲："一段时间以来，社会上有的人发表了一些否定、怀疑民营经济的言论。比如，有的人提出所谓'民营经济离场论'，说民营经济已经完成使命，要退出历史舞台；有的人提出所谓

‘新公私合营论’，把现在的混合所有制改革曲解为新一轮‘公私合营’；有的人说加强企业党建和工会工作是要对民营企业进行控制，等等。这些说法是完全错误的，不符合党的大政方针。"

习近平总书记的讲话掷地有声，态度非常鲜明。可时至今日否定民营经济的言论仍有不小的市场，怎么办？当年邓小平力排众议，保护一个"年广久"，结果带动了民营企业异军突起。由此看，要稳定民营企业家预期，关键是要给民营企业家安全感。而当务之急是，要为受到不公平对待的企业家撑腰，依法纠正冤假错案，通过典型案例继续释放毫不动摇鼓励、支持、引导非公有制经济发展的信号。

# 第七章

## 打通创新"两个一公里"

**创新是一连串事件**
(2022 年 5 月 20 日)

**专利保护的性质**
(2022 年 7 月 27 日)

**用改革推动创新**
(2019 年 12 月 5 日)

**谁来承担创新风险**
(2020 年 5 月 8 日)

**科技人员创业正当其时**
(2020 年 7 月 10 日)

**推动科技与产业对接**
(2020 年 4 月 30 日)

**高效率机器不会导致失业**
(2022 年 3 月 2 日)

## 创新是一连串事件

> 创新是一连串事件,而源头是基础研究。假若没有阿基米德的"浮力定律",也许至今没人会想到用钢铁造船;假若没有"伯努利定理",恐怕也不会有人造飞机。放眼看世界,迄今还没有一个基础研究落后的国家成为科技强国。

美国经济学家费雪1930年出版的《利息理论》,开篇说"收入是一连串事件"。我动笔写这篇文章忽然想到了费雪,于是改两个字,就用这句话作为题目。创新确实是一个复杂的过程,不过我不打算对具体的创新过程做分析,而重点讨论基础研究和科技创新的关系。

众所周知，基础研究的目的是发现规律（定律或定理），而且我们还知道，规律只能利用，不能创新，更不能人为地创造。比如"圆周率"，古希腊数学家阿基米德最初计算出圆周率近似于 3.14，而中国南北朝数学家祖冲之将其精确到了小数点后 7 位。可无论圆周率如何精确，皆属于发现而不是发明，因为即便今天科学家没有发现它，圆周率也客观存在。

与基础研究不同，科技创新则属于发明。顾名思义，发明是指以前没有的技术（产品），而现在创造出来了。比如第一次技术革命，发明了蒸汽机；第二次技术革命，发明了电；第三次技术革命，发明了互联网。这三项技术（产品）皆是从无到有，假若没有人发明，就不存在。从这个意义上说，科技发明属于创新。

于是问题也就来了，基础研究既然是发现（规律）而不属于创新，中央为何要强调重视基础研究呢？或者问：基础研究与科技创新到底是何关系？简单地回答，基础研究是科技创新的基石。就好比一棵果树，基础研究是树的根系，科技创新是树上结的果子。一颗果树要是没有根系，当然不可能结出果子来。

举大家熟悉的例子。200 多年前，人们造船皆是采用木材，可到 19 世纪初蒸汽动力船出现后，英国企业家威尔森试图用钢铁代替木材造船。当时很多人认为，钢铁的密度大于水的密度，让钢铁漂浮在水上无异于异想天开，是发神经。可威尔森却自信满满，经过反复试验，最后成功地造出了人类第一艘铁壳船。

威尔森何来这种自信？其实，他的自信来自阿基米德的"浮力定律"。该定律说，物体沉入液体中所受到的浮力，等于它排开液体的重量。也就是说，只要让船在水中受到的浮力足够大，它就能在水上漂浮。威尔森正是懂得了这个原理，所以坚信只要设计好船体的形状，船就不会因为钢的密度大于水的密度而下沉。

再一个例子，是美国莱特兄弟造飞机。莱特兄弟从小就有造飞机的梦想，可在当时很多人看来，要让比空气重的物体在空气中飞行是根本不可能做到的事情。1896年，莱特兄弟开始在基蒂霍克沙丘上空进行载人滑翔机试验，经过无数次失败后，终于梦想变成了现实。1903年12月17日，他们制造的第一架飞机"飞行者1号"，在美国北卡罗来纳州试飞成功。

莱特兄弟之所以屡败屡试，其底气也是两个定理。一个是"流体连续性定理"，即流体通过粗细不同的管道，同一时间内流体质量相等而流速会不同。以水为例，当河道较宽时，流速会较慢；当河道较窄时，流速则会较快。另一个是"伯努利定理"，即空气的流速与压强成反比。根据上面两个定理，如果让飞机机翼的上部呈凸面型，底部呈平面型，上部空气流速快，压强相对小，底部空气流速慢，压强相对大，这样当飞机滑行达到一定速度时就能飞起来。

我举上面的例子，无非是想证明这样一个结论，创新是一连串事件，而源头是基础研究。或者说基础研究是创新的"最先一公里"。想想也是，假若没有阿基米德的"浮力定律"，也许至今没人会想到用钢铁造船；假若没有"伯努利定理"，恐怕也不会有人造飞机。放眼看世界，迄今还没有一个基础研究落后的国家成为科技强国。不是吗？我赌读者举不出一个例子来。

由此见，推动科技创新，关键在于强化基础研究。其实这个道理说起来大家都懂，问题是怎样才能让学者专注于基础研究。我们知道，基础研究的成果是定理或定律。一旦公之于世，其使用便不排他。比如前面提到的阿基米德"浮力定律"，威尔森可用它造铁壳船，别人也可用它造水上公园。若用经济学的专业术语说，基础研究成果是典型的"公共品"。

是的，困难就在这里，创新性技术可以通过申请"专利"有偿转让，创新性产品也可通过市场出售取得收益。可由于定理或定律的使用不排他，无法向使用者收费；而且由于它们没有直接的商品载体，也无法在市场上出售获利。也许是我孤陋寡闻，我从未听说有哪家飞机制造公司花钱购买过"伯努利定理"，也没听说有哪家造船公司使用"浮力定律"时支付过费用，读者也应该没听说过吧？

从这个角度，也就解释了目前国内学者对基础研究为何热情不高的现象。学者当然要有情怀，但他们同时对物质生活待遇也会有追求。也正因如此，所以中央提出财政要加大对基础研究的投入。政府财政本来就是公共财政，而且我在前面分析过，基础研究成果为科技创新提供理论支撑，属于公共品（服务），所以用财政资金资助基础研究，既是政府义不容辞的职责，也是公共财政应承担的重要职能。

现在需要研究的是，在一定时期，政府财力总是有限的，仅就科技创新来说，希望得到财政资助的项目也很多。巧妇难为无米之炊，若不分轻重缓急，僧多粥少，财政资金只能天女散花。实践表明，财政资金过于分散，对推动创新的效果并不理想。而要集中力量办大事，财政就应该收缩战线，重点资助基础研究、撒手锏技术与颠覆性技术创新，将民用技术创新推向市场融资。

具体到政策操作层面，我最后想提三点建议：第一，由于从事基础研究的学者不能通过市场取得收入回报，政府要为他们提供相对优越的研究条件与生活待遇，让他们体面地做学问；第二，根据基础研究的特点，财政前期投入不必过大，应主要用于"智力报偿"，对取得重大成果的学者给予重奖；第三；对从事基础研究的学者不能急于求成，也不必搞所谓年度量化考核（如论文数量等），对暂未取得成果的学者，要有足够的宽容和耐心。

## 专利保护的性质

> 专利保护可激励创新,但也有成本,国家不为基础理论成果提供专利保护,原因是保护成本过高。基础研究容易出现私人收益与社会收益分离,要鼓励基础研究,需要将社会收益内化为研究人员的收益。内化社会收益应双管齐下,既可委托国家的科研院所,也可委托民办机构。

我在《创新是一连串事件》一文中曾提出,国家应重点资助基础研究、撒手锏技术与颠覆性技术创新,而且对基础研究的成果要予以重奖。有读者问,国家为何不为基础研究成果授予"专利",让科学家也通过市场取得收益回报?这是个好问题,值得为文解释。

对这个问题,我那篇文章给出的理由是:基础研究是发现规律，而规律客观存在，不属于发明或创新，而且成果（定律或定理）的使用不排他，属于公共品。做这样的解释当然没错，可转念再想，有些技术发明成果的使用也不排他，而国家却为其授予了"专利"，此为何故？

举个例子，某制药企业研发出一种治疗冠心病的特效药，若将"配方"公开，让其他药厂免费使用，便可以增加药品供给，使价格下降，病人会因此受益。可国家为何要对"药方"授予专利并加以保护呢？学界流行的解释是：若国家不提供专利保护，让别的企业坐享其成，今后将不会有企业再研发新药了。

是的，国家保护专利是为了激励创新。而从经济学角度看，保护专利的实质，是保护技术垄断。对技术垄断是否应该保护，经济学家历来有不同的观点。主张保护的学者，主要以边沁、密尔等人为代表。边沁说，没有专利保护不会有发明，而且其保护成本为零；密尔也持相同的看法，并指出保护专利的成本即便不为零，但也很低，可以忽略不计。

另一派则以陶西格、庇古等学者为代表。在陶西格看来，技术发明是某些人与生俱来的天性，无论有无保护，他们都会发明；庇古认为，保护发明专利并不会明显增强人们发明的意愿。不过与陶西格不同的是，庇古认为保护专利可以减少私人成本和社会成本分离，能让技术成果应用到具有较高价值的用途上。

两派观点相互对立，分歧集中在两点：一是保护专利能否激励发明，二是专利保护的成本是否低到可以忽略不计。关于第一点，陶西格讲的并非全错。的确，有些技术发明是出于人们的天性（兴趣）。如中国古代发明了造纸术、指南针、火药、印刷术等，当时并没有专利保护，我国最早建立专利制度是在1912年。这样看，没有专利保护也可以有发明。

不过，这并不能证明发明不需要保护。想问读者：人类第一次工业革命为何肇始于英国？我想到的原因是，继1474年威尼斯共和国颁布《发明人法规》后，英国于1624年颁布了世界上第一部较为完备的专利法。正由于有完备的专利保护制度，英国才率先推动了第一次新技术革命。20世纪以来，美国先后主导了第二次、第三次新技术革命，其中一个重要前提，也是美国有严格的专利保护。

再看专利保护成本。边沁说，技术专利保护的成本为零。此观点肯定不对。我们知道，成本是选择的代价。对一个国家来讲，无论专利是否保护皆有成本。若保护专利，代价是放弃让其他企业免费使用的收益；若不保护专利，代价是抑制技术创新。读者想想，为何今天所有国家皆对专利保护设定有效期（如20年）？答案是，国家保护专利有成本。

再往深处想，发明人申请专利，同样也有成本。有个奇怪的现象，时下有些民营企业主手里持有"祖传秘方"，可他们却不肯申请专利。这是为什么？因为申请专利可能让他们得不偿失。专利有一定的保护期,超过了期限便不受保护。这样对秘方持有者来说,申请专利的成本,是放弃自己独享"祖传秘方"的持久收益。

由此看,技术发明成果是否需要"专利保护",最终取决于各自的成本。前面提到庇古说,保护专利可以减少私人成本和社会成本分离,能让技术成果应用到具有较高价值的用途上。此判断原则上没错,但我认为并不是重点,保护专利的重点,是将某项新技术的社会收益内化为发明人的私人收益,激励发明创新。

回头再说基础研究。毫无疑问,基础研究成果的私人收益会小于社会收益。可国家为何不为其提供专利保护呢?思来想去,我认为有两个方面的困难。一方面,基础理论的应用面非常广,若提供专利保护,其成本要比保护某项技术成果高很多;另一方面,基础理论成果没有商品载体,不能分割,难以在市场销售。

上面这两大困难,归根结底,则是源于基础理论成果属公共品。现在要研究的是,公共品是否真的无法收费?以往经济学家认为公共品无法收费,是因为消费不排他,难以确定受益人。现在看来,此观点不一定对。有一个可证伪的例子:电视台播放新年文艺晚会,观众收看不排他,是公共品,而电视台却可通过插播广告向企业收取广告费。

可见,公共品虽不能直接收费,但却可委托"广告"间接收费。事实上，基础理论成果也可委托收费。问题是怎样委托？目前国内的做法是，委托国家的科研院所，由政府出钱资助。而在欧美国家，则主要是委托私立大学。大学需要基础研究支撑，基础研究越强，学校名气越大，可获得的社会捐助就越多，这样也就有财力为研究人员提供更优厚的待遇。

写到这里，我们可得出三点结论。第一，专利保护可激励创新，但也有成本，国家不为基础理论成果提供专利保护，原因是保护成本过高。第二，基础研究容易出现私人收益与社会收益分离，要鼓励基础研究，需要将社会收益内化为研究人员的收益。第三，内化社会收益应双管齐下，既可委托国家的科研院所，也可委托民办机构。

# 用改革推动创新

> 推动科技转化有两个选择：一是改革非核心技术研发机构的"事业"身份，财政不再供养，逼其重视成果转化；二是加大成果转化的激励力度。前者需改体制，后者相对容易一些。2015年国家修订的《促进科技成果转化法》已有明确规定，现在关键是抓落实。

中国已进入高质量发展阶段，是党中央做出的重大战略判断。何为高质量发展？用一句话解释，就是通过动力变革实现经济质量变革与效率变革。毋庸讳言，在以往的高速增长阶段，我国经济主要靠投资、消费、出口这"三驾马车"拉动；而进入高质量发展阶段，则要靠创新驱动，而且创新将成为经济发展的第一推动力。

经济发展转换动力，牵一发而动全身，不过我写这篇文章不打算面面俱到，只重点讨论三个问题。第一，经济发展靠创新驱动，创新靠什么推动？第二，国家支持创新并非意味着所有创新都要由政府投资，政府应投资哪些创新项目？第三，科技与产业融合才能成为生产力，怎样推动科技成果转化，实现科技与产业无缝对接？

以上三个问题相互关联，可以说是从不同角度提出的同一个问题。第一个问题管总，第二个和第三个问题是对第一个问题的具体展开。为表述方便，让我们分别讨论。

先讨论第一个问题：创新靠什么推动？对此问题，大家其实已经有了共识。2016年5月，习近平总书记在全国科技创新大会、两院院士大会、中国科协第九次全国代表大会上讲："科技创新、制度创新要协同发挥作用，两个轮子一起转。"而在谈到科技创新与改革的关系时他又指出："如果把科技创新比作我国发展的新引擎，那么改革就是点燃这个新引擎必不可少的点火系。"意思很清楚，科技创新要靠改革推动。

是的，创新要靠改革推动。于是就带出了第二个问题：改革怎样推进？推进改革当然要针对问题。就科技体制来说，我认为当前最突出的问题是财政投入过于分散。本来无须政府投资的项目，政府投了不少，而应该由政府投资的项目却又投入不足。这种局面亟待改变，要在制度上明确今后哪类创新由财政投资、哪类创新面向市场筹资。

我的观点：政府投资的重点，是核心技术创新，其他创新应面向市场筹资。所谓核心技术，主要有三类：一是基础研究，二是"撒手锏"技术，三是颠覆性技术。也许读者要问：政府为何要投资核心技术创新？2016年4月，习近平总书记在网络安全和信息化工作座谈会上给出这样的解释："在这些领域，我们同国外处在同一条起跑线上，如果能够超前部署、集中攻关，很有可能实现从跟跑并跑到并跑领跑的转变。"

从经济学的角度看，政府之所以要投资核心技术创新，是因为核心技术成果属公共品。以基础研究为例。基础研究成果不同于应用技术成果。应用技术成果是商品，可以有偿转让，而基础研究成果却难以通过市场取得回报。比如达尔文的"进化论"，举世公认"进化论"是人类的伟大发现之一，可有谁会花钱买"进化论"呢？

"撒手锏"技术虽不属于基础研究，但事关国家安全，而且研发不以盈利为目标，成果也不能买卖，这就决定了它们具有公共品的特性。经济学说，维护国家安全是政府的首要职能。政府投资"撒手锏"技术当然责无旁贷。同理，颠覆性技术也如此。创新一旦成功，不仅能推动国内产业升级，国家整体实力也会提升。然而，此类创新投资风险大，也需要国家投资支持。

这里要特别指出的是，政府重点投资核心技术创新，不是说对其他创新就可置身事外。要知道，政府除了保护国家安全之外，还负有提供公共服务的职能。非核心技术创新的资金筹措可以面向市场，但在创新融资平台、中试车间、技术专利权保护等方面，政府仍应积极作为，尽可能为科技企业营造良好的创新环境。

转谈第三个问题。我看到的数据，我国技术专利数量已连续 10 年居全球之首，年均申报近 100 万件，每年专利授权也有近 20 万件。可是专利成果转化率却不足 20%；产业化率更低，不到 5%；甚至有些高校科研机构的成果转化率，近 10 年来一直为零。何以如此？我曾赴南方几个省市做调研，据反映，主要是科技人员对成果转化缺乏动力。

事实上，这种情况早年在美国也出现过。1980 年以前，美国法律规定，联邦财政资助研发的技术专利权，归联邦政府所有，专利权转让收益也归联邦政府。在此种制度下，当时美国的专利成果转化率仅为 5%。1980 年，美国国会通过了《拜杜法案》，将专利权下放给了研发机构，自此转化率一路飙升，今天已超过 50%。

为推动科技转化，我们曾借鉴美国经验进行改革。2007 年国家修订《科技进步法》，将专利权下放给了科研院所。照理，我国专利成果转化率应该提升，可现实却让人大跌眼镜。原来，国内科研院所与美国不同，美国的研发机构是私人企业，而我们的研发机构大多是国家事业单位，专利权下放给研发机构后，分配还是平均主义，只不过是将"大锅饭"变成了"小锅饭"。

由此看，推动科技转化有两个选择：一是改革非核心技术研发机构的"事业"身份，财政不再供养，逼其重视成果转化；二是加大成果转化的激励力度。前者需改体制，后者相对容易一些。中央提出，"实行以增加知识价值为导向的分配政策"，"提高科研人员科技成果转化收益分享比例"。2015年国家修订的《促进科技成果转化法》已有明确规定，现在关键是抓落实。

最后我再强调一遍：政府投资科技创新要有进有退，有所为有所不为，应集中财力重点支持核心技术攻关。我曾说过，财政多给钱是支持改革，财政不给钱可以倒逼改革。推动产学研深度融合，政府不妨少给钱，以此倒逼科研机构面向市场筹资，直接服务于生产企业。

## 谁来承担创新风险

> 分散创新风险,需要有创新融资平台。在这方面,美国的纳斯达克是成功的范例。美国科技创新领先全球,纳斯达克居功至伟。2019年7月22日,我国的"科创板"在上海鸣锣开市,标志着国内"创新风险分摊平台"已经建立。

企业任何一项科技创新,都难免有失败的风险。若风险全由企业家承担,无疑会抑制企业家的创新动力。问题是,除了企业家之外,创新风险还能让谁承担?对此问题,美国经济学家奈特1921年出版的《风险、不确定性与利润》一书专门研究过,让我用奈特的分析框架做分析。

回想起来,我第一次读奈特的《风险、不确定性与利润》是在20多年前。当时我的感觉是,这本书不太好懂。并不是理论本身有多么艰深，而是奈特关于风险、利润的定义与我之前知道的截然不同。后来又重读多次，才渐渐明白他到底要表达什么。下面是他的几个重要观点。

第一，关于企业与企业家。根据人们对风险的态度，奈特将人分为三类：风险偏好型、风险中性型、风险厌恶型。他说，大量的事实表明，厌恶风险的人通常会将钱存入银行；风险中性型的人可能会用少量的钱买股票；而只有那些偏好风险的人才会投资创业，成为企业家。于是他得出的结论是，企业（家）是应"风险"而生的。

第二，关于风险与不确定性。在奈特看来，风险源自不确定性。同时他将不确定性分为两类：一类是可以量度的不确定性，另一类是不能量度的不确定性。前者是指风险发生概率可根据经验数据估算，如发生汽车交通事故的概率是万分之三，飞机失事的概率是三百万分之一。奈特说，可量度的不确定性是风险，不可量度的不确定性才是真正的"不确定性"。并且他指出，利润不是来自风险，而是来自不确定性。

第三，关于不确定性的处理方法。奈特的观点是，应对不确定性有两种处理方法：一是通过"合并"（购买商业保险）规避风险，二是用"分散"（损失分担）的方法处理。为何要采用"分散"的方法？奈特解释说，与其让一个人损失1万元，不如让100个人每人损失100元。而另一个形象的解释是："两个人每人失去一只眼睛，要好过让一个人同时失去两只眼睛。"

对奈特的上述观点，学界一直有争议。比如他说企业（家）是应"风险"而生的，科斯就不同意。科斯认为，企业是计划与市场的边界，企业内部是计划，外部是市场，是因为信息不对称导致市场交易费用过高人们才组建企业的。想深一层，科斯的解释与奈特其实并不矛盾。信息不对称意味着什么？当然是风险，要降低风险就会产生交易费用。可见两人只是说法不同，道理却相通。

再一点争议：风险与"不确定性"是否有区别？有学者认为，无论风险可否量度，都属于"不确定性"。我理解，奈特说风险不同于"不确定性"，是指风险不会给当事人造成意外损失。因为风险可以量度，表明事故发生的概率可以预知。既然可以预知，当事人就会购买保险规避损失。在这个意义上，"可量度的风险"与"不确定性"的确不是一回事。

除了以上两点之外，我认为还有一点需要补充。奈特说处理风险有"合并"与"分散"两种方式："合并"是指由专业机构（保险公司）进行风险对冲，而"分散"是指风险分摊给更多的人共同承担。问题是，在何种情况下选择"合并"，在何种情况下选择"分散"？奈特没有明确说。我要补充的是，可量度的风险皆可"合并"处理，而不可量度的不确定性，则应"分散"处理。

回到本文所讨论的话题，创新失败的损失应由谁承担？目前有一个现象不知读者是否注意到，虽然今天商业保险已十分发达，生老病死、天灾人祸都有保险公司提供保险，却不见有哪家保险机构为"创新"提供保险，此为何故？

对此现象，也许读者有自己的解释。我的解释是：保险公司提供某类保险，那是因为该类保险的出险概率可以量度。反过来说，迄今没有保险公司愿意为"创新"提供保险，是因为创新失败的概率在量度上有困难。不要误会，我这里说"有困难"，并不是指失败概率不能计算，根据历史数据，以往失败的概率完全可以算得出。我的意思是，如此算出的概率，创新者未必会接受。

举例说吧。假若计算出某地区以往创新项目失败的概率为90%，于是保险公司按90%的概率收取保费，你认为创新者会购买保险吗？我认为不会。其一，创新是"不确定性"事件，而历史的失败概率并不等于未来的失败概率；其二，创新者的成功预期通常要高于失败预期。这是说，对失败的预期概率不会超过50%，否则不会投资创新。倘若如此，创新者怎会花高保费投保呢？可以从保险公司看，若按50%的概率收保费，现实出险概率一旦超过50%，它必将破产无疑。

据此分析，创新具有不确定性，也就决定了失败的损失不能通过"合并"规避。不能"合并"处理就只能"分散"处理。问题是，怎样"分散"呢？我们容易想到的是"有限责任公司制度"。事实上，公司的作用不单是集中资本，更重要的是投资者只需承担有限责任。巴特勒说，有限责任公司是近代最伟大的发明。此话不假。工业革命以来，全球共有160多项重大创新，其中80%都是由公司完成的。

再往深处想，有了"有限责任公司制度"，同时还得有创新融资平台。在这方面，美国的纳斯达克是成功的范例。美国科技创新领先全球，纳斯达克居功至伟。2019年7月22日，我国的"科创板"在上海鸣锣开市，标志着国内"创新风险分摊平台"已经建立。众人拾柴火焰高，但愿广大股票投资者能为创新出一份力。

## 科技人员创业正当其时

> 当前全球经济下行压力加大,投资收益率持续走低,利率普遍下调,表明存在相对长期的闲置资本,让"技术要素"显得更稀缺。对国内科技人员来说,目前创业正当其时。政府应进一步完善和拓宽引进海外"风投"通道,完善"科创板"平台,为科技人员创业提供融资支持。

从西方企业制度的演变历史看,企业主导权一直掌握在资本所有者手中。可在100多年前,制度学派创始人凡勃伦在《企业论》一书中预言,随着科学技术的不断进步,企业权力将逐步从资本所有者手中转移到技术阶层手中,并将出现"技术雇佣资本"的趋势。

这无疑是一个大胆的推断。19世纪末20世纪初,世界仍处在工业化进程中，凡勃伦以一个经济学家的眼光洞见到未来企业的权力转移，令人叹服！1971年美国设立纳斯达克"科创板"市场，被公认是技术雇佣资本的标志性事件，而代表性企业是微软，当年比尔·盖茨白手起家，凭借自己的技术专利从纳斯达克融资，后来一举成功，富甲天下。

凡勃伦提出上述推断的依据，是生产要素稀缺度。他举证说，奴隶社会最稀缺的是劳动力，而奴隶主拥有劳动力，故权力掌握在奴隶主手里；到了封建社会，由于工具的改进提高了劳动效率，劳动力不再稀缺，土地变得稀缺，于是权力转移到地主手中；再后来又发现新大陆，土地不再稀缺而资本稀缺，权力又转移到资本手中。

凡勃伦进一步推断说，到了后工业社会，随着投资边际收益递减，储蓄会大于投资，资本会过剩，那时相对稀缺的已不是资本而是"专门知识"。若资本不再稀缺，掌握企业权力的也就不再是资本所有者，而是拥有专门知识的"技术阶层"。凡勃伦还解释说，技术阶层不仅指技术人员，还指由技术人员与企业高管组成的"专家组合"。

10多年前，我在北京中关村造访过一家高科技企业，该企业的最初出资人是山东的一位民营企业家，可他并未出任企业董事长，董事长是技术专利的发明人。更有趣的是，那位民企老板出资3 000万元，却只占企业30%的股份，而专利发明人及专家团队却占了70%的股份。

类似的例子后来也时有耳闻,不过数量并不多。于是我们要问:为何有的企业可以技术雇佣资本,而多数企业却不能?或者问:在何条件下技术才可以雇佣资本?凡勃伦说要看资本是否稀缺。这样讲理论上当然没错,问题是怎样衡量资本要素的"稀缺度"。若没有办法衡量,也就难以对企业权力是否会转移做出判断。

由此看,要判断企业权力是否发生转移,我们必须找到反映资本稀缺度的相关指标,而且作为约束条件,这些指标不仅要真实存在,还要可观察、可量化、可比较。这样的指标是什么呢?在回答这些问题之前,有两个概念要特别说明。

一是资本的边界。在古典经济学里,资本与技术的边界本来是清楚的,可是自从舒尔茨提出"人力资本"概念后,技术也可当作资本看,这样资本与技术的边界就不清晰了。如果把技术也看作资本,我们就无法用"资本稀缺度"分析权力的转移。故本文仍将资本与技术作为两个独立的要素。

二是雇佣的含义。新古典学派认为,生产要素所有者之间地位平等,彼此是相互雇佣关系,既可以说资本雇佣劳动(技术),也可以说劳动(技术)雇佣资本。我不同意这种看法。资本与技术到底谁雇谁,应看谁拥有生产控制权与剩余索取权。掌权的一方是雇主,不掌权的是雇员。

明确了这两点,回头再找约束条件。为方便读者理解,让我以银行为例做分析。事实上,银行业是典型的"银行家才能"雇佣资本。我们知道,银行自有资金通常只有8%,而银行能够以钱赚钱,主要是利用储户存款。银行为何能吸收存款?前提是社会上存在闲置资本,而且其投资收益率低于银行储蓄利率。

由此类推,技术雇佣资本的前提,也是要有闲置资本存在。区别在于,银行只需有短期闲置资本,而前者却需有长期闲置资本。怎样判定是否有长期闲置资本存在?我们可以观察两个指标:一是银行储蓄利率,二是企业投资的平均收益率。具体说,若储蓄利率为零,投资收益率也为零,此时一定会存在长期闲置资本。

也许读者会问,现实中很少有两个指标为零的情形,此推论有何意义?当然有意义。我之所以做那样的假定,是要在极端约束条件下推导企业的行为选择。其实,约束条件是可以放松的,即便利率与投资收益率不为零,只要利率低于通胀率,投资收益率低于利率,推论仍可成立。因为利率低于通胀率,表明实际利率为负;而投资收益率低于利率,当然会导致资本过剩。

时下学界有一种观点,认为是第三次技术革命让美国走出了"滞胀"。这种观点无疑是对的。但我认为也可以说是"滞胀"催生了第三次技术革命。20世纪40年代至20世纪60年代,美国有许多新技术未得到应用。20世纪60年代末美国陷入"滞胀",通胀高企,实际利率为负,投资收益率普遍低于利率，于是纳斯达克融资平台应运而生，正是有了这个平台，才涌现出微软、英特尔等一批"技术雇佣资本"企业。

写到这里，我最后说一点自己的思考。当前全球经济下行压力加大，投资收益率持续走低，利率普遍下调，表明存在相对长期的闲置资本，让"技术要素"显得更稀缺。对国内科技人员来说，目前创业正当其时。机不可失，政府应进一步完善和拓宽引进海外"风投"通道，完善"科创板"平台，为科技人员创业提供融资支持。

# 推动科技与产业对接

> 推动科技与产业对接,需要有类似投资银行的科技中介机构。投资银行其实不是银行,而是资本中介机构,其职能是在资本供求间架桥铺路,助其精准对接。假若让科技中介机构承担"专利银行"职能,政府用激励政策支持它们投资"中试平台",对推动科技成果转化将如虎添翼。

人类社会发展史表明,"落后就会挨打"是一个真理。正因如此,今天世界上没有哪个国家不重视科技创新。对如何推动科技创新我曾写过多篇文章,本文将重点讨论如何推动科技成果从样品转化为产品(商品)。事实上,科技成果转化与科技创新一样重要。若科技不能与产业对接,创新也就起不到驱动经济发展的作用。

我看到的数据：目前我国每年新申请技术专利的成果数已达 100 多万项，其中每年获得专利授权的技术成果有 17 万~19 万项；同时，我国已有专利成果存量也已达到 100 多万项。若以成果数量论，两个"100 万"，当然算得上是科技大国。可是我们科技成果数量虽多，但却多而不强，不仅在关键核心技术领域存在短板，专利成果产业化率也很低，仅 7% 左右。

2018 年 5 月，在中国科学院第十九次院士大会、中国工程院第十四次院士大会上习近平总书记强调，要打通"最后一公里"，疏通应用基础研究和产业化连接的快车道，把科技成果充分应用到现代化事业中去。而现在需要研究的是，当前我国科技成果转化的"梗阻"究竟在哪里？就这个问题我曾赴几个省市做过调研，访问过不少科研院所，综合专家的意见，认为主要有以下两个方面的原因。

一是成果评价不合理。在过去很长一段时间里，国内对科技成果评价存在片面"重论文"的现象，而且对科技项目也是"重纵向"而"轻横向"。比如科研人员评职称，凡是在专业核心期刊发表的论文，或者国家部委下达课题的成果皆管用，而接受企业横向委托的技术研发成果，经济效益再好也不作数。

二是收益分配不合理。2007 年之前，国家政策规定政府投资研发的科技成果，其转让收益应悉数上缴，研发机构和成果发明人不能参与收益分配。可想而知，有这样的规定，研发机构当然没有推动成果转化的动力，技术发明人对成果能否转化也会漠不关心。久而久之，就形成了现在这种产、学、研脱节的局面。

对上面的分析，起初我是赞成的。后来回到北京，又邀请了科技部门有关负责人一起讨论，而那次座谈会却让我的看法有了改变。当然不是说前面专家学者的意见不对，而是除了以上两点之外，科技成果转化难还有更深层的原因。

不错，评职称"以论文论英雄"，在导向上确实不是鼓励成果转化。可问题在于，若不以论文论英雄，科技成果是否就能转化？恐怕照样不能。往深处想，那种"重纵向"而"轻横向"课题影响评职称，从而影响成果转化的说法其实并不成立。据我所知，过去20年，国家级课题主持人大多有正高职称，他们压根不存在评职称问题。可见，"重纵向"课题与成果转化难之间并无因果关系。

说收益分配不合理影响了成果转化，我同意。经济学讲得清楚，人的行为选择是在特定约束下追求利益最大化。若不允许研发机构和科技人员分享成果转让收益，事不关己，他们怎会去推动成果转化呢？20世纪70年代美国的科技成果转化率也不高，直到1980年，美国国会通过了《拜杜法案》，将联邦政府资助的科技专利权及其转化收益下放给了研发机构，从此美国的转化率一路飙升，现已超过50%。

借鉴美国的经验，2007年我国修订了《科技进步法》，将国家财政资助的科技专利权下放给了研发机构；2015年又修订了《促进科技成果转化法》，并明确规定研发机构和科技人员可以参与分享成果转化收益，而且项目主创人员的分享比例可以达到50%。照理，我国科技成果转化率应该大幅提高才对。可实际情况却是，近年来成果转化率并无明显提升。

确实是奇怪的现象。美国的经验在中国为何会失灵？我想到的原因是，科技转化平台缺位。众所周知，一项新技术从"样品"转化为"产品"（规模化生产）是惊险的一跳，通常需要"中试"。这样就带来了一个难题：由谁来投资建中试车间？若中试能成功，投资可摊入成本，谁投资都一样；可万一不成功怎么办？大家都想规避风险，技术转让方和受让方往往都不愿意投资。

是的，这正是科技成果转化的梗阻所在。早在2008年我便撰文建议，针对不同产业，由政府投资兴建一批"共享中试平台"。当时我的考虑是，无论是由研发机构还是技术受让企业建中试车间，使用效率都太低（一般只用一次），而由政府投资建"中试平台"供各研发机构循环利用，便可一箭双雕：既能减少重复投资造成的资源浪费，又能有力促进成果转化。

当年这篇文章发表后，曾受到某省主要领导的关注，并先后委派分管科技的副省长和科技厅长来京与我研讨，据说后来省里还做出了具体方案。可不久那位主要领导调离，此事也就搁置了。如今看来，让政府投资建"共享中试平台"没有错，而且仍有必要。不过我现在认为,"共享中试平台"不仅可由政府投资,也应鼓励民间科技中介机构参与投资。

为何要鼓励科技中介机构投资?说实话,我这一想法是受了"投资银行"的启发。投资银行其实不是银行,而是资本中介机构,其职能是在资本供求间架桥铺路,助其精准对接。设想一下,假若让科技中介机构承担"专利银行"职能,政府用激励政策支持它们投资"中试平台",对推动科技成果转化将如虎添翼。

## 高效率机器不会导致失业

> 高效率机器会替代部分人工,但研发、制造"机器"同样需要人工,而且会创造出更多的就业机会。若为了稳住眼前的就业而放弃使用高效率机器,产业不能及时升级,将来的代价会更高,会有更多人失业。明智的选择是,政府在做好"失业保障"和"转岗培训"的同时,鼓励企业使用高效率机器。

假若我说使用高效率机器不会增加失业,恐怕会有读者不同意。10多年前国内"网购"刚刚兴起,就听一位经营超市的老板抱怨说,电商挤压实体店,导致实体店门庭冷落、入不敷出,最后不得不关门,员工也下岗失业。7年前与几位同事赴广州调研,在参观一家制造企业时,主事人介绍,他们用数控机器替代1/3的人工后,生产效率反而更高了。

今天这方面的例子更多：市场推出无人驾驶汽车，汽车司机会失业；酒店使用"机器人"，服务员会失业。眼见为实，人们当然相信自己看见的。事实上，"机器导致失业"的说法由来已久。1929—1933年经济大萧条后，就曾有学者将"失业"归罪于"使用机器"。当年美国总统罗斯福也提出："机器只有在不使人们失业的前提下才能使用。"1970年，著名经济学家缪尔达尔发表《世界贫困的挑战》，明确反对使用高效率机器。

再往前追溯，反对"使用机器"的浪潮最早起源于英国。1760年，阿克赖特发明了棉纺机，没想到在推广应用时却遭到了强烈抵制，理由是，它威胁到了棉纺工人的就业。而织袜机在使用之初更不幸：1 000台新机器被砸毁，工厂被焚烧，甚至发明人也因被威胁而四处逃命。后来政府出动了军队，抵制浪潮才得以平息。

此事过去100年后，英国学者威廉·费尔金于1867年写了《机器针织和花边织制商历史》，他研究发现，与18世纪末相比，英国19世纪60年代织袜业雇用的劳工人数不仅未减少，反而增加了100倍；棉纺业也如此。1760年，当时英格兰仅有5 600人从事棉纺业，而到1787年，从事棉纺业的人数达到32万。这是说，在使用棉纺机后的第27年，该行业的就业人数增加了56倍。

怎样解释上面这种现象？我在《要重视"看不见的代价"》一文中，曾提到19世纪法国经济学家巴斯夏的一个重要观点：

"好的经济学家不仅要重视看得见的,更要重视那些看不见的结果。"比如使用机器,机器会代替人工,是人们看得见的结果;而机器创造就业,却是人们看不见的结果。正因为看不见,人们才会抵制使用机器。

对机器为何能创造就业,当然要从"看不见"的角度分析。从某个时点(静态)看,使用机器确实会使一部分人失业。但从长期(动态)看,却可能增加就业。经济学逻辑说,一个企业若选择用机器替代人工,一定是其成本更低,利润更高;若如此,企业为了追求利润会越来越多地使用机器,而使用机器越多,所需操作的人员也会越多。

举个例子。某服装厂原有 50 台"半自动"缝纫机,每台机器需 1 人操作,共雇 50 人。现在企业决定购进 50 台"全自动"机器,新机器一人可操作 2 台,只需雇 25 个人,其余 25 人得下岗;而到了第二年,企业扩大生产,又购进了 50 台新机器,于是需增雇 25 人;到了第五年,企业又购进 50 台新机器,需再雇 25 人。这样雇工达到 75 人,大大超过了使用新机器前的雇工数。

转从需求角度分析。假若某服装厂每年生产 1 万套西服,需雇用 50 人,而采用效率更高的机器只需雇用 40 人,会有 10 人失业,这是人们看得见的;看不见的是,采用新机器后生产率提高,供给增加,西服价格下降。此时消费者花同样的钱可购买更多的西服,而以前买不起西服的消费者,现在也能购买西服了。若需求增加到 2 万套，企业需雇用 80 人，就业人数则不减反增。

再有一个看不见的角度，即"产业链"。由于纺织企业之间存在竞争，为提高生产效率，企业都会使用效率高的机器。市场对新机器的需求增加，必带动机器生产部门就业增加；而生产新机器需要钢铁，又会带动钢铁行业就业增加；生产钢铁需要矿石，采矿业就业也会增加。由此推理，整个社会就业岗位必然会增加。

若这样看，也就能理解当年英国采用织袜机后，19 世纪 60 年代从业人数为何能增加 100 倍，棉纺业短短 27 年从业人数为何能增加 56 倍。从全球就业看，有数据说，第一次工业革命时期全球人口仅 10 亿，第二次技术革命（1900 年）为 20 多亿，第三次技术革命（1950 年）增至 30 多亿，而今天已超过 70 亿。世界人口增加了 6 倍，就业岗位也增加了 6 倍，这不也证明新机器（新技术）可以创造就业吗？

是的，从长期（动态）看，"机器导致失业"并不成立，是个假命题。可从某个特定时点看，机器会增加失业却是真的。短期失业增加，也会影响社会稳定。正因如此，当年罗斯福才提出"使用机器要以不增加失业为前提"，而且当时美国也确实推出过一些"限制性"措施。比如纽约电气工会就规定，原来由机器安装的设备，必须拆解后改由工人在现场手工安装；油漆工会规定，一律不得使用喷漆枪，只准使用油漆刷。

不过时过境迁，到20世纪60年代美国就改变了之前的做法。现在需要讨论的是，目前全球经济不景气，我国也面临巨大的就业压力，我们应该怎样应对？2020年世界经济论坛（WEF）发布了一份报告，称5年后将迎来一场"机器人革命"，全球将有8 500万人工岗位被替代。消息传开，一时间人们如临大敌、忧心忡忡。甚至有人建议，为了稳就业，应适度控制使用高效率机器。

我不赞成这种主张。前面已经分析过，高效率机器会替代部分人工，但研发、制造"机器"同样需要人工，而且会创造出更多的就业机会。我这里要指出的是，若为了稳住眼前的就业而放弃使用高效率机器，产业不能及时升级，将来的代价会更高，会有更多人失业。明智的选择是，政府在做好"失业保障"和"转岗培训"的同时，鼓励企业使用高效率机器。

# 第八章

# 保护竞争与反垄断

## 市场竞争及其推论
（2021 年 3 月 15 日）

## 从等价交换看反垄断
（2021 年 11 月 17 日）

## 反垄断不是"反大"
（2021 年 12 月 1 日）

## 市场常态是垄断竞争
（2022 年 1 月 26 日）

## 技术垄断不排斥创新
（2022 年 2 月 16 日）

## 企业为何掠夺性定价
（2022 年 2 月 23 日）

# 市场竞争及其推论

> 等价交换的前提是自由交换，即买方不得强买，卖方不得强卖，更不能由第三方决定价格。否则竞争被限制，必造成交易主体之间收益权不对等。今天煤炭价格放开而电价被控制，结果形成了发电企业与用电企业的不等价交换，发电企业出现"政策性亏损"，原因即在于此。

艾哈德1957年出版的《来自竞争的繁荣》曾轰动一时，半个多世纪后，今天还常有学者提起，算是传世之作了。我当然赞同艾哈德的观点，不过本文不是要讨论繁荣与竞争的关系，对此学界早有定论。这里我想与读者研讨的是市场竞争到底在争什么，并将其引申到政策层面，提出几点我自己认为重要的推论。

从交易主体看，市场竞争行为可分为三类：一是卖家与卖家竞争，二是买家与买家竞争，三是卖家与买家竞争。这三类竞争，构成了整个市场交换的全景图。物理学家牛顿曾经说，将复杂问题简单化，可以发现新定律；将简单问题复杂化，可以发现新领域。既如此，我们不妨将以上三类竞争拆开，并从稍复杂的层面分别进行讨论，这样做也许能让我们从中得到一些新的启示。

首先说卖家与卖家竞争。一般来讲，卖家之间的竞争暗含两个前提：一是竞争者销售的是同一类商品，不然一家卖鞋、一家卖袜，所卖商品不同，两者不会有竞争；二是所卖商品供过于求，若是市场上商品供应短缺，消费者纷纷抢购，卖家之间也不会形成竞争。所谓卖家与卖家竞争，说白了就是竞卖，卖家都希望将自己的商品先于对手卖出去。

问题在于，在过剩的情况下商家怎样才能将自己的商品先卖出去？或者卖家之间究竟在竞争什么？若看营销手法，也许卖家各有绝招，但归根结底我认为是竞争成本。比如同样一件衬衣，甲的成本低于乙，于是甲的卖价为200元，乙的卖价为300元，这样竞争的结果，甲多半是赢家。读者若同意这一判断，可引出的政策含义是，政府放手让卖家竞争，市场上商品必价廉物美。反过来推，若质次价高的商品充斥市场，那一定是卖家之间缺乏竞争。

举个例子解释。时下许多人抱怨看病难、看病贵（吃不起药）。何以如此？原因有多个方面，但根本原因是现行医药体制抑制了竞争。在病人与医院之间，病人好比是买家，而医院则是卖家，目前医药一体，医院既看病又卖药，受利益驱动，当然倾向于让病人小病大治，本来花 10 元买药就能治好病，医生可能给开上千元的药。设想一下，假若医药分家，医院只看病不卖药，让医院与医院之间竞争比服务，让药店与药店之间竞争比价格，药价是否会降下来？

上面说了卖家竞争，再谈买家竞争。如果卖家之间竞争是因为商品供过于求，买家之间竞争则正相反，是因为商品供不应求，有多人想买同一商品，买家才会竞争。那么买家竞争比什么呢？我们所观察到的：一是排队（即先来先买），如国内春运火车票竞买；二是看行政职级（或年龄、工龄长短等），如某些政府单位住房竞买；三是看出价，这个更普遍，典型的例子是文物拍卖。

其实，国际上通行的竞买规则是出价，谁出价高谁就能先购得。既如此，人们也许要问，为何国内目前会存在那么多"价外"规则呢？有学者解释，是出于公平的考虑。而我并不这么看。至少富人与富人比出价不存在不公平，穷人与穷人比出价也不存在不公平。学界所谓的"公平考虑"，我理解针对的是穷人与富人比出价。很多人以为，让穷人与富人比出价只对富人有利，对穷人不公平。真的是这样吗？让我来做点分析。

公平是一种价值判断，利益站位不同，对公平的判断也不同。相对而言，富人更有钱，穷人更有时间，若比出价显然对穷人不利；但不比出价而比排队，则又对富人不利。左难右也难，怎么办？多数经济学家的主张是效率优先、兼顾公平。若以效率为先，当然是比出价，因为铁路公司盈利后可增加运力，有助于解决"买票难"问题。若不比出价而比排队，虽然短期看是对穷人有利，但排队所耗费的时间不仅不创造财富，而且"买票难"会年复一年地拖下去。长期看，谁都是输家。

最后谈卖家与买家竞争。卖家与买家有竞争吗？曾问过行内朋友，多数答没有；而我却认为有，不然卖家与买家怎会有商业谈判？双方坐在一起沟通、协商到最后签约，实际就是在竞争。他们争什么呢？当然是争各自的权益。卖方供应了商品，会要求买方支付合理价格；买方支付了货款，会要求卖方提供物有所值的商品。

由此看，买卖双方所争的其实是"等价交换"权。经济学说，等价交换的前提是自由交换，即买方不得强买，卖方不得强卖，更不能由第三方决定价格。否则竞争被限制，必造成交易主体之间收益权不对等。以往"工农产品价格剪刀差"为何农民会吃亏？是因为政府限制了农产品价格。今天煤炭价格放开而电价被控制，结果形成了发电企业与用电企业的不等价交换，发电企业出现"政策性亏损"，原因即在于此。

若将上述分析进一步引申，在政策层面则可得出三点重要的推论：第一，如果希望市场提供价廉物美的商品，就得鼓励卖家竞争，为此政府必须改革妨碍竞争的体制机制；第二，鼓励买家竞争可提高资源配置效率，为此政府应充分尊重出价规则，照顾穷人是政府的事，不能推给市场；第三，定价事关买卖双方的权益，除了公共品，一般竞争品价格只能由供求决定，政府不必管。

# 从等价交换看反垄断

> 根据经济学的定义,垄断是指厂商利用其市场支配地位操控价格的行为,属于不正当竞争,政府应予以打击。可此定义并不全对。厂商操控价格是垄断行为,但未必是不正当竞争。垄断行为是否应该打击,关键要看垄断企业在市场上是否违反了等价交换原则。

40年前我读经济学说史,知道经济学家对分工与交换的关系有不同看法。亚当·斯密认为是交换决定分工,而马克思认为是分工决定交换。这个问题困扰我很多年。分工决定交换好理解,没有分工无须交换。可我想不明白的是,要是没有交换,人们怎可能形成分工呢?

举个例子解释。假定有张三、李四两人,他们同时都生产粮食与棉布。在这种情况下,由于两人生产的产品完全相同,彼此间当然用不着交换。假若两人有了分工，张三专门生产粮食，李四专门生产棉布。张三需要棉布，李四需要粮食，两人以物换物互通有无，于是就产生了交换。由此看，交换的前提是分工。

若倒转过来看。张三与李四分工后，张三只生产粮食，李四只生产棉布，假定没有市场交换（或者不允许交换），张三不能从市场上买到他所需要的棉布，李四也不能买到他所需要的粮食。双方的需求皆得不到满足，那么张三和李四就不可能形成稳定的分工。正是从这个角度，当年亚当·斯密说，是交换决定分工。

两种观点似乎都没错，问题出在哪里呢？几年前重读《资本论》，我发现马克思并不否认交换决定分工。他指出，分工有两个层面：一是自然分工（如家庭内的男耕女织），二是社会分工。从人类历史看，是先有自然分工，然后才出现交换的。而社会分工却出现于普遍交换之后，而且交换的范围大小，决定社会分工的范围大小。

区分自然分工与社会分工，令人茅塞顿开。不过我写这篇文章，重点不是讨论分工与交换的关系，而是要从社会分工的角度讨论"等价交换"的含义。商品是天生的平等派，需要等价交换。可我想问读者，你认为"等价交换"的含义是指什么？或者问：是10斤大米换1尺棉布等价，还是2尺棉布换10斤大米等价？

提出这个问题，与时下人们关心的"反垄断"有关。根据经济学的定义，垄断是指厂商利用其市场支配地位操控价格的行为，属于不正当竞争，政府应予以打击。可我并不认同上面的定义。不错，厂商操控价格是垄断行为，但未必是不正当竞争。在我看来，垄断行为是否应该打击，关键要看垄断企业在市场上是否违反了等价交换原则。

何为等价交换？按照马克思的解释，是指相互交换商品的价值量相等。商品的价值量，等于生产商品所耗费的社会必要劳动时间。作为一种理论分析，逻辑无懈可击；可在现实中，生产者并不知道各自的社会必要劳动时间是多少。通常的情形是，交换双方通过讨价还价达成交换。事实上，这种自由协商达成的交换，即为等价交换。

是的，只要商品是自由交换，买卖双方既不强买也不强卖，就应该是等价交换。不过往深处想，等价交换其实还有一层含义，即生产要素能够自由流动。若生产要素不能自由流动，比如某商品只允许你生产而不允许别人生产，别人无法与你竞争，迫不得已，只能由你任意操纵价格。这样的交换，显然不是等价交换。

明确了等价交换的含义，回头再说垄断。前面我说垄断不一定是不正当竞争。我想到的是技术创新企业，此类企业的市场支配地位来自关键核心技术，只有拥有关键核心技术，产品才有觅价权（自主定价权）。经济学说得清楚，企业觅价是垄断行为，但觅价并不排斥要素流动，也不违背等价交换，所以不能打击，否则会抑制创新。

当然，垄断也可能是不正当竞争。比如行政垄断企业，其市场支配地位不是来自技术创新，而是来自行政机构特许授权。此类企业若操控价格牟利，当然是不正当竞争。理由简单，当市场准入存在限制，其他厂商不能参与竞争时，供应商操纵价格实际就是强买强卖，故对行政垄断企业操控价格的行为，必须反对。

关于等价交换，另有两个问题学界也有争论，在这里说说我的看法。

第一个问题：怎样看待生产成本不同的商品以相同价格交换？还是用前面的例子。张三和李四都能生产粮食与棉布，假定张三生产1吨粮食与1匹棉布的成本分别为80小时与90小时，李四的成本分别为110小时与100小时。若按比较优势分工，张三生产2吨粮食，李四生产2匹棉布，然后彼此用1吨粮食与1匹棉布交换。两种商品成本不同，请问他们是等价交换吗？

我曾撰文解释过，商品价格不是由成本决定的，而是由供求决定的。张三用1吨粮食交换李四的1匹棉布，比自己生产棉布可节省10小时成本；李四用1匹棉布交换张三的1吨粮食，比自己生产粮食也可节省10小时成本。双方都有利可图，只要他们自由交换，不强买强卖，那么就是等价交换，张三、李四谁也不吃亏。

第二个问题：怎样看待生产成本相同的商品以不同价格交换？现实生活中的确有这样的现象，生产成本相同的同一商品，商家却针对不同的消费者制定不同的价格。比如某餐厅同样一道菜，成本完全相同，可卖给包厢内顾客的价格通常高于散座顾客的价格。有人认为，商家的这种做法违背了等价交换原则，对包厢内的顾客不公平。

可我要告诉读者，这种定价方法经济学称为"价格歧视"。商家搞"价格歧视"，原因是商品供给稳定而需求不稳定。如同某个品牌的空调，夏天的需求会大于冬天的需求。而人们收入不同，需求也会不同：穷人更看重实惠，富人更看重面子。将同一商品以不同标识分开，用高价满足富人，用低价满足穷人，是商家的营销策略，政府不必管。

# 反垄断不是"反大"

> 垄断与滥用垄断权力是两回事。不能简单根据企业规模或市场占有率定义垄断,反垄断并不是"反大"。反垄断应重点反不公平竞争,不可将创新企业的觅价行为,当作"滥用垄断权力"或"掠夺性定价"予以处罚,美国曾有这方面的教训,要防止反垄断伤及无辜。

今天世界上很多国家都颁布了反垄断的相关法律,而且矛头大多指向大企业。之前我对此百思不得其解,不明白立法者为何认为企业规模大就是垄断。而让我更感困惑的是,西方各国政府无不希望国内企业做强做大,可同时却又反强反大,这岂不是要让企业无所适从?

自己以研究经济学为职业,当然知道市场经济奉行的基本规则是公平竞争。所以我的观点是，政府应该反对的"垄断"并不是"大"，而是不公平竞争。若有企业欺行霸市、强买强卖，对这种不遵守市场规则的行为，无论规模大小都应打击。换句话说，反垄断不能只针对大企业，也不能武断地认为企业大就会妨碍公平竞争。

大约20年前，我曾用三个月的时间研读美国经济史。说是研读，研究其实并不深，主要是读。不过，对美国的反垄断法案，倒是做过一些思考。我发现，美国反垄断起初也是针对大企业的，只是到了21世纪前后，才掉转枪口不再反大，而转向反不公平竞争。为何前后会发生如此大的改变？回答此问题，需了解美国出台反垄断法的背景。

19世纪下半叶，美国出现了一些巨型企业。这些企业凭借其市场支配地位，碾压中小企业，盘剥消费者，引起社会各界的强烈不满，民怨沸腾。在强大的舆论压力下，美国国会启动了反垄断立法程序，并于1890年以压倒性多数票，通过了第一部反垄断法——《谢尔曼法》。《谢尔曼法》作为母法，与后来的《克莱顿法》和《联邦贸易委员会法》一起，构成了美国反垄断法的基础。

可想而知，美国在那样的背景下推出反垄断法，当然是反大，而且重点是针对三类所谓"掠夺性定价"行为：一是大企业为获取暴利相互勾结而达成幕后协议，通过控制产量来抬高价格；二是大企业虽不与同行勾结，但规模大到足以主宰市场，通过大幅度降价排挤中小企业；三是大企业将同一商品以不同价格卖给不同消费群体，也就是今天经济学所说的"价格歧视"。

看上去，对于哪些行为属于违法，反垄断法似乎做了明确界定，可在操作层面其实并不明确。比如对于企业究竟多大会面临制裁、何为掠夺性定价等，法律并无相应的条文解释。我想过这个问题，法律之所以不解释，是因为难以解释。某企业在当地市场占有率虽然很高，但从国际市场看，却可能微不足道。大企业提价或者降价的原因非常复杂，也不好一概认定都是掠夺性定价。

对于"反大"，也有不少经济学家提出过批评。第一个力挺大企业的是熊彼特。他在1911年出版的《经济发展理论》中指出："不断地创新，就像是跳动的琴弦，演奏着经济成长的美妙乐章，而拨动琴弦的正是那些领导市场的巨型公司，我们有何理由去指责我们的乐师呢？"后来以斯蒂格勒为代表的芝加哥学派，也持相同的观点，认为生产资源集中在大企业，有利于提高规模经济效益和生产效率，应减少对大企业的干预。

回头再看美国反垄断。前面说过，在不同时期美国反垄断的指向不同。《谢尔曼法》颁布后的近百年，美国一直是"反大"。1911年，美国联邦最高法院宣布，美国烟草公司和标准石油公司因"欺行霸市"，违犯了反垄断法，勒令两公司解散，各自拆分为若干独立的公司。1945年，美国铝公司又被判决触犯反垄断法。其实该公司并无不公平竞争行为，只是法院认为它"独占90%的市场，实在太大了"。

转折点是在20世纪70年代。当时美国遇到了前所未有的危机。政治上，美国在西方世界一呼百应的威风已不复存在；经济上，昔日逆来顺受的"小羔羊"，今天已成为强有力的竞争对手；军事上，苏联又摆出咄咄逼人的架势。面对这种局面，美国国内对反垄断产生了争论。而恰逢此时，芝加哥学派得势，其代表人物在政府担任了要职，天时地利人和，于是调整了反垄断政策。

此后的20多年，美国基于提高企业国际竞争力的考虑，政府一反常态，改变了以往的做法。不仅不再"反大"，反而对大企业兼并推波助澜。1997年，波音与麦道（麦克唐纳－道格拉斯公司）"联姻"，组成了航空业"巨无霸"。1998年，埃克森与美孚两兄弟在分离了87年之后，再度聚首。1998年，美国国民银行与美洲银行合并，缔造出了新的金融帝国。

这里要解释的是，1997年，美国司法部将微软推上被告席，最后法院裁决将其一分为二。给人的感觉，美国似乎还是"反大"。实则不是。司法部状告微软并非微软规模大，而是它阻止其他软件供应商进入市场，妨碍公平竞争。当年美国司法部副部长曾明确讲："法律不会阻止你垄断，但是，如果你滥用垄断权力，法律就会坚决制止。"

读者要仔细琢磨这句话。的确，垄断不等于滥用垄断权力。在经济学教科书里，垄断通常分为三类：行政垄断、自然垄断、技术垄断。毫无疑问，前两类垄断会在一定程度上限制竞争，容易滥用垄断权力，故需盯紧看严；可技术垄断不同，一家企业技术创新并不能排斥其他企业创新。尊重创新企业的觅价权，可以激励创新，当然不能反对。

最后，我想说说美国反垄断带给我们的启示。主要有两点。第一，不能简单根据企业规模或市场占有率定义垄断，反垄断并不是"反大"。美国曾有这方面的教训，是前车之鉴。第二，反垄断应重点反不公平竞争，不可将创新企业的觅价行为，当作"滥用垄断权力"或"掠夺性定价"予以处罚，要防止反垄断伤及无辜。

# 市场常态是垄断竞争

> 在现实生活中竞争与垄断并不完全对立。一方面，由于产品存在差异，竞争性企业有可能存在某种程度的垄断；另一方面，由于市场上存在大量的生产者，垄断企业也同样面临竞争。市场常态是垄断竞争。既然垄断与竞争无法截然分开，那么在反垄断的同时是否也会限制竞争？

关于反垄断我写过多篇文章，在《从等价交换看反垄断》一文中我指出，国家应该反对的垄断，是欺行霸市、强买强卖等违背"等价交换规则"的行为；而《反垄断不是"反大"》一文，则分析了美国反垄断从最初"反大"转向"反不公平竞争"的背景和原因，并指出反垄断应精准发力，防止伤及无辜。

提出这样的问题，绝不是无的放矢。时下流行的观点是，繁荣来自竞争，而垄断企业则会排斥竞争。为何垄断企业能排斥竞争？经济学的传统解释是，由于此类企业规模过大，市场占有率过高，因而取得了"市场支配地位"；而企业一旦拥有了市场支配地位，往往就会实行掠夺性定价，排挤打压中小企业。

这种解释似乎不无道理，而且之前我也是这样看的。大约25年前读英国经济学家罗宾逊1933年出版的《不完全竞争经济学》，我受到启发，便对传统的反垄断理论产生了疑问：现实生活中的市场常态是完全竞争还是垄断竞争？企业的市场支配地位是否就由市场占有率决定？市场占有率高的企业是否真能实行掠夺性定价？

长期以来，在人们的观念里，"竞争"与"垄断"是两种对立的状态。要是做纯理论分析，当然可以这样看。可现实中的市场常态，却并不是"完全竞争"，也不是"完全垄断"，而是"垄断竞争"。根据经济学的定义，完全竞争有四项约束：市场有大量买者与卖者，谁也不能独立定价；产品同质，没有差异；信息充分；要素自由流动。

显然，完全竞争只是一种理论上的假想状态，真实世界不可能存在。举浙江"义乌小商品市场"的例子，12年前我曾到那里考察，看到有多家商铺批发打火机，而其中有一家卖"防风"打火机，价格高出其他商铺所卖打火机的一倍。同样是打火机，价格为何会有差异？原因是产品有差异。产品有差异，当然不是完全竞争。

相对普通打火机，防风打火机的技术含量确实要高一些，也正因如此，生产商才有一定的定价（垄断）权。不过，这并不意味着该厂商就能独立定价。从需求角度看，由于市场有大量的替代品，若定价过高，会有消费者放弃购买，转去购买替代品；从供给角度看，防风打火机"价高利大"，其他厂商也会生产，这样会使竞争更激烈。

从上面的例子可以看出，在现实生活中竞争与垄断并不完全对立。一方面，由于产品存在差异，竞争性企业有可能存在某种程度的垄断；另一方面，由于市场上存在大量的生产者，垄断企业也同样面临竞争。而问题就在这里：既然垄断与竞争无法截然分开，那么在反垄断的同时是否也会限制竞争？

或许有人说，反垄断主要是反对企业利用市场支配地位排除竞争的行为。企业间竞争，必然会造成优胜劣汰。可我们怎样判断一个企业是否利用了市场支配地位呢？或者，哪些企业能够拥有市场支配地位？目前学界主流的看法是，根据经营者的市场份额判定：市场份额越大，其"市场支配能力"就越强。

事实上，目前的反垄断法就是这样判定的：若一个经营者在相关市场的市场份额达到1/2，两个经营者在相关市场的市场份额合计达到2/3，三个经营者在相关市场的市场份额合计达到3/4，则可推定具有市场支配地位。我不否认经营者的市场支配地位与市场份额有关，但却不赞成上面的推定。

由"市场份额"推定市场支配地位，背后的逻辑其实就是"反大"，而且上面所说的"相关市场"在操作上很难界定。即便按照欧美流行的 SSNIP（数额不大但很重要且非临时性涨价，Small but Significant and Non-transitory Increase in Price）方法能够界定相关市场，但问题是，国内某个企业市场份额超过 50% 就一定就要反对吗？今天的市场竞争是全球竞争，那样做岂不是令"亲者痛，仇者快"！

有学者解释，市场占有率高的企业容易滥用市场支配地位，实行掠夺性定价。此观点并不完全正确。我曾说过多次，企业的市场支配地位主要来自两个方面：一是政府特许经营授权，二是关键核心技术。前者为"行政垄断"，后者为"技术垄断"。行政垄断由政府授权，别人无法竞争，确实有可能实行掠夺性定价。比如国内的"烟草专卖"，若国家不限价，价格肯定比现在高得多。

可是技术垄断企业不同，它们虽可以觅价（自主定价），但由于存在大量的竞争者或潜在竞争者，所以不可能实行掠夺性定价。若某企业无视市场供求状况将价格定得过高，产品需求会减少，那样反而会让竞争对手乘虚而入，让自己陷入被动；反过来，若为了打击竞争对手而低于成本定价，则无异于"自杀"：产品销售越多，企业亏损就会越严重。

放眼中外，"低于成本定价"的案例并不多见。20 世纪初，美国烟草公司与标准石油公司曾尝试过，结果皆成悲剧。读者想想，企业竞争怎能靠"亏损"取胜呢？仍以打火机市场为例，假定你生产防风打火机，我生产普通打火机，若你为了打压我的产品，将产品低于成本定价，你猜我会怎样做？我会立即买进你的产品，而等到你无力支撑时高价卖出，并继续生产我的产品。

归纳上述分析，可以得出三点结论：第一，市场常态不是完全竞争，也不是完全垄断，而是垄断竞争；第二，不宜用"市场份额"判定企业是否具有市场支配地位，更不能认定企业市场份额大就一定会滥用市场支配权力；第三，技术垄断企业觅价并非掠夺性定价，反垄断应针对欺行霸市、强买强卖等不公平竞争行为，而且重点是行政垄断。

# 技术垄断不排斥创新

> 企业判断一项技术是否先进,不会只看技术的新旧,而会重点看技术是否具有更高的市场推广价值。受"优胜劣汰"竞争规律的约束,技术垄断企业不可能拒绝使用先进技术。相反,为了取得竞争优势,它们会不断创新技术,所以不应将反垄断的矛头指向技术垄断企业。

今天学界仍有不少人认为,技术垄断企业会凭借市场支配地位锁定现有技术,阻碍效率更高的新技术进入市场。1985年,经济学家保罗·戴维在《美国经济评论》上发表论文,并以"键盘"为例对上述观点做了论证。他的分析逻辑是,技术垄断容易让用户对"旧技术"形成路径依赖,从而排斥技术创新,导致市场失灵。

键盘的例子是这样的。19世纪70年代，当时打字机生产工艺尚不完善，字键击打后回弹速度较慢，若击键过快，字键会绞合在一起造成堵塞。后来有一位叫肖尔斯的编辑设计了一种键盘，将使用频率高的"O""S""A"让最笨拙的无名指或小指击打，而使用频率低的"V""J""U"却放在最灵活的食指之下。如此一来，便降低了打字员的击键速度，绞键问题迎刃而解。

"QWERTY"键盘进入市场后，大受欢迎，并于1868年获得专利。可到了20世纪30年代，随着生产工艺的进步，字键回弹速度大大加快。于是德沃夏克将字母重新排列，设计了一款新的简易键盘，可以提高打字速度，并于1936年申请了专利。可他没想到，新键盘并不为多数人所接受，市场上无法推广。

新键盘的打字效率更高，市场为何难以推广呢？据保罗·戴维分析，有两个方面的原因：一方面，打字员习惯了使用旧键盘，不愿再学习使用新键盘，而且办公室也不配置新键盘打字机；另一方面，办公室不配置新键盘打字机，是因为找不到受过训练的打字员。而归根结底，是旧键盘的市场占有率过高，旧技术形成了垄断。

然而，也有学者不赞成戴维的解释，认为新键盘之所以不被普遍采用，是新键盘并不比旧键盘更有优势。如微软创始人比尔·盖茨曾反驳说："英文打字机和计算机键盘上的字母按

QWERTY 顺序排列，并没有一条法律要求必须这样做，可大多数用户却执着于这种标准。只能说明，这样的排列比其他排列更加行之有效。"

其实，戴维说新键盘优于旧键盘是有实验数据支撑的。据他介绍，美国海军部曾做过一项实验：打字员使用新键盘，每分钟可打 108 字，而使用旧键盘，每分钟只能打 56 字。他由此得出结论说："若将旧键盘比作牛，那么新键盘则是吉普车，无论对牛怎样刺激，速度也不可能赶上吉普车。"

听上去，戴维的分析有理有据，可宾夕法尼亚大学教授斯特朗却提出了质疑。理由是，海军部的那次实验是由德沃夏克指导进行的，而他不仅拥有新键盘的专利，还从卡内基教育委员会获得了 13 万美元的经费，属利益当事人，实验数据的可信度不高。后来，斯特朗也组织过实验，每 10 人一组，结果显示，使用新键盘的一组与使用旧键盘的另一组相比，打字速度并无明显优势。

不知读者怎么看。在我看来，德沃夏克虽是新键盘的专利拥有人，但我不认为他会对数据造假；同时，我也相信斯特朗的实验数据是真的。两人实验的结果不同，原因不难理解。打字速度的快慢，不单取决于打字机，也取决于打字员。要知道，人们在学习打字方面的禀赋是有差异的，若让禀赋差的人使用新键盘，让禀赋高的人使用旧键盘，新键盘的优势自然显现不出来。

想深一层，新键盘打英文字更快，这一点早有定论，不必争论，也用不着再做实验。前面说过，当年肖尔斯设计"QWERTY"键盘的初衷，就是减缓打字员的击键速度，而事实证明也确实能达到这一目的。德沃夏克改变了旧键盘的字母排列，将使用频率高的字母放在更灵活的手指之下，打字速度无疑要比旧键盘更快些。

不过尽管如此，我也不同意戴维的观点。新键盘无法推广，并非技术垄断企业锁定旧技术，因为它们不可能，也无法锁定旧技术。可证伪的例子是：几十年前，"大哥大"的市场占有率非常高，可当小型手机推出后，"大哥大"很快就被替代，今天市场上已不见踪影。请问，原来生产"大哥大"的企业为何不锁定旧技术？不是它们不想锁定，而是锁定不了。

对新键盘为何不能替代旧键盘，我认为应从用户与供应商两个角度分析。从用户角度看，自1946年第一台电脑问世后，人们改用电脑打字，可电脑并非只用于打字，同时也用于工程设计、数据处理、财务管理等。对多数用户来说，打字并非最重要的功能；除了专业打字员，一般用户也不看重打字速度。比如我用电脑写文章，写作速度不快，从不觉得是自己打字慢，而是思考得慢。

从供给商角度看，电脑生产商不采用新键盘，虽有节省成本的考虑，但主要是考虑键盘的通用性。是的，新键盘打英文的速度更快，可打中文的速度却不见得快。英文使用频率高的字母，与汉语拼音使用频率高的字母不完全相同，法文、俄文、日文等也如此。电脑生产商要满足全球用户需求，当然没必要改用新键盘。

戴维的文章迄今已发表37年，学界一直在争论。有学者指出，"新键盘优于旧键盘"不过是戴维为人们编造的神话。我的观点，新键盘在英文打字方面确有优势，但在通用性方面却明显不足。换句话说，目前电脑生产商之所以不采用新键盘，真正的原因，不是它们锁定旧技术，而是新键盘不具有足够的市场推广价值。

留心观察，不仅仅键盘是如此。企业作为市场主体，判断一项技术是否先进，不会只看技术的新旧，而会重点看技术是否具有更高的市场推广价值。受"优胜劣汰"竞争规律的约束，技术垄断企业不可能拒绝使用先进技术。相反，为了取得竞争优势，它们会不断创新技术，所以不应将反垄断的矛头指向技术垄断企业。

# 企业为何掠夺性定价

> 独占企业无须"低于成本定价";寡头企业有可能"低于成本定价",但最终不可能成功。若寡头企业长期"低于成本定价"却不倒闭,用经济学逻辑推理,背后一定有"政府补贴"。这种补贴不一定是给钱,更多是提供特殊优惠政策。由此说,反对掠夺性定价,关键是要取消那些妨碍公平竞争的优惠政策。

企业掠夺性定价已成过街老鼠,人人喊打。何为掠夺性定价?经济学的解释是,某企业为了排挤竞争对手,故意将产品"低于成本定价";而等到竞争对手退出市场后,再提高价格,牟取高额利润。现实中真有企业"低于成本定价"吗?当然有,至少历史上出现过。不过,结果大多弄巧成拙、事与愿违。

国际贸易中也有一个对应的概念：倾销。意思是，企业在海外销售商品的价格低于国内的销售价格。起初我不理解，既然商品在国内可以卖高价，为何要舍近求远到海外去卖低价呢？思来想去，合理的解释是，国家急需外汇，为鼓励出口，政府补贴了出口企业。若政府不补贴，企业绝不会做这种赔本赚吆喝的事。

倾销的前提是政府补贴。从这个角度看，所谓反倾销，其实质是反政府补贴。由此类推国内掠夺性定价，我们也需要追问：企业"低于成本定价"是否也有前提？若有，前提为何？如果说反倾销是反政府补贴，那么反掠夺性定价应该反什么？我写这篇文章，就是要重点讨论这个问题。

关于掠夺性定价的前提，目前学界主流的观点是，企业拥有市场支配地位，或者换句话说，企业具有市场支配地位，才可能实行掠夺性定价。可我却不这样看。恰恰相反，在我看来，具有市场支配地位的企业不会轻易采用掠夺性定价，而且也无须掠夺性定价。对企业来讲，"低于成本定价"无异于自废武功，得不偿失。

为何这样说？为方便理解，我分别对"完全垄断""寡头竞争""完全竞争"等三类市场进行分析。

首先看"完全垄断"。此类市场由某个企业独占，只此一家，别无分店。显然，在这种情况下，企业用不着"低于成本定价"：当产品供不应求时，它会进一步提高价格；而当产品供大于求时，则会调减产量，不会降价，更不会低于成本定价。读者想想，既然市场上不存在其他竞争对手，企业"低于成本定价"岂不是发神经？我敢肯定，读者举不出一个这方面的例子。

其次看"寡头竞争"。此类市场虽有大量中小企业存在，但主要由少数几家强势企业控制。这是说，市场上既有强势企业与中小企业竞争，也有强势企业之间的竞争。问题就在这里：假定甲、乙两个强势企业分别为该行业的"老大"和"老二"，若甲企业为了打压中小企业实行"低于成本定价"，代价当然是自己亏损，而让乙企业坐收渔利。请问甲企业为何要那样做呢？

最后看"完全竞争"。我曾说过，"完全竞争"是一种假想的市场状态，现实中并不存在。不过做理论研究倒是可以这样假设。在完全竞争市场，不仅企业数量多，而且企业有强弱大小之分。传统观点认为，处于强势的企业为了扩大市场份额并最终垄断市场，往往会采用"低于成本定价"，排挤那些处于弱势的中小企业。

是的，强势企业确实有垄断市场的意图，不过想通过"低于成本定价"垄断市场怕是难以如愿。举个例子，假如你是一家强势企业的老板，你将商品低于成本定价，目的无非是给竞争对手释放"无利可图"的虚假信号，以此诱使对手主动退出市场。可竞争对手和你生产的是同一种产品,怎会不知道你的信号是假的?若中小企业知道你的信号是假的,自然不会退出市场。

或许有人说,寡头企业为了共同打压中小企业,可以联起手来"勾结定价"。不排除这种可能,可寡头企业并非铁板一块,存在各自的利益,不可能长期"勾结"。20世纪90年代初,国内家电生产过剩,相互打价格战,当时四大家电"巨头"南下广州签订"停战协议"。可后来呢?价格战还是照打不误。

我说寡头企业不可能长期"勾结",理由简单。一方面,若寡头企业"低于成本定价",根据供求原理,产品价格大幅度下降,市场需求会大幅度增加。面对急剧增加的需求,必须提供足够的产品予以满足,否则产品供不应求,需求会拉动价格上升,"勾结定价"便会不攻自破。若要维持"勾结定价",寡头企业就得不断扩大生产(供给),可产品销售越多,亏损就会越严重。

另一方面,应对寡头企业"勾结定价",中小企业有两个选择。一是主动缴械,退出市场。可退出市场会让前期投资血本无归。二是坚守阵地,与寡头企业打持久战。中小企业主不蠢,明知对方"勾结定价"是短期策略,而且此时市场上的商品卖价已低于生产成本。它们不仅不会退出市场,反而会大量购进商品。等到寡头企业无力负担亏损时将商品高价卖出,则可一举翻盘。

当然,在寡头企业的联合打压之下,难免会有一些竞争者退出市场,但这并不代表掠夺性定价大功告成。要知道,市场上既有看得见的竞争者,也有众多看不见的潜在竞争者。寡头企业一旦提高价格,原来退出的竞争者有可能重新返回,而那些潜在的竞争者也可能进入市场。如此一来,寡头企业"勾结定价"的所有努力将付诸东流,前后算总账,必是得不偿失。

再来说一说掠夺性定价的前提。前面分析过,独占企业无须"低于成本定价";寡头企业有可能"低于成本定价",但最终不可能成功。若寡头企业长期"低于成本定价"却不倒闭,用经济学逻辑推理,背后一定有"政府补贴"。这种补贴不一定是给钱,更多是提供特殊优惠政策。所以我的结论是,反对"掠夺性定价",关键是要取消那些妨碍公平竞争的优惠政策。

# 第九章

## 迈向共同富裕

### "三次分配"的制度安排
（2021年9月8日）

### 不宜过度渲染收入差距
（2020年1月11日）

### 怎样衡量收入差距
（2020年3月5日）

### 扶贫应兼顾效率
（2020年3月15日）

### 共同富裕不是"均贫富"
（2021年11月24日）

# "三次分配"的制度安排

> 随着人们的财富增多,财富的边际效用会递减。当财富积累到一定程度时,人们就会用自己的财富去换取社会尊重。今天内地许多高校都有"逸夫馆"或"逸夫楼",教学设施用邵逸夫的名字命名,正是为了满足捐助人获得尊重的需求。

亚当·斯密在1759年出版的《道德情操论》中说,"同情心"和"功劳感"是人类与生俱来的情感特性。正因为人类有这种特性,社会上才有人肯为慈善公益事业慷慨解囊。从分配的角度看,捐助慈善公益在某种程度上可以改变收入结构,但却又不同于"初次分配"与"再分配",所以有学者将其定义为"三次分配"。

"三次分配"最早由国内学者提出,后来写进了党的十九届四中全会决定。2021年8月，中央财经委员会第十次会议强调，构建初次分配、再分配、三次分配协调配套的基础性制度安排。于是此话题再度引起社会关注，那段时间媒体刊发了不少讨论三次分配意义的文章，我这里不再重复，本文将重点就三次分配的制度安排做分析。

学界有一种流行解释：初次分配是企业内部按生产要素的贡献分配，体现"效率"原则；再分配是政府通过税收和转移支付调节贫富差距，体现"公平"原则；三次分配则是人们主动捐助，体现"自愿"原则。骤然听，以上解释似乎是对的，然而仔细推敲，却似是而非。

事实上，"效率""公平""自愿"三者并非对立，而是相辅相成的。读者想想，初次分配按"贡献"分配，怎能说只体现效率而不体现公平呢？难道按"贡献"论功行赏不是公平？其实，政府通过再分配调节收入差距不仅体现公平，同时也体现效率。早在100多年前，庇古提出"收入均等化定理"，该定理指出，由于一元钱的效用对穷人要比对富人大，将富人的部分收入转移给穷人，可提升社会整体福利。

说三次分配体现"自愿"原则当然没错。不过在我看来，这并不意味着三次分配就无须考虑公平与效率。也许有人说，人们捐助慈善公益事业会考虑公平，但不会考虑效率（利益）。我不同意此种说法。经济学行内读者知道，人的行为选择，皆是在特定约束下追求利益最大化。捐助作为一种行为选择，当事人怎可能不考虑效率（利益）呢？

我曾多次说，市场经济的分配，实质是等价交换。比如初次分配，其实就是给不同要素使用权定价。企业若希望某种要素发挥更大作用，那么就得为其支付更高的对价；再分配也如此。人们若希望政府提供公共服务，那么就得给政府缴税。征税之所以具有强制性，是因为你享受了公共服务，必须支付对价。

当下的困难，在于三次分配。人们自愿的捐助行为是否需要支付对价？对此学界看法不一。我的观点是，若要引导人们的捐助行为成为常态，就得有支付对价的制度安排。毛泽东同志曾经讲过，一个人做点好事并不难，难的是一辈子做好事。要是没有相应的激励与约束，赏罚不明，确实很难让人一辈子做好事。若有了支付对价的机制，对捐助人无疑是一种有效的激励。

最近有学者写文章，建议国家尽快出台财产税和遗产税法，认为此举可强化富人的捐助意愿。我赞成开征财产税和遗产税，但目的不能定位于逼富人捐助。第一，政府征税属于再分配，并不是三次分配；第二，用征税的办法逼富人捐助，税率要足够高才能起作用；第三，征税是一把双刃剑，税率过高势必影响人们的预期，抑制人们创造财富的动力，结果反而会事与愿违。

我理解，中央强调发挥三次分配的作用，并不是强迫高收入者"均贫富",而是要借助一定的制度安排,激励人们自愿捐助。现实生活中,激励人们捐助的办法很多,但万变不离其宗,最关键的一点是,要为捐助人支付对价。当然,我这里所说的"对价",不是给捐助人支付货币,而是要有针对性地满足捐助人的需求。

那么捐助人的需求是什么呢?对此我们不妨借助马斯洛的需求层次原理来分析。我们知道,马斯洛将人类需求分为五个层次:生理需求、安全需求、社交需求、尊重需求、自我实现需求。归纳起来,这五个层次的需求也可分为"物质需求"与"精神需求"两大方面。一般来讲,低收入者更看重物质需求,中高收入者更看重精神需求。

根据经济学的"边际效用递减规律",随着人们的财富增多,财富的边际效用会递减。当财富积累到一定程度时,人们就会用自己的财富去换取社会尊重。邵逸夫是香港著名电影制作人,可我尊重他并不是因为看过他制作的电影,而是他为我的母校捐建图书馆。今天内地许多高校都有"逸夫馆"或"逸夫楼",教学设施用邵逸夫的名字命名,正是为了满足捐助人获得尊重的需求。

有个问题想问读者,美国慈善业为何如此发达?你可能答与美国经济发达有关。但我认为还有另一个重要原因,那就是美国有许多人信奉基督教,希望下辈子能进天堂。基督教教义讲,基督徒来世要进天堂,今世就得努力挣钱、努力省钱、努力花钱。努力省钱是指自己消费要节俭，而努力花钱是对捐助慈善要慷慨。是的，美国企业家热衷慈善，是他们有来世进天堂的精神需求。

中国的文化传统不同，国内企业家捐助慈善，所希望得到的对价是"社会荣誉"（功劳感）。现在的问题是，怎样赋予捐助人对等的荣誉？我提三点建议：第一，将"慈善家"称号分出不同层级，并由国务院制定统一标准；第二，不同层级的"慈善家"称号皆由各级人民政府授予，其他机构不得滥用；第三，营造崇尚慈善家的舆论氛围，让慈善家有"功劳感"，得到全社会的尊重。

## 不宜过度渲染收入差距

> 扶贫助弱，政府责无旁贷。可政府不会点石成金，财力所限，脱贫致富得有先后，不能毕其功于一役。既如此，对尚不富裕的群体，学界应做的是引导人们正视现实，而不是过度渲染"差距"，助长不满。那样除了博得掌声，对社会和谐有害无益。

当前收入分配存在差距是事实，政府当然不能袖手旁观，而应该采取措施，逐步缩小这种差距。不过我这里想说的是，在现阶段学界不宜过度渲染"收入差距"。共同富裕是我们的目标，不可能一步到位，而且共同富裕也不是搞平均分配。若过度地渲染或者夸大收入差距，无益于社会和谐，甚至会导致社会不稳定。

我小时候读《三字经》，对开篇讲的"人之初，性本善"，那时并没有怀疑过。后来进大学读经济,知道亚当·斯密说人性自私,是主观利己、客观利他。我大惑不解。曾请教过老师,老师回答说,经济学要推断人类的行为选择,就应该做这样的假设。

"性善"到底是不是人类与生俱来的天性并非本文重点,不过人过中年后,经历的事多,见过光明磊落的君子,也遇到过心底阴暗的小人。但不论哪一类,我个人的看法,多数人都有同情心。古代劫富济贫的绿林好汉,现代乐善好施的阔佬,不是说他们都有高尚的情操,但用同情心解释其善举,不会错到哪里去。

是的,人类有同情心。可想而知,假如现在有人撰文,大声疾呼政府多提供社会福利,不管用何理由,也不管说得是否在理,拍手叫好的一定多;相反,若有人不识时务,指出其逻辑纰漏,就算你说得对,也会千夫所指。有现成的例子,当年撒切尔夫人为医治英国的"福利病",曾有意削减福利,结果触犯众怒,就连她的母校牛津大学都不肯授予她"荣誉博士学位"。

所以我有一种担心,今天我们讨论扶贫,会不会一样缺乏理性?扶贫我当然赞成,也写过多篇文章。但以国家现有的财力,究竟怎样做才能既帮助穷人又促进社会和谐?对于这一重要问题,应冷静处理。遗憾的是,当下学界关注的重心,似乎只在收入差距方面。参加了几次学术沙龙,听学者谈"差距",

大开眼界；没想到的是，有人根据国内的基尼系数得出已经"两极分化"的结论。

相信这些学者的善意，也不否认他们的责任感。但我不明白，过度地宣扬"差距"，对社会和谐的好处在哪里。中央提出"注重公平"，无论如何是要提升国民的幸福，促进社会和谐，而不是搞贫富对立。何况经济学说得清楚，幸福虽与收入有关，但不完全是一回事，诺贝尔经济学奖得主卡尼曼教授做过调查，美国人的收入与50年前比多了3倍，但今天美国人的幸福程度，却并不见得比"战前"高。

其实，幸福作为一种感受，不仅取决于收入，也来自人们比较的参照。说我个人的经验。早年在乡下种地，面朝黄土背朝天，煞是辛苦，但只要能吃饱肚子，就会觉得幸福。为何？因为那时经常忍饥挨饿，对比的是穷日子。改革开放后人们丰衣足食，不承想不满足的人反而多了，"端起碗来吃肉，放下筷子骂娘"。何故？是比较的参照变了。我现在做教授，月入近2万元，比从前心满意足；但若硬要我去跟那些日进斗金的明星大腕比，岂不郁闷得要跳楼？

幸福来自比较的参照，读者应该有类似的经历。比如你去一家小店就餐，一杯清茶收你30元，也许你会不乐意；但当你到五星级酒店，同样一杯清茶收50元，你为何可以接受呢？原因是你觉得五星酒店的环境与服务好，物有所值。但只要你这么看，就有了固定的参照，而且一旦形成，就会影响到你日后的幸福感受。曾读过奚恺元先生的大作，题目记不准了，但他介绍芝加哥大学塞勒教授的一项实验，印象深，恕我借用一下。

塞勒教授设计了一个场景，一帮躺在海滩上的朋友想喝啤酒，刚好切尼要去附近的杂货店办事，于是他说，可以去为大家买啤酒，但不知多少钱一瓶大家可以接受。经过大家的一番合计，最后出价是1.5元。切尼又问，如果杂货店不卖，而去旁边的酒店买，各位肯出多少钱？又经过一番合计，出价竟是2.65元。想问读者，啤酒是标准品，从不同的地方买同样的啤酒，出价为何会有差异？答案是，人们对比的参照不同。

实验接下来是，切尼以2元的价格买回了啤酒。起初他告诉朋友，说啤酒是从酒店买来的，大家听了很高兴，比预期的价格低，认为得了便宜，于是开怀畅饮；可没等大家喝完，切尼又道出真相，说啤酒买自杂货店，结果大家垂头丧气，一个个都觉得吃亏。有趣吧，同样的啤酒，同样的花费，只要说不是买自酒店，人们的幸福感陡然消失。

这让我想起早年"忆苦思甜"的例子。今天的年轻人不知，在我的中学时代，学校常有忆苦会。主讲人都是旧中国苦大仇深的穷人，听他们讲日本人如何在中国烧杀抢掠，国民党如何横征暴敛，地主老财如何欺压百姓，辛酸的故事曾令我泪流不止。如今回顾，当年的忆苦会，让我受益良多。至少在当时那个缺吃少穿的年代，感觉自己是幸福的。

今非昔比，社会在进步，当然不能教人安于贫困。写这篇文章，也无意为政府开脱。相反，我的观点，扶贫助弱，政府责无旁贷，理当竭尽全力。但困难的是，政府不会点石成金，财力所限，脱贫致富得有先后，不能毕其功于一役。既如此，对尚不富裕的群体，学界应做的是引导人们正视现实，而不是过度渲染"差距"，助长不满。那样除了博得掌声，对社会和谐有害无益。

空谈误国。真正关心穷人的学者，献爱心最好拿出实际行动来。

## 怎样衡量收入差距

> 不少人以为基尼系数反映的是收入差距，其实它所反映的主要是财产差距。比如有人讲中国 20% 的人口拥有 80% 的财富，显然说的是财产而非收入。如果基尼系数高是指财产差距大，那么只调节收入而不调节财产岂不是避重就轻？

读者对基尼系数应该不陌生，此系数一直被看作衡量"收入差距"的指标。关于目前我国的基尼系数，最近有好几个版本，而官方发布的数字为 0.46。我没见到具体的数据样本，是怎么算出来的不得而知。既然是官方发布，权威性当然不用怀疑。不过对我写这篇文章来说，具体数字是多少不重要，重要的是怎样测算基尼系数才能真实反映收入差距。

人们拿基尼系数说事，是希望政府重视收入差距。不过测算基尼系数，应先弄清楚何为收入。举个例子，某民营企业一年利润 2 000 万元，而某员工一年工资 10 万元，请问企业 2 000 万元的利润算企业主的收入吗？倘若算，那么企业主的收入就是员工工资的 200 倍，差距可谓大也。问题是，员工工资多数用于个人消费，而企业利润少量会用于企业主消费，大量却用于投资，两者肯定有不同。读者是否注意到其中的分别呢？

说到收入，不能不提到美国经济学家费雪。当年费雪写那本大名鼎鼎的《利息理论》，开篇就讲"收入是一连串事件"。什么意思？费雪用三个概念解释。一是享用收入。费雪强调，货币只有当用于购买食物、衣服、汽车等进行享受时才成为收入。二是实际收入。享用收入是心理感受，没法量度，所以费雪认为可以用实际收入（生活费用）来近似反映，比如我们吃晚餐或看电影，其享受虽无法用金钱衡量，但却知道花了多少钱。三是货币收入。这个简单，就是指所获取的用于支付生活费用的货币。

很显然，在费雪那里，所谓"收入是一连串事件"是说收入是一连串的消费（享受）。他讲得很形象，以家庭门限为界，不管你赚多少钱，把面包、黄油、衣服、汽车等买进家门并立即消费了是收入，否则就不是收入。还是上面的例子，某企业主一年进账 2 000 万元，若生活费用为 20 万元，那么这 20 万元是他的收入，剩下的钱若存银行是储蓄，买了机器是投资。但无论是储蓄还是投资，都是企业主的财产（资产）而非收入。

费雪如此界定收入，或许有人不同意，因为不仅教科书上不这么说，与人们的惯常理解也大相径庭。而我却接受费雪的收入定义，因为只有用他的这个定义才能解通世事。举我自己的例子。当年我从人大毕业求职，本可去一家外企，月薪3 000元，也可到中央党校任教，月薪300元，可我最后还是选择了党校而放弃外企。为何？外企薪酬虽是党校的10倍，可党校能提供住房，外企却没住房，两相比较，在党校教书的收入（消费）并不低于外企。

以上说的是自己选择职业，若再换个角度，让我与那些私企老板比又如何？昔日师友今天在商界成功的不乏其人，人家开公司日进斗金，而我做教授月入不足2万元，你认为我会羡慕他们吗？说实话，一点没有是假的，但如果你认为我会后悔当初自己没下海就错了。曾与一位做老板的师兄探讨过，表面看，他的收入（生活费用）确实比我高，但除开商界应酬，单论个人收入（消费）其实相差无几，至少没有原来想象的大。

绝不是吃不着葡萄说葡萄酸。我说自己与老板（师兄）收入相若，那仅是从个人消费看；若转从财产看就不同了，他资产过亿，而我呢？除了所住的房子别无其他，两者当然没法比。由此见，我等工薪阶层与私企老板的差距，主要是在"财产"而不在"收入"。不信你再去读读《资本论》，会发现马克思揭示资本积累趋势也是从财产角度讲的，所谓财富积累与贫困积累，比较的并不是资本家与劳动者的个人收入。

回头再说基尼系数。有一个误会需要澄清：不少人以为基尼系数反映的是收入差距，学界也有人这么看，其实这个看法是错的。基尼系数虽也包含收入差距，但那仅是一小部分，无足轻重，它所反映的主要还是财产差距。比如有人讲中国20%的人口拥有80%的财富，显然说的是财产而非收入。于是就带来了一个问题，如果基尼系数高是指财产差距大，那么只调节收入而不调节财产岂不是避重就轻？

是的，比起收入差距，目前财产差距的确更大，也正因如此，与其调收入，不如调财产。再说，政府调收入的办法也并不多。前文讲，收入即消费。这样调收入实际是要调消费。问题是消费怎么调？最近拜读了不少学者的文章，说来说去似乎就两条，即对工资"限高"或者"提低"，可困难在于工资乃劳动力之价，高低要由市场定。政府"限高"只能针对国企，对私企则鞭长莫及。当然，政府可提高法定最低工资，但前提是得先减税，若只加工资不减税，失业增多反而麻烦更大。

至于如何调财产，限于篇幅我只说重点。第一，将农村资源变资产，并为农民资产确权。农民有了财产权，才能取得财产性收入。第二，对财产课税。现在不少富人到处买房置地，你钱多买什么别人管不了，但政府要调财产应对其征税。第三，开征遗产税。此事已说过多年，但不知为何至今未开征，也不知究竟难在哪里，再久拖不决，财产差距会越拉越大。

# 扶贫应兼顾效率

> 建立扶贫长效机制应把握三大原则：第一，要把防止两极分化作为调控底线；第二，调节收入分配应首先着力"帕累托改进"，对不存在负外部效应的分配改革应尽快推进；第三，调节贫富差距要兼顾效率，为此扶贫要立足于"造血"，力争将蛋糕做大。

中国"脱贫攻坚战"历时4年，成就举世瞩目：截至2019年底，全国累计脱贫9 300万人，贫困发生率降至0.6%；按照中央部署，余下300万贫困人口也将在2020年底前如期脱贫。当下需要研究的是怎样巩固脱贫攻坚的成果，防止脱贫人口再度返贫。我的观点，只有在公平中注入效率，才能建立起扶贫脱贫的长效机制。

扶贫关乎社会公平，政府当然义不容辞。中央提出"共享发展"理念，让人民群众共同分享改革发展成果，其实就是强调分配公平。应当说，最早系统研究分配公平的思想家是马克思。当年马克思在《资本论》中预言资本主义制度将被新制度替代，其中一个重要原因是，资本主义分配制度导致财富积累与贫困积累两极分化，而一个不公平的分配制度，必然被历史淘汰。

公平分配至关重要，也是人心所向。美国著名学者罗尔斯在《正义论》中举过一个例子：把一群人送到一个远离现代文明的孤岛，让他们一切从零开始，谁也没有财产，也不知自己的未来，这样让他们就"均等分配"与"差别分配"做选择会怎样？罗尔斯断言说，多数人会选择均等分配。

1920年，英国经济学家庇古出版《福利经济学》对"均等分配"做过论证，并提出了"收入均等化定理"。庇古说，即便社会财富不增加，只要收入均等分配便能增进社会福利。他的理由是，穷人的一块钱要比富人的一块钱效用大。富人多一块钱不过是锦上添花，少一块钱也无伤大雅；可对穷人来说，多一块钱是雪中送炭，少一块钱可能影响生存。这样将富人的收入转移给穷人一部分，社会福利会整体增大。

20世纪上半叶，"收入均等化定理"广受关注，并影响过西方国家的收入政策。当然，其间也有不少学者提出质疑，主要有两点。一是认为效用属主观感受，无法横向比较。穷人缺钱可能买不了自行车，富人缺钱可能买不起汽车，故不能武断说一块钱的效用对穷人就比对富人大。二是认为公平与效率同等重要，不能顾此失彼。若只强调公平而忽视效率，长此以往经济会停滞，最后富人也会变成穷人。

其实在庇古之前，意大利经济学家帕累托就提出过关于福利优化分配的标准。在帕累托看来，福利分配的最优状态是指在既定分配状态下，任何改变都不可能使至少一个人的状况变好，而不使任何人的状况变坏。通俗地讲，若不减少一个人的福利，就无以增加另一个人的福利，福利分配若达到这样的状态，便是最优分配。

帕累托还指出，福利分配除了最优状态之外，同时也存在次优状态，即在不减少任何人福利的情况下仍可增加某人的福利，学界称此情形为"帕累托改进"。帕累托强调，只有"改进状态"的收入调整，才可兼顾公平与效率。现实世界真有这种状态存在吗？当然有。我想到的例子是当年中国农村家庭联产承包责任制改革，农民因为改革增加了收入，城市居民收入却并未因此受损。

然而困难在于，收入调整不能仅局限于"帕累托改进"，为了照顾公平，政府有时不得不动富人的奶酪。那么富人的奶酪在何条件下才可以动呢？美国学者卡尔多提出了"假想补偿原则"。顾名思义，所谓"假想补偿"并不是真的补偿，卡尔多的意思是，政府调节收入可以"抽肥补瘦"，但前提是穷人得到的收入要能抵补富人的损失，否则，对改进整个社会福利来说得不偿失。

举例说吧。若用富人100元的收入补贴穷人，穷人的收入因此增加了100元，卡尔多认为这种收入调整可取；若用富人100元的收入补贴穷人，结果穷人的收入只增加80元，穷人增加的收入不仅不能补偿富人的损失，而社会总收入还减少了20元，卡尔多认为这种收入调整则不可取。

问题是，怎样让补贴有效率呢？对此弗里德曼曾有一个设想，即用"负所得税方案"对穷人进行补贴。负所得税的计算公式是：负所得税（政府补贴）= 社会贫困保障线 – 个人实际收入 × 负所得税税率，而个人实际可支配收入 = 个人实际收入 + 负所得税（政府补贴）。弗里德曼说，用这种办法补贴穷人，最大的好处是补贴能同时兼顾公平与效率，可鼓励贫困者通过勤奋劳动脱贫。

请看下面的例子。假定政府规定的贫困保障线为1 000元，负所得税税率为50%，若某穷人的实际收入为1 000元，按上面的公式计算可得补贴500元，最后个人可支配收入（实际收入加补贴）为1 500元；若实际收入500元，可得补贴750元，个人可支配收入为1 250元；若实际收入为零，则可得补贴1 000元，个人可支配收入也只有1 000元。可见实际收入越高，最终个人可支配收入也越高。

综上分析，经济学研究分配从最初的效率优先，逐渐转向注重公平，而今天又强调在注重公平的同时兼顾效率。这一转变，应该对我国开展扶贫有启发。要知道，"贫困"是一个相对概念，由于不同时期"贫困"的标准不同，"脱贫攻坚战"不可能一劳永逸，需要建立长效机制。

怎样建立扶贫长效机制？我认为应把握三大原则：第一，分配公平事关社会稳定，政府要把防止两极分化作为调控底线；第二，调节收入分配应首先着力"帕累托改进"，对不存在负外部效应的分配改革应尽快推进；第三，调节贫富差距要兼顾效率，前提是社会总收入不能减少，为此扶贫要立足于"造血"，力争将蛋糕做大。

# 共同富裕不是"均贫富"

> 推动共同富裕不能"均贫富",国家要严格保护私人财产权,让企业家有安全感;同时要引导企业家合法经营,依法纳税,履行社会责任;再有,政府应承担起扶贫的主要职责,用财政资金扶持贫困群体发展生产、提高收入。

在《怎样衡量收入差距》一文中我说,经济学家在研究收入差距时,应将企业家财产与收入分开。企业家所拥有的厂房、机器设备等是他的财产;而用于衣食住行等方面的费用,才是他的收入。两者不可混为一谈,不然会夸大企业家与普通人的收入差距,误导视听。

人们的幸福感受,不仅取决于自己收入的高低,还取决于收入比较的参照。要是自己与自己比,增加了工资他会感觉到幸福；但要是告诉他，其他同事的工资比他增加得更多，就属他最低，他可能立刻转喜为忧、愤愤不平，之前的幸福感也荡然无存。

所以我一贯的观点是，在现阶段，我们既不能无视收入差距，也不宜过度渲染收入差距，更不能夸大收入差距。最近学界正在讨论"三次分配"，为参与讨论我写了《"三次分配"的制度安排》，不料文章发表后有一位相熟的企业家打电话问："三次分配"何时启动？我明白他担心什么，他是担心"三次分配"是否会"均贫富"。

事实上，中央讲得很清楚，"三次分配"是鼓励人们自愿捐助。可人们为何会有此担心呢？在我看来，是人们一直对"共同富裕"有误解。何为共同富裕？传统观点认为，共同富裕是同等富裕，不存在收入差距。而要消除收入差距，不仅要调节收入增量，还要调节财产存量。所谓调节财产存量，说白了就是"均贫富"。

从理论上追溯，此观念最早来自英国学者莫尔。1516年，莫尔出版了那本著名的《乌托邦》，指出人类的理想社会是消灭了财产私有且人人平等的社会。后来法国学者巴贝夫等人指出，人人平等的社会，收入应该平均分配。再后来，英国经济学家庇古提出了"收入均等化定理"，说收入分配越平均，社会福利就越接近最大化。

这当然是学者的看法。令人不解的是，普通民众知道莫尔、巴贝夫、庇古的并不多，人们"平均分配"的观念从何而来？对此，美国学者罗尔斯在《正义论》中做过讨论。他认为，"平均分配"是人类普遍的价值认同，或者说是人的天性。其实，中国民间也流行"不患寡而患不均"的说法，意思与罗尔斯的解释不谋而合。

有大量事实可以证明。远的不说，以中国为例：改革开放前的 30 年，国家实行的是按劳分配制度，可那时实际搞的是平均主义分配，吃"大锅饭"。改革开放后，国家鼓励一部分人先富起来，虽然人们的收入都有提高，但却出现了"端起碗来吃肉，放下筷子骂娘"的现象。究其原因，是有人对"收入差距"不满，产生了仇富心理。

由此见，目前社会上有人确实存在"平均主义"观念，而且根深蒂固，短期内不可能根除。也正因如此，对推动共同富裕，人们往往会想到"均贫富"。而我要指出的是，共同富裕绝不是"均贫富"。那样做既不符合中央的精神，也有悖于市场经济分配原则，最终不仅不能实现共同富裕，反而会导致共同贫穷。

早在改革开放之初，邓小平就讲，我们坚持走社会主义道路，根本目标是实现共同富裕。而同时又说，平均发展是不可能的。按照他的构想，要鼓励一部分人先富起来，然后让先富带动后富。当年上大学时，有位教授对邓小平的构想做过形象解释。他说好比坐公交车，若乘客不排队，一窝蜂地挤，堵死了车门谁也上不去；要是分先后排队，反而容易上车。

回头看，邓小平当初的构想是正确的。现在的问题是，经过40多年的改革开放，已经有人先富起来了，中等收入人口超过了4亿，那么怎样让先富带后富呢？中央明确讲，非公有制经济财产权不可侵犯；国家宪法也规定，公民的合法的私有财产不受侵犯。这是说，先富带后富不是"均贫富"。

有人说，政府可以鼓励富人捐助。富人愿意捐助当然好，可低收入人口多，捐助怕是杯水车薪。我的观点，政府应支持富人投资创业。要知道，支持富人投资就是先富带后富，而且可取得长效。投资增加，生产的财富会增加，政府税收和就业岗位也会增加。读者想想，社会财富越来越多，国家税收越来越多，政府是不是可以更好地照顾穷人？

倘若不是这样，反过来让人们"均贫富"，效果必事与愿违。听朋友讲过一件真事。张大爷有两个儿子，大儿子在城里打工多年，后来回乡办养鸡场，收入可观；小儿子一直在家种地，至今没娶上媳妇。于是张大爷让大儿子先富带动后富，拿出10万元资助弟弟做生意。结果呢，弟弟不善经营，不到半年便血本无归，而哥哥资金周转不灵，收益也大不如前。

一个家庭如此，一个国家也一样，不能简单"均贫富"。经济学讲，人的行为选择是在特定约束下追求利益最大化。站在富人的角度，国家若不保护私人财产权，富人没有安全感，自然不会放手投资；站在穷人的角度，如果允许"均贫富"，可以坐享其成，他们也不会勤劳致富。

分析至此，我最后的结论是，推动共同富裕不能"均贫富"，应重点做好三件事：第一，严格保护私人财产权，让企业家有安全感，支持他们放手投资，将财富"蛋糕"做大；第二，引导企业家合法经营，依法纳税，履行社会责任；第三，政府应承担起扶贫的主要职责，用财政资金扶持贫困群体发展生产、提高收入。

# 第十章

## 畅通国内循环

### 国际分工可以共赢
（2020 年 7 月 3 日）

### 国内循环为主绝非封闭循环
（2020 年 7 月 9 日）

### 美国为何发动贸易战
（2018 年 4 月 20 日）

### 特朗普减税的前景
（2018 年 2 月 25 日）

### 关于贸易战的冷思考
（2019 年 7 月 24 日）

### 防止"卡脖子"要以卡止卡
（2021 年 5 月 6 日）

## 国际分工可以共赢

> 一个国家要致富,应根据各自的比较成本优势参与国际分工。成本是放弃选择的最高代价,各国确定自己的比较优势应从机会成本角度权衡。自由贸易是国际分工的前提,参与国际分工的国家应共同抵制贸易保护主义,维护贸易自由。

英国经济学家威廉·配第有一句名言:"劳动是财富之父,土地是财富之母。"意思是财富由劳动创造,土地是创造财富的条件。配第的这一思想,后来由马克思继承并发扬光大,建立了以"劳动价值论"为基石的经济学体系。马克思的代表作《资本论》成为经济学三大经典之一,被誉为"工人阶级的《圣经》"。

亚当·斯密其实也认同配第的观点,不过斯密的研究重点是一个国家怎样致富。今天的经济学家公认,斯密 1776 年出版的《国富论》,属经济学的开山之作。可是读者要知道,《国富论》是国内学者的中译名,而这部著作的英文全名是"*An Inquiry into the Nature and Causes of the Wealth of Nations*"(国民财富的性质和原因的研究)。

斯密的《国富论》,从分工起笔,由企业内部的劳动分工推展到产业分工,然后又推展到国际分工。斯密为何要那样浓墨重彩地写分工?因为在他看来,国民财富增长的源泉在分工。或者说,只有通过分工和自由交换,一个国家才能走向富裕。由此见,斯密虽然同意配第的观点,但他认为,分工和交换才是国民财富迅速增长的原因。

对上面的观点,斯密从两个方面做了论证。关于劳动者分工,他指出:"有了分工,同量劳动者能完成比过去多得多的工作量。"著名例子是制针。制针共有 18 道工序,若不分工,一个人一天难以制造一枚,而通过分工,一天可制造 4 800 枚针。原因是:第一,劳动者技能因业专而日进;第二,由一种工作转到另一种工作需耗费时间,而分工则可以避免这种耗费;第三,许多简化劳动的机器发明,使一个人能做许多人的工作。

关于产业分工,斯密提出了一个重要概念——绝对成本优势。所谓绝对成本优势,是指自己与别人比所具有的生产成本优势。比如甲与乙皆能生产大米与棉布,甲生产这两种产品的成本分别为 100 小时/吨和 90 小时/匹，而乙生产这两种产品的成本分别为 90 小时/吨和 100 小时/匹。两相比较，显然生产棉布甲有绝对优势，而生产大米乙有绝对优势。

于是斯密分析说，在上面那种情况下，甲、乙若按各自的绝对优势分工，比如甲专门生产棉布，放弃生产大米，乙专门生产大米，放弃生产棉布，然后用自己的产品去交换对方的产品，彼此互通有无，这样甲和乙不仅可以各得其所，而且可以为双方同时节约 10 小时成本。而利用节约下来的 10 小时（成本），又可生产出更多财富。

以上讨论的甲与乙分工，是一国内部"种植业"与"纺织业"的产业分工。若换个角度，假定甲与乙分别代表两个国家，产业分工就拓展成了国际分工。事实上，国际分工与国内产业分工并无多大的区别，理论原理完全相同。也就是说，只要甲、乙两个国家按照各自的绝对优势进行分工，双方皆能分享国际分工的红利，可以共赢。

斯密的分工理论问世后，有力推动了西方世界的分工与贸易，但也遭到了质疑。当时有学者问：先进国家与落后国家比，也许生产任何产品都有绝对优势，落后国家皆处于劣势，那么先进国家与落后国家是否应该分工呢？面对质疑，斯密并未做出回应，而当时发达国家与落后国家的分工却已兴起，这显然是斯密分工理论的缺陷。

1817 年，大卫·李嘉图出版了《政治经济学及赋税原理》。

在这部著作里，李嘉图对斯密的分工理论做了完善。李嘉图指出，国际分工既可以依据绝对成本优势，也可以依据各个国家的比较成本优势。何为比较成本优势？通俗的解释是，自己与自己比的优势。一个国家与别国比，可能不存在绝对成本优势；但若自己与自己比，矮子里面拔将军，则比较成本优势一定存在。

为解释自己的分工理论，李嘉图设计了一个理论模型。40年前我读到此处时，醍醐灌顶，佩服得要站起来。他假定，10尺毛呢可交换1桶葡萄酒，而英国生产10尺毛呢需100小时，酿造1桶葡萄酒需120小时；葡萄牙生产同量的毛呢和葡萄酒，则分别只需90小时和80小时。两国相比，在两种产品的生产上英国皆不占优势。

可李嘉图接着分析说，假若两国分别自己与自己比，却都存在比较成本优势。英国的比较优势，是生产毛呢；葡萄牙的比较优势，是酿造葡萄酒。若按各自的比较优势分工，英国用100小时生产的毛呢，可换得自己需120小时才酿造出来的葡萄酒；而葡萄牙用80小时酿造的葡萄酒，可换得自己花90小时才生产出来的毛呢。可见分工对双方皆有利。

是的，这正是李嘉图所要证明的结论，即国际分工（贸易）的参与者都是赢家，没有输家。然而令人遗憾的是，此结论迄今尚未成为人们的共识。过去很长一段时期，发展中国家认为自己与发达国家贸易，是受发达国家剥削；而今天发达国家却说，与发展中国家贸易是自己吃亏，发展中国家占便宜。要是理解了李嘉图的分工理论，便可知道以上两种说法都是错的。

写到这里，最后让我总结本文要点：第一，一个国家要致富，应根据各自的比较成本优势参与国际分工；第二，成本是放弃选择的最高代价，各国确定自己的比较优势应从机会成本角度权衡；第三，自由贸易是国际分工的前提，参与国际分工的国家应共同抵制贸易保护主义，维护贸易自由。

# 国内循环为主绝非封闭循环

> 以畅通国内循环为主,并不是封闭循环,而是要疏通国内循环的堵点。当前国内循环的最大堵点是关键核心技术存在短板。习近平总书记多次强调,"关键核心技术是要不来、买不来、讨不来的"。因此,畅通国内循环就必须坚持创新的核心地位,实现科技自立自强。

最近学界正在热议"双循环"。事实上,一个国家只要坚持开放而不闭关锁国,经济运行皆是"双循环"。今天"双循环"问题之所以引起关注,是因为中央提出要"构建以国内大循环为主体、国内国际双循环相互促进的新发展格局"。我写这篇文章是要向读者解释:我国构建新发展格局为何要以畅通国内循环为主?

读者容易想到的原因，恐怕是受新冠肺炎疫情影响。没错，新冠肺炎疫情无疑是重要的原因。2020年初以来新冠病毒肆虐，全球贸易受阻，国内的产业链、供应链也因此受到冲击。为了稳就业，中央早在2020年2月底就提出支持企业尽快复工复产。而当时的困难是，需要进口的原材料进不来，需要出口的产品也出不去。面临这种局面，我们不得不对以往的"出口导向战略"进行反思。

其实我有一个推断：即便没有此次新冠肺炎疫情，中央照样会提出"以国内大循环为主体"。在我看来，新冠肺炎疫情只是触发点。说得更明确些，中央强调"以国内大循环为主体"并不只是为了应对新冠肺炎疫情，这是一项事关长远的重大战略调整。我做这一推断的依据，是经济学关于国际分工与国际贸易的理论逻辑。

从理论上讲，要处理好"双循环"的关系，首先必须弄清楚一个国家应如何参与国际分工。亚当·斯密当年提出要按绝对优势分工。他说，假如英国和葡萄牙生产10尺毛呢与1桶葡萄酒，英国的单位成本分别是100小时与120小时，而葡萄牙的单位成本分别是120小时与100小时，两相比较，英国的绝对优势是生产毛呢，葡萄牙的绝对优势是生产葡萄酒。若两国按绝对优势分工然后彼此交换，双方皆可节约成本。

对斯密的分工理论，后来李嘉图又进行了拓展。李嘉图问：假定10尺毛呢可换1桶葡萄酒，英国生产10尺毛呢需

100小时，酿造1桶葡萄酒需120小时，而葡萄牙生产同量的毛呢与葡萄酒分别只需90小时与80小时，葡萄牙在两种产品的生产上都占绝对优势，英国皆处于劣势，在此情况下英国与葡萄牙是否应该分工呢？李嘉图认为，英国虽没有绝对优势，但也可根据自己的比较优势分工。

对上面的结论，李嘉图解释说，葡萄牙的比较优势是生产葡萄酒，英国的比较优势是生产毛呢。若葡萄牙专门生产葡萄酒，就能用80小时生产的葡萄酒，换取自己用90小时才能生产的毛呢，可节约成本10小时；若英国专门生产毛呢，则可用100小时生产的毛呢，换取自己用120小时才能生产的葡萄酒，可节约成本20小时。可见不具有绝对优势的国家，也应参与国际分工。

应当说，斯密与李嘉图的分析逻辑井然、无懈可击。不过需要提醒读者注意的是，两位大师的分工理论皆暗含一个共同的约束条件，即"国际贸易自由"。要是两国间贸易不自由，比如英国限制葡萄酒的进口，或者葡萄牙限制毛呢的进口，葡萄牙与英国就不会形成分工。这是说，斯密与李嘉图的分工原理只有在贸易自由的前提下才能成立，否则不能成立。

是的，贸易自由是国际分工的前提。而由此想深一层，假若贸易自由，一个国家是否就应该按绝对优势或比较优势参与国际分工呢？德国经济学家李斯特曾提出不同的观点。他指出，财富和财富生产力不是一回事。斯密只强调落后国家可以通过国际贸易买到更便宜的商品，但却完全无视落后国家的生产力进步，可财富的生产力却比财富重要得多。

对此李斯特曾给出一种形象的解释：生产力好比果树，而财富则是生产力（果树）结出的果子。落后国家向别国购买廉价商品，表面上虽然合算一些，但却不利于本国生产能力的提升，甚至会让本国长期处于落后地位。基于此，李斯特提出了"幼稚工业保护论"，意思是，一个国家对关系本国核心竞争力的产业，即便暂时不具有优势也不能放弃，而应该加以保护。

有学者认为，"幼稚工业保护论"是对斯密分工理论的全盘否定，而且李斯特当时也确实将矛头直接指向了斯密。不过在我看来，斯密并没有错。前面说过，斯密分工理论的前提是贸易自由，若贸易不自由，当然就不能按斯密的理论进行分工。

回头再分析前面的问题。构建新发展格局为何要"以国内大循环为主体"？我的回答是，西方贸易保护主义抬头。近年来某些发达国家不断制造贸易摩擦，不仅用高关税阻止中国出口，同时也限制将高科技产品出口给中国，从限买到限卖，无所不用其极。既然国际贸易不自由，别无选择，我们当然得扩内需，以畅通国内循环为主。

要特别指出的是，以畅通国内循环为主，并不是封闭循环，更不是搞大而全、小而全，而是要疏通国内循环的堵点。当前国内循环的最大堵点是，我们的关键核心技术存在短板。习近平总书记多次强调，"关键核心技术是要不来、买不来、讨不来的"。因此，畅通国内循环就必须坚持创新在社会主义现代化建设大局中的核心地位，实现科技自立自强。

我国是一个人口大国，也是世界第二大经济体，人均GDP已超过1万美元，而且有4亿人口的中等收入群体，是全球最大的消费市场。基于此，畅通国内循环，我们应当把扩大内需和供给侧结构性改革结合起来，从需求侧和供给侧同时发力，双管齐下，通过稳就业和调结构不断释放国内需求潜力。

# 美国为何发动贸易战

> 美国发动贸易战并不是为了贸易平衡。对中国商品加征关税,美国可以减少对中国的贸易逆差,但不会改变美国对全球的逆差。中国出口到美国的大多数商品美国自己不生产,不从中国进口就得从其他国家进口。醉翁之意不在酒,他们的真实目的是维护美元霸权。

美国宣布拟对中国部分商品加征25%的关税,看架势是要孤注一掷。而中国商务部表态将奉陪到底。中美贸易战会不会打起来?有专家认为会,也有专家认为不会。经济学说,推断行为要根据约束条件下的利益最大化规律。而推断美国是否真想打贸易战,就要分析打贸易战美国所面临的约束以及美国能否得到最大化利益。

先提一个问题：美国今天已经站在全球产业链的最高端，是国际分工的最大受益者，可美国为何反对自由贸易？亚当·斯密和李嘉图说得清楚，一个国家要分享国际分工的利益，前提是国际贸易要自由。比如有甲、乙两个国家，甲种粮食的成本低，织布的成本高；而乙种粮食的成本高，织布的成本低。只要甲、乙按各自优势分工，然后甲用粮食与乙交换布，则两国可以双赢。

请注意，这个例子暗含了两层意思：一是分工可以提高效率，二是没有贸易自由就没有分工。为何说没有贸易自由就没有分工？还是用上面的例子，假如甲专种粮食而乙专织布，但甲不能用粮食换乙的布，或乙不能用布换甲的粮食，不能互通有无，两国怎可能形成分工？读者想想，美国作为国际分工的最大受益者，反对贸易自由是不是毫无道理？

美国当然不会承认自己没道理。特朗普说，美国对中国商品征收惩罚性关税，是因为美中贸易不平衡，美国长期逆差，中国顺差。听上去似乎在理，但细想其实不对。美国贸易逆差说明什么？说明美国从中国买到了它所需要的商品，而中国却未从美国买到所需要的商品，而只是用商品换回了美元。由此看，中国贸易顺差并不代表中国占便宜，美国贸易逆差也不代表美国吃亏。

想深一层，中美贸易要平衡，对美国来说其实易如反掌。中国政府多次表示希望扩大进口，可美国的高科技产品却始终不卖。自己的商品不卖怎会不产生逆差？再有，"战后"美元一直是国际中心货币，美国只要印出美元，就可在全球采购商品，而中国要进口美国商品，必须先出口商品换回美元。这样一来，美国贸易就难免有逆差。事实上，美国今天不仅对中国有逆差，对全球100多个国家都有逆差。

上面的道理特朗普不会不懂，所以我不相信美国发动贸易战是为了贸易平衡。另外还有一个证据：美国打贸易战，主要一招是对中国商品加征关税。对中国商品加征关税能扭转美国的逆差吗？美国对中国的逆差会减少，但不会改变美国对全球的逆差。理由简单，中国出口到美国的大多数商品美国自己不生产，不从中国进口就得从其他国家进口。算总账，美国的逆差不会变。

由此见，所谓"贸易平衡"不过是美国的一个幌子。醉翁之意不在酒，真实目的是维护美元霸权。"战后"美国称霸世界，靠的就是军事霸权与美元霸权。20世纪70年代日本经济崛起，日元挑战美元，1985年美国却用一纸《广场协议》将日元击败了；1999年欧盟19国推出欧元，2002年正式流通，结果到2009年欧洲发生主权债务危机，至今欧元一蹶不振。2010年，中国成为全球第二大经济体，人民币国际化提速，于是美国把中国当成了对手。

美国将中国视为对手是他们的事，我们管不了。当下的问题是美国发动贸易战我们要怎样应对。容易想到的是中国对美国商品也加征关税，以牙还牙。这样做当然无可厚非，也有必要。可冷静地想，加征关税未必是反制美国的唯一选择。加征关税虽能抑制美国对中国的出口，但伤敌一千，同时也可能自损八百。损人不利己，当然不是上策。

上策是什么呢？前面说，美国最担心的是美元霸权地位被动摇。民间有句俗语："打蛇打七寸。"既然美国要维护美元霸权，那么我们就应该去动摇美元霸权，若不一次将其打痛，日后还会得寸进尺。虽说目前人民币无法代替美元的地位，但美元霸权今天已是岌岌可危，我们完全有能力动摇美元的地位。不是吗？美国之所以为维护美元霸权大动干戈，其实是自己对美元底气不足，心虚而已。

简单说说美元吧。1944年，由美国主导建立起布雷顿森林国际货币体系，从此美元替代英镑成为国际中心货币，当时美元靠的是黄金支撑。20世纪70年代初发生美元灾，美元与黄金脱钩，布雷顿森林体系解体，美元改用石油支撑。可随着石油储量减少和新能源的出现，美国意识到用石油支撑也难以为继，于是想到了用"碳排放权"支撑，2009年哥本哈根世界气候大会上美国到处游说，可惜多数国家不买账，这样就给美国留下了心病。

是的，今天美元霸权正在失去支撑，这确实是美元的软肋，对此中美双方都清楚。而作为对美国发动贸易战的反制措施，2018年3月26日中国原油期货在上海期货交易所正式挂牌，而且中国政府承诺，任何接受人民币结算的石油出口国均可用人民币在上海黄金交易所兑换黄金。可想而知，中国此举对美元霸权意味着什么。

读者也许要问，美国发动贸易战会因中国推出石油期货而罢手吗？目前不好说，还有待观察。不过即便美国不罢手，中国还有更大的牌可出。我想到的是，美国现在的国债中有4万亿美元由外国机构持有，而中国就持有约1.2万亿美元。可以推定，假如中国大量抛售美债，美债收益率必将上升；美债收益率上升，必会推高美国的融资成本；而融资成本上升，必会打击美国股市和经济。

说来也巧，中国的底牌并未亮出，可美国财长姆努钦4月6日在接受CNBC（美国消费者新闻与商业频道）采访时表示，对中国有可能抛售美债这一撒手锏"完全不在乎，因为美债有很多买家"。他的话不知别人是否相信，我是不信的。这里只问一句：当美债收益率升高，有朝一日美国无力兑付其收益时，美债是否会贬值？美债一旦贬值，后果怎样无须我说出来吧！

# 特朗普减税的前景

> 特朗普希望通过减税吸引国际资本到美国投资。事实上,国际资本流动不只取决于税率高低,同时还受原料产地、消费市场、用工成本等诸多因素的约束,而在这些方面美国并无优势。何况国际投资者不蠢,明知美国今天减税日后会加税,便不会轻易把企业搬到美国去。

美国国会在 2017 年底通过了特朗普的减税方案。从 2018 年 1 月起公司所得税税率从 35% 降至 21%,并全面下调个人所得税。消息传开,舆论一片哗然。有评论说,特朗普减税将推动美国经济强劲复苏,同时也可能引发全球减税大战。为应对美国减税的冲击,国内有学者建议中国政府应未雨绸缪,实施更大力度的减税。

关于减税，我本人是坚定的支持者。事实上，自 2009 年以来中国政府也一直在推行结构性减税。官方数据显示，2017 年的减税额度已超过 7 000 亿元，降费 3 000 多亿元，共计达 1 万亿元以上。现在的问题是，美国减税后对中国经济的影响到底会有多大？我的看法，影响一定会有，但不会像有的学者说的那样夸张。至少目前尚待观察，当谋定而后动。

分析美国减税对中国的影响，首先要对美国减税的前景做科学预判。前景是未来才出现的结果，见仁见智，人们的看法难免不同，这就要求我们对前景分析有科学的方法。何为科学的方法？我曾说过，对未来经济行为的结果，只能用经济学逻辑推测而不能用历史数据预测。逻辑重于数据，历史数据可以用，但只能协助逻辑推理，而不能代替逻辑推理。

怎样推测美国减税的前景？根据经济学逻辑，我有三个推论。

第一个推论：假若美国未来国债和政府支出规模不变，要维持政府支出的现行规模，则未来的应税收入增长必须高于税率的下降幅度。为何做此推论？让我举例解释。假定今年应税收入为 10 000 亿元，税率为 30%，则政府税收为 3 000 亿元。假定明年税率下降至 20%，政府要保持 3 000 亿元的税收，应税收入就需增加到 15 000 亿元。这是说，税率下调 10 个百分点，应税收入就得增加 50%，否则税收不可能增加。

美国减税后税收能增加吗？有人根据"拉弗曲线"推断说

能。不错，根据"拉弗曲线"，当一国税率超过最佳税率时，降低税率，税收会增加。但我们同时也可以这样理解"拉弗曲线"，即当一国税率低于最佳税率时，税率下调税收会减少。问题是美国的最佳税率是多少没人清楚，减税对美国究竟是福是祸不好说。而可以肯定的是，美国本次综合减税4个百分点，若要保证总税收不变，应税收入就得增长10%，GDP就得增长10%以上，我认为美国不存在这种可能。1981年里根减税后，1983年GDP增长最高为7.8%，1984年即降至5.7%，之后便一路下行。

第二个推论：假若美国未来应税收入增长率赶不上税率下降，而且国债规模保持不变，那么政府就必须削减支出。此推论的逻辑是，应税收入增长率赶不上税率下降，说明政府税收会减少，如果政府不增发国债，显然政府除了减支别无选择。美国减支的空间有多大？我看到的数据，特朗普拟在军费和医保方面下手，今后5年每年将削减1 000亿美元。

不过这只是一方面。另一方面，未来几年美国政府支出却可能会增加。国际货币金融机构官方论坛（OMFIF）的一份研究报告称，今天美国的基础设施已十分陈旧，急需修缮，而且基础设施又是特朗普政策框架的核心之一。该报告估算，美国基础设施总缺口在3.6万亿美元左右，其中交通基础设施约2万亿美元、电力基础设施约7 360亿美元、学校约3 910亿美元。麻烦在于，美国私人企业并不热衷基础设施投资，政府和社会资本合作也不流行。由此看，美国减支的余地并不大。

第三个推论：假若美国政府支出不能减少，而未来应税收入增长率又赶不上税率下降，那么政府弥补预算赤字就必须增发国债。事实也的确如此，特朗普为了给减税铺路，之前就提出10年扩债1.5万亿美元的计划，而且去年10月已获国会批准。扩债意味着什么？"李嘉图－巴罗等价定理"一语道破："今天的债就是明天的税。"是的，政府借债最终要还，还债的钱从哪里来？当然只能来自税收。这是说，政府发债越多，未来纳税人的税负就会越重，政府发债不过在是预支明天的税。

众所周知，美国是当今全球最大的债务国，截至2016年底债务总额达20.17万亿美元，政府债务负担率超过了100%，人均负债6.28万美元。读者想想，美国原本债台高筑，若再扩债，不加税拿什么还债？当年里根执政后也推行过减税，可随后几年便上调各种关税，1982年加大了对企业的税收，1983年提高了工资税，1984年提高了能源税。到克林顿执政时期，美国将个人所得税的最高边际税率，从31%提高到了39.6%。

上面三个推论，指向很明确，一句话：美国今天减税，日后必然加税。事实上，美国现在就在一边减税一边加税。不是吗？比如新的税改方案，一方面提高个人所得税抵扣，另一方面取消了原来每人每年4 050美元的抵扣标准，这样一来，人口多的家庭税负反而比以前更重。读者若是同意我上面的推论，那么本文的结论是：特朗普减税前景不容乐观。

特朗普实施减税，目的是吸引国际资本到美国投资。特朗普最终能否如愿？我认为很难。我们知道，国际资本流动不只取决于税率高低，同时还受原料产地、消费市场、用工成本等诸多因素的约束，而在这些方面美国并无优势，所以希望用低税率吸引国际资本的想法恐怕只是一厢情愿。再说，国际投资者不蠢，明知美国今天减税日后会加税，谁会轻易把企业搬到美国去？

# 关于贸易战的冷思考

> 中美两国经济具有很强的互补性，谁也离不开谁。从长远看，中美经贸合作是必然的，也是大势；但也不排除美国今后仍会制造各种麻烦。中国是人口大国，经济韧性强，回旋余地大，只要美国挑衅，我们就奉陪，打持久战中国一定是赢家。

自 2018 年以来，美国不断制造贸易摩擦，中国坚决反击，两国经贸前景引起全球关注。2019 年 6 月底，习近平主席与特朗普总统在大阪举行会晤，再次打破僵局：美国表示不再对中国出口产品加征新的关税，并且双方同意重启经贸磋商。最后会磋商出什么结果尚未可知，不过无论结果如何，我们都有必要对以下 10 个问题进行冷静思考。

第一，关于生产目的。1978 年国内理论界曾开展社会主义生产目的大讨论，通过讨论，大家达成了共识：发展社会主义生产，目的是满足人民群众日益增长的物质文化需要。在党的十九大报告中，习近平总书记提出"坚持以人民为中心的发展思想"。坚持以人民为中心发展经济，当然不能为生产而生产，也不能为出口而生产。美国发动贸易战提醒我们，企业生产应立足优先满足国内消费者需要。

第二，关于鼓励出口。出口的目的是进口，无须进口也就无须出口。可时下有一种流行的观点，说出口是为了转移国内过剩，用外需弥补内需不足。这个看法显然是不对的。马克思说过，商品是用于交换的产品。用于交换的产品当然要能满足他人需要，但满足他人需要的产品未必就是过剩产品。而且经济学证明，一个国家只有进出口平衡，才能对等分享国际分工收益。请问，如果进出口保持平衡，怎么可能用外需弥补内需不足呢？

第三，关于贸易顺差。一国出口大于进口，贸易会出现顺差。人们通常以为中国对美国贸易有顺差是好事，且多多益善。实则不然，中国对美国贸易顺差表示国内资源净流出增加，外汇储备增加。可是要知道，外汇不过是美国开具给我们的借条，相当于我们将商品赊销给了美国。美国享受了我们价廉物美的商品，而我们却未对等享受美国的商品。这样看，贸易顺差并非越大越好。

第四，关于关税壁垒。关税作为价外税由进口方承担，也就是说，美国征收高关税在限制中国出口的同时，也会增加美国国内的生产成本或消费成本。可见，高关税本身是一把双刃剑，一个国家不可能用高关税保护本国产业，也不可能用高关税维持贸易平衡，古今中外没有一个成功的先例。由此推定，美国加征关税只是向中国要价的筹码，美国不可能长期维持高关税。面对美国的施压，我们必须反制，否则对方会得寸进尺。

第五，关于非关税壁垒。前些年，美国为了围堵中国经济一直逼人民币升值，而近年来又不断加征关税，同时限制将高科技产品出口给中国。亚当·斯密当年论证过，自由贸易是国际分工的前提。意思是，如果国际贸易不自由，国家间就不能按各自的优势分工。由此推论，假若美国限制将高科技产品出口给中国，我们就不能拘泥于国际分工原理，应变被动为主动，坚持自主创新。核心技术不能完全靠进口，这也是贸易战带给我们的启示。

第六，关于国际收支平衡。国际收支包括贸易、资本、外储这三个项目，贸易只是其中之一。可见国际收支平衡并不等于贸易一定要平衡；而且今天已进入经济全球化时代，对外贸易已不单是双边贸易，更多是多边贸易，故贸易平衡也不等于双边贸易要平衡。美国以"贸易平衡"为借口发动贸易战，显然是醉翁之意不在酒，为此我们要调整出口导向战略，转变发展方式，着力提振国内消费。

第七,关于美国优先和美元霸权。美国发动贸易战,说到底是要维护美国优先和美元霸权。20世纪80年代初日本经济崛起,日元挑战美元,结果在美国的操纵下一纸《广场协议》将日元打入冷宫;后来欧元与美元抗衡,2009年却遭遇欧洲主权债务危机,欧元至今仍一蹶不振。2010年中国已成为全球第二大经济体,美国自然要把中国当成对手。日本是前车之鉴,我们必须保持人民币币值稳定,防止重蹈日本的覆辙。

第八,关于扩大对外开放。我国对外开放不能受美国发动贸易战的影响。从开放效果看,扩大资本开放和扩大对外贸易没有本质区别。事实上,引进外资也是出口,只是卖给外国企业的商品未离开国境;对外投资也是进口,不过是未将外国商品买进国境。在当前贸易保护主义盛行的背景下,为避开贸易壁垒,我们应以"一带一路"建设为依托,进一步加大对外投资和引进外资,推动形成陆海内外联动、东西双向互济的开放新格局。

第九,关于稳中求进工作总基调。针对美国极限施压,习近平总书记2019年5月在江西考察时强调,"最重要的还是做好我们自己的事情"。贯彻中央稳中求进工作总基调,必须进一步稳就业、稳金融、稳外贸、稳外资、稳投资、稳预期,其中关键的是稳就业。而要优先稳就业,必须坚持以供给侧结构性改革为主线,用改革的办法加快完善资源配置的体制机制,让供给结构适应需求结构变化,不断释放国内需求潜力。

第十，关于中美经贸前景。中美两国经济具有很强的互补性，谁也离不开谁。中美两国合则两利，斗则俱伤。从长远看，中美经贸合作是必然的，也是大势；但也不排除美国今后仍会制造各种麻烦。中国是人口大国，经济韧性强，回旋余地大，而且有党中央的坚强领导和社会主义体制优势，只要美国挑衅，我们就奉陪，打持久战中国一定是赢家。

# 防止"卡脖子"要以卡止卡

> 关键核心技术包括基础性技术、撒手锏技术、颠覆性技术。中国从现在起追赶,不仅所需投入大,短期也不可能全面领先。可取的选择是,在颠覆性技术领域超前部署,重点突破。只有发挥举国体制优势,在某项颠覆性技术上领先一招,以"卡"止"卡",方能扭转这种被"卡"的局面。

时下西方国家贸易管制愈演愈烈,它们那样做,无非是想卡人脖子。事实上,我国国内经济循环也的确因此出现了某些堵点。2020年4月,习近平总书记在中央财经委员会第七次会议上强调"构建以国内大循环为主体、国内国际双循环相互促进的新发展格局"。我写这篇文章,将从经济学角度讨论两个问题:一个国家的经济循环为何会被人"卡脖子"?参与国际经济循环怎样防止被人"卡脖子"?

"卡脖子"是一个形象的说法。用经济学解释,是指你需要购买别人的商品,而人家却不肯卖给你,使你的需求得不到满足。同样的道理,对一个国家来说,若某种商品之前一直从国外进口,可突然有一天对方限制了该商品的出口,而进口国一时又找不到合适的替代品,这样就被人卡住了脖子。而供应链一旦中断,国内产业链随之也会有被中断的风险。

现在要研究的是,为何会出现这种"卡脖子"现象?在我看来,最直接的原因是国际分工。亚当·斯密当年写《国富论》从分工下笔,指出分工能提高生产效率,并由此推出了一个重要结论:一个国家按"绝对优势"参与国际分工可以增进人类福利。后来李嘉图又做了进一步拓展,指出一个国家即便没有绝对优势,按各自的"比较优势"分工也可以双赢。

举个例子。假定甲、乙两国皆生产白糖和酱油,但生产成本有差异:甲生产 1 吨白糖的成本为 100 小时,生产 1 吨酱油的成本为 110 小时;而乙生产 1 吨白糖的成本为 130 小时,生产 1 吨酱油的成本为 120 小时。自己与自己比,甲的比较优势显然是生产白糖,乙的比较优势是生产酱油。若按比较优势分工,甲生产 2 吨白糖而放弃生产酱油,乙生产 2 吨酱油而放弃生产白糖,然后彼此用白糖与酱油交换,双方皆能节约 10 小时成本。

斯密和李嘉图的分工理论无疑是对的,不过他们有一个共同的前提，那就是贸易自由。上面的例子中，白糖和酱油都是生活必需品，要是甲、乙两国中有一个国家限制出口，彼此则无法形成分工。理由简单：假若分工后甲国的白糖不卖给乙国，乙国人会吃不上糖；乙国的酱油不卖给甲国，甲国人会吃不上酱油。由此见，在国际分工条件下，若贸易受到限制就可能被"卡脖子"。

当然，这仅仅是一种可能。读者注意，我们以上分析的只是两个国家的分工。假若有甲、乙、丙等三个以上的国家参与分工，情形会不同。甲国的白糖不卖给乙国，乙国可以从丙国或丁国进口白糖，这样乙国也不会被"卡脖子"。然而令人不解的是，今天产业分工已经全球化，为何仍出现了被人"卡脖子"的现象呢？对此我的解释是，与产品的全球供求状况有关。

是的，国际市场有供给过剩的商品，也有供给短缺的商品。一个国家对供给过剩的商品有需求，自然不会受制于人，但若对供给短缺的商品有需求，就容易被人"卡脖子"。以粮食为例。中央为何反复强调中国人的饭碗必须端在自己手里？因为世界上粮食供给严重短缺。联合国粮食及农业组织称，目前全球共有6.9亿人处于饥饿状态。中国是有14亿人口的大国，若放弃粮食生产或者不守住18亿亩耕地红线，后果不堪设想。

据此分析我们不难看出，国际分工其实是一把双刃剑。参与国际分工虽然可以共赢，但若某产品在国际市场供给短缺，而国内又对其存在"刚需",那么就不能放弃此类产品的生产。我在前面说过,国际分工格局形成后,贸易受到限制可能会被"卡脖子"。国际市场供给短缺的商品,要是一个国家也不生产,则迟早会被人"卡脖子",这一点可确定无疑。

再想深一层,放弃全球短缺产品的生产会被人"卡脖子",那么全球供求平衡的商品,自己能否不生产呢?我认为也不能。事实上,近年来西方国家主要是用关键核心技术产品(或零配件)卡别人的脖子。要知道,关键核心技术是稀缺性技术,但关键核心技术"产品"却可规模化生产,供给并不短缺。产品不短缺而人家为何不卖?目的昭然若揭,那就是卡对方的脖子。

习近平总书记曾多次讲:"关键核心技术是要不来、买不来、讨不来的。"是的,一个国家若不重视关键核心技术的自主研发,高度依赖进口,被人"卡脖子"将在所难免。读者想想,现在以美国为首的西方国家不卖给我们芯片、光刻机、数控机床等高科技产品,是因为这些产品供给短缺吗?绝对不是。它们是要围堵我国的经济,不希望中国成为经济强国。

写到这里,让我总结一下本文要点:第一,"卡脖子"现象是国际分工格局形成后贸易受到限制的结果,因此我们要旗帜鲜明地反对贸易管制;第二,国际市场供给短缺的产品往往会被人"卡脖子",所以在积极参与国际分工的同时,我们绝不能放弃此类产品的生产;第三,关键核心技术是具有觅价权的垄断性技术，为防止受制于人，我们必须坚持科技自立自强。

最后再提一点建议。关键核心技术包括基础性技术、撒手锏技术、颠覆性技术。中国从现在起追赶，不仅所需投入大，短期也不可能全面领先。可取的选择是，在颠覆性技术领域超前部署，重点突破。当年我们搞出"两弹一星"，争取到了几十年的和平。我们要发挥举国体制优势，在某项颠覆性技术上领先一招，以"卡"止"卡"，方能扭转这种被"卡"的局面。

# 第十一章

## 聚焦乡村振兴

**我看乡村振兴战略**

（2018年2月10日）

**中国今后谁来种地**

（2018年2月17日）

**"三变改革"的启示**

（2018年8月23日）

**再论"三变改革"的价值**

（2018年9月29日）

**耕地流转应以农民为主体**

（2018年10月5日）

**农民为何贷款难**

（2018年11月20日）

# 我看乡村振兴战略

> 从近期看,决胜全面小康需要振兴乡村;从长远看,则是为了引导、支持城市资本下乡,推进农业农村现代化,并通过振兴现代农业确保国家粮食安全。中国是全球第一人口大国,如果中国人的饭碗不能牢牢端在我们自己手中,后果会不堪设想。

中国改革从农村起步,安徽小岗村的农民了不起,20世纪70年代末率先搞土地承包,从此拉开了中国农村改革序幕。时隔近40年,习近平总书记又在党的十九大报告中提出"乡村振兴战略"。从农村改革到乡村振兴到底有何深意?近来多家媒体希望我做解读。研究"三农"问题多年,我当然有自己的思考,就写出来与读者交流吧。

让我先从问题切入。请问:30年前中央为何未提乡村振兴战略，10年前也未提？不知读者怎么看，我的看法是，那时候还不到振兴乡村的时机。众所周知，中央历来高度重视"三农"，然而解决"三农"问题却"工夫在诗外"，需要有工业化和城市化带动。改革开放之初，我国有8亿人口在农村，农民人均耕地不足2.3亩。试想，在这种典型的二元经济背景下，如果不通过工业化和城市化将部分农民转移到城市，农民怎么可能致富呢？

经济发展既然有阶段，当然就要尊重发展阶段的规律。300多年前，威廉·配第在研究当时英国农民、工人与船员的收入后发现，论从业收入，从事农业不如从事工业，从事工业不如从事商业。20世纪40年代，克拉克对配第的这一发现做了验证，并提出了"配第–克拉克定理"。该定理说，由于第三产业的收入高于第二产业，第二产业的收入又高于第一产业，故劳动力会从第一产业依次向第二、第三产业转移。后来刘易斯提出"城乡二元经济模型"，也得出结论说，工业化初期农村劳动力将流向城市。

中国以往40年的经验，完全印证了上面的推断。最新入户调查结果显示，目前我国农村常住人口为5.8亿。这是说，过去8亿农村人口中，已有2.2亿转移到了城市，而且这2.2亿人口都是青壮劳动力。我想问读者，当一个国家的农村劳动力大规模流向城市的时候，你觉得有可能振兴乡村吗？显然不可能。这样看，我们就不难理解之前中央为何不提"乡村振兴"了。

以前不提而为何现在可以提？我的解释是，中国工业化已进入中后期，农村劳动力流向已开始发生改变。何以做此判断？请注意 2008 年这个节点，受国际金融危机的影响，当年有 2 000 万名农民工下岗返乡。而有关调研报告称，这 2 000 万人后来大多留在农村就业创业，并没有再进城市。事实上，近年来珠三角、长三角频频出现招工难就是一个信号，预示着农村劳动力向城市流动已经临近"刘易斯拐点"。

说我自己的观察。不久前我去西南几个省市调研，看到有不少企业家已开始到乡村投资。这些企业家之前其实也是农民，进城打工学到技术后自己办了企业。令我不解的是，他们为何不留在城市而要回到乡村投资？我分别访问过其中几位，他们的回答不约而同，皆说现在投资工业已不如投资农业赚钱。这个回答我相信是真话。随着工业投资密度不断加大，利润率肯定会下降。经济学所谓"投资收益递减规律"，说的就是这个道理。

这是一方面。另一方面，企业家到农村办企业会增加当地农民的收入。从选择角度看，这无疑提高了农民进城务工的机会成本。比如过去农民种地年收入为 5 000 元，进城务工的机会成本就是 5 000 元。假定当地农民年收入增加到 20 000 元，则机会成本就上升为 20 000 元。再有，进城务工不仅背井离乡，而且生活费用也高，假定一年房租和孩子的寄读费是

20 000 元，这样务工收入若达不到 40 000 元，进城务工就得不偿失。今天劳动力流动出现"刘易斯拐点"，原因即在于此。

另外从国际经验看，当一个国家城市化率超过 50%，资本、技术、管理等要素就会向农业部门流动。我看到的资料，20 世纪 50 年代美国就出现了这种"逆城市化"现象，到 20 世纪 70 年代，欧洲工业化国家以及日本、俄罗斯等国也相继出现这种趋势。2010 年，我国的城市化率已接近 50%，2016 年底已达 57.6%，由此见，现在我们实施"乡村振兴战略"是顺势而为，适逢其时。

以上说的是战略背景，下面再分析"乡村振兴战略"究竟有何深意。

关于实施乡村振兴战略，党的十九大报告提出了 20 字的总要求，即"产业兴旺、生态宜居、乡风文明、治理有效、生活富裕"。为此，中央又提出了四大举措：深化农村土地制度改革，保持土地承包关系稳定并长久不变；深化农村集体产权制度改革，保障农民财产权益；构建现代农业产业体系，培育新型农业经营主体；加强农村基层基础工作，健全乡村治理体系。

或许有人说，以上举措在以前的中央文件中皆能找到，新话并不多。可我要指出的是，党的十九大报告提出的举措与之前的举措虽相同，但含义不同。比如保持土地承包关系稳定并长久不变、保障农民财产权益、培育新型农业经营主体等，中央以前主要是对农民讲,是给农民吃定心丸;而中央今天重申,一方面是对农民讲,另一方面是对城市的企业家讲,目的是鼓励企业家投资农业,大胆吸收农民承包地入股,成为新型农业经营主体。

据此分析,我们便可以从两个角度理解乡村振兴战略的深意:从近期看,解决"三农"问题是实现全面小康的关键,决胜全面小康需要振兴乡村;从长远看,则是为了引导、支持城市资本下乡,推进农业农村现代化,并通过振兴现代农业确保国家粮食安全。后一点尤为重要,中国是全球第一人口大国,如果中国人的饭碗不能牢牢端在我们自己手中,后果会不堪设想。

# 中国今后谁来种地

> 今天真正以种地为职业的农民已不多,10年后会更少,若不搞规模经营,日后耕地撂荒会比现在更严重。未雨绸缪,推动土地集中刻不容缓。政府眼下要做的,就是赋予农民耕地产权。这样不仅有利于土地集中,农民也可用"地"入股取得收益。

祖祖辈辈都种地,自己出身农民不可能不关心农业。而当下遇到的困难是,政府需要粮食安全,城里人却希望粮价低一些,种地的农民则指望粮食能卖个好价钱。三方站位不同,目标也皆有理,但却很难统一起来,令人头痛。这个问题若解决得好,大家皆大欢喜,否则三方都会输,而且会输得很惨。何去何从?看来政府得审慎考量。

我一贯的观点,中国不应该缺粮食。只要守住18亿亩耕地红线，人均一亩多地，粮食怎会不够吃？今天粮食之所以短缺，一是耕地撂荒严重，二是农民广种薄收。而这一切，归根结底又是粮食价格低。想想吧，一亩地种粮的收入，不计人工，除去成本仅500元左右。背朝日头面向土，10亩地一年的收入才换一部手机，农民怎可能精耕细作呢？我老家历来是鱼米之乡，过去粮食一年种两季，可如今却改种一季，个中原因我不说读者也明白吧！

是的，中国的粮食安全，背后其实就是粮价问题。只要粮价够高，农民靠种粮能致富，国内粮食绝无短缺之忧。可粗略算，若粮食亩产能达700斤，有6.3亿吨粮食中国人自给绰绰有余。要是再不够，只要粮价足够高，比如涨到10元/斤，不要说外国粮食会如潮水般涌来，农民的房前屋后都会种粮，你信不信？所以政府要保粮食安全，别无他法，关键是要维持较高的粮价。粮食多了补贴休耕，让粮食紧供应；而粮食少时则放开价格。

几年前我曾到豫东平原做调查，听那里的农民说，政府发种粮补贴，意图好，但农民不容易得到实惠。这边国家发补贴，而那边农药化肥就涨价，此补彼涨，两相抵消，农民往往得不偿失。几年前在云南曾与农民座谈，会上有人算账：目前国家给的种粮补贴，直补加综合补贴，满打满算每亩不过百元，而当地粮食亩产千斤，若政府不管价格，一斤粮食涨5毛，一亩地则可增收500元。这是说，农民并不希望补贴而更乐意政府放开价格。

这当然是从农民的立场看。若换个角度,要是政府放任不管,粮价涨了,城里低收入者怎么办?何况学界前几年一直有人说中国的通胀是农产品涨价所推动的。当然,这个说法是错的。我曾撰文分析,指出通胀与农产品涨价无关,但如何让城里低收入者买得起米倒是一个难题。不过想深一层,此事说难也不难,现在国家一年给农民的补贴近1 800亿元,若政府放开粮价,用这些钱去补城里人买米,每人补800元可补2亿人,城里哪有2亿人买不起米呢?

由此看,放开粮价不仅农民可增收,国家有粮食安全,而且购粮补贴也让城里低收入者利益无损。一举三得,何乐而不为?若再往长远看,也是我要说的重点。这些年,由于种地收益低,农村青壮劳力纷纷进城务工,留守的大多是老人、妇女和孩子。长此以往,中国农业会不会后继无人?并非杞人忧天。去农村看看吧,今天的年轻人还有多少在家务农?难怪农业部曾有官员感慨,中国未来"谁来种地、谁来养猪"!

人无远虑必有近忧。于是有专家出主意说,解决此问题有三法:一是要从娃娃抓起,在中小学植入农业内容,引导学生对农业的兴趣;二是要对青年农民进行职业培训,培养更多的种田能手;三是要用优惠措施吸引部分进城人员返乡。这三条不能说不对,但隔靴搔痒,不过是治标而已。我们这代人,中小学差不多都应该学过农吧,可长大后谁不想跳"龙门"?而当下的年轻人不务农，也并非缺乏职业培训那样简单，若种地的收入低，即使有培训又怎样？农学院不是也有很多毕业生改行吗？

至于吸引进城人员返乡，思路大体对，我赞成。但我认为返乡农民工未必能成为未来农业的主力，他们的年龄会越来越大，而且也不懂现代农业。将来农业的主力，恐怕只能是城里那些有资本、懂技术、会管理的人。现在需要我们研究的是，怎样才能把这些人吸引到农村去？不知别人怎么想，有一点我可以肯定，若无利益驱动，单靠政府号召将于事无补。不仅城里人不会去，就是农民工也不会回去。你想想，从事农业若不如搞工业赚钱，谁愿意去种地呢？

别误会，我这样讲并不是要国家拿钱去补贴投资农业。其实，投资农业的收益不一定比投资工业低。虽然威廉·配第曾说"从业之利，农不如工，工不如商"，但那是300多年前的"小农生产"，若改做现代农业，种地照样是可以大赚的。何谓现代农业？简单地说，一是现代农业科技，二是现代生产方式。显然，农业要现代化，起码的一点就是土地要规模经营。像目前这种状况，人均一亩多地，赚钱当然不会多；若是让一人种500亩、1 000亩，收益就未见得低于投资工业了。

不是什么深奥的理论，事实上，规模经营早已是人们的共识。而接下来的问题是，土地如何集中？前些年，土地集中难度大，那时政府总担心农民失地。想来也对，土地乃农民安身立命之本，没有地靠什么生存？然而今非昔比，今天真正以种地为职业的农民已不多，10年后会更少，若不搞规模经营，日后耕地撂荒会比现在更严重。未雨绸缪，推动土地集中刻不容缓。政府眼下要做的，就是赋予农民耕地产权。这样不仅有利于土地集中，农民也可用"地"入股取得收益。两全其美，岂非善哉！

# "三变改革"的启示

> "三变改革"的核心要义是增加农民资产性收入。而要增加农民资产性收入，前提是让农民有资产。从这个角度看，政府要推动"资源变资产"的用意很明显，这不仅可以盘活农村资源，更重要的是，只有将资产确权给农民，资产才能变股金，农民才能变股东。

两年前我第一次听中央党校的一位学员讲"三变改革"，当时就有预感："三变"将再次拉开中国农村改革的帷幕。而六盘水作为"三变"的发源地，将成为国家层面解决"三农问题"的样板。果然不出我所料，2017年初，"三变改革"写进了中央一号文件，六盘水的经验也得到了中央领导的肯定。

何为"三变"改革？具体讲，是"资源变资产、资金变股金、农民变股东"。要是没在农村生活过，读者恐难明白"三变"对农民意味着什么。我不会神机妙算，有此预感是因为从小长在农村，当过农民。最近看到一份材料，汪洋同志曾经批示："三变"有值得从更深层次考虑其价值的意义。是的，对"三变"改革的研究目前还只是破题，的确值得深入研讨。

三个星期前，我专程赴六盘水调研，从钟山到水城，再到盘州，发现农民谈起"三变"个个讲得头头是道，如数家珍。在米箩乡与农民座谈时我问："'三变'到底有什么好？"一位李姓农民说："以前家里穷，连媳妇都娶不上，搞'三变'后家里富了，现在不仅娶了媳妇，还买了汽车。"类似的故事所到之处皆能听到，这大概就是"三变"的魅力吧！

人们拥护改革，一定是改革能给他们带来实惠。但应该追问的是，"三变"为何能让农民收入奇迹般增长？近两年报刊推介"三变"经验的文章很多，我也读过一些。可遗憾的是，从学理层面进行讨论的不多。从学理层面看，"三变改革"的核心要义究竟何在？这些日子天天想，我想到的答案是：增加农民的资产性收入。

我的思考是，古往今来，农民一直是低收入群体，农民何以收入低？是农民不勤劳吗？非也，原因是农民没有资产。过去地主比农民富，绝不是地主比农民勤劳，而是他们拥有土地，可取得资产性收入。众所周知，经济学讲分配，是按生产要素的贡献分配，而要素所有者参与分配的比例，则取决于不同要素的稀缺度。这是说，谁掌握的生产要素稀缺，所占的分配比例就越大。

问题就在这里。土地与劳动力相比，土地供给不能增加，而人口却不断增长。比较而言，土地会显得相对稀缺。这样，地主的资产性（土地）收入当然会高于佃农的劳动收入。由此推之，一般性的推论是：一个人若拥有资产，不论资产为何，只要该资产的供应比劳动力稀缺，则资产性收入皆会高于劳动收入。

对于此推论，马克思早就做过论证。《资本论》三大卷，最后得出的结论是，资本积累将导致两极分化：一极是资本家的财富积累，另一极是无产者的贫困积累。无产者要摆脱贫困，唯有剥夺"剥夺者"。土地革命时期我们党提出"打土豪、分田地"，依据的就是马克思的理论，目的是要让农民拥有资产。留心观察，改革开放后先富起来的群体，有谁不是靠资产性收入致富的？

回头再说"三变改革"。前面我说，"三变"的核心要义是增加农民资产性收入。而要增加农民资产性收入，前提是让农民有资产。从这个角度看，我们就不难理解政府为何要推动"资源变资产"了。是的，政府的用意很明显，将资源变资产不仅可以盘活农村资源，更重要的是，只有将资产确权给农民，资产才能变股金，农民才能变股东。

然而，这只是农民增收的前提。让农民有资产，并不等于有资产性收入,有资产与有资产性收入是两回事。举个例子,你投资1 000万元办厂,一年下来若利润为零,那么你的资产性收入就是零。同样道理,即便农民有资产,但如果资产不增值,同样也不会有资产性收入。故我的第二个推论是:要让农民有资产性收入,还得让农民的资产增值。

所谓资产增值,通俗地讲,就是让资产涨价。资产怎样才能涨价呢?经济学家费雪说,资产价格是人们对该资产预期收入的贴现。用公式表示:资产价格=资产预期年收入/银行年利率。根据此公式,费雪曾做过这样的分析,他说,由于利率相对稳定,资产价格实际取决于资产的预期收入。于是,资产增值就转换成了提升收入预期。

影响资产收入预期的因素很多,不过我认为重要的因素就两个:一是资产的稀缺度,二是资产的当期利润。物以稀为贵。供应稀缺的资产,收入预期当然看涨;而资产的当期利润,也会影响人们对未来收入的判断。六盘水的经验可以证明:政府以"平台公司"为支点,用政府和社会资本合作模式投资农村基础设施,无非是要提升农民资产的稀缺度;而推动规模经营,则是为了提高农民资产的当期收益。

实际效果如何呢?那天在百车河考察,水城县王县长介绍说,当地农民的房子之前并不值钱,去年通了公路,农民在自己家开旅馆,现在每平方米涨到了3 000元。米箩乡的农民也告诉我,过去一家一户种猕猴桃,8分钱一斤都卖不掉,现在土地入股实行"标准化"生产，每斤涨到 30 元却供不应求。

行文至此，读者应清楚了"三变"的要义。但有一个现象还需解释。在我看来，六盘水的"三变"目前仍是资产租赁与股份合作并存。比如从分配看，企业前三年要为入股农民保底分红，三年后再按比例分红。保底分红其实是资产租赁，按比例分红才是股份合作。经济学"MM 定理"（莫迪利安尼 – 米勒定理）说，以负债筹资还是以股份筹资皆不影响企业的市值。可企业为何采用这种"先租后股"的方式筹资呢？

我的回答是，为了节省交易成本。事实上，上面的"MM 定理"有一个重要假设，即交易成本为零。读者知道，果树栽种不同于其他产业，很特殊，通常要等三年才会挂果。若按比例分红，则意味着农民入股三年内不能有收益。倘若如此，让农民入股谈何容易？企业为减少与农民谈判的交易成本，所以就有了现在的筹资安排。

# 再论"三变改革"的价值

> 认识"三变"的价值不应仅局限于农村扶贫。"三变"不仅可以协助农村贫困户脱贫,让农民通过取得资产性收入成为中等收入者,而且可以造福城市贫困者。可以肯定,城市贫困人口一旦有了资产,脱贫将指日可待。

从贵州六盘水调研归来后,在《学习时报》写过两篇分析贵州省六盘水"三变改革"的文章,本来打算就此收笔,可总觉得意犹未尽。比如怎样认识"三变改革"的价值,我认为不能仅仅从扶贫的角度看。中国要整体形成橄榄型分配格局,"三变改革"也将是不二之选。

是的,认识"三变改革"的价值,眼光应放得长远些。前不久与李再勇(原六盘水市委书记,现任贵州省常务副省长)

讨论，他认为2020年国家实现全面小康后，"三变改革"还得推进。对此我深信不疑。也许有人问："三变改革"与橄榄型分配格局到底是何关系？这样说吧，若不持续推进"三变改革"，中国多数农民不可能进入中等收入群体，倘若如此，形成橄榄型格局将遥遥无期。

信不信由你。请读者思考，在目前我们的分配格局中，低收入者为何会占多数？说起来原因很多，但在我看来关键是低收入者没有资产。研究发现，收入增长存在一个普遍现象，那就是资产性收入增长快于劳动收入。试想，一个社会若只有少数人有资产而多数人没有资产，低收入者占多数是否也就不足为怪了？

纵观人类经济发展史，从奴隶社会到封建社会，再到资本主义社会，资产一直都被少数人（统治阶级）占有，此乃不争的事实，无须举证，也无须解释。这里要解释的是资产性收入增长为何会快于劳动收入。我曾说过，解释现象要借助理论，不能用现象直接解释现象。那么用什么理论解释呢？让我们看看经济学怎么说。

研究收入分配，不能不提到法国经济学家萨伊。萨伊在行内大名鼎鼎，因为他提出过所谓的"三位一体"公式——资本得到利润、土地得到地租、劳动得到工资，这个公式学界也简称为"按生产要素分配"。学经济的读者都知道，当年马克思批判过萨伊，说他混淆了剩余价值来源与剩余价值生产条件的区别，掩盖了资本剥削的实质。批判归批判，但请注意，马克思并未因此否定按要素分配。

时至今日，学界反对按要素分配的人并不多，10多年前，"确立劳动、资本、技术和管理等生产要素按贡献参与分配的原则"已写进我们党的文件。现在的问题是：各要素参与分配的比例怎么定？是资本分配多一些还是劳动分配多一些？根据经济学原理，利润乃资本之价，地租乃土地使用权之价，工资乃劳动力之价，既然三者皆是价格，其高低当然得由供求决定。换句话说，要素分配的比例，最终取决于它们各自的稀缺度。

懂得了这个原理，前面的问题也就有了答案。资产性收入增长之所以快于劳动收入，原因一定是资产要素比劳动力要素稀缺。之前我分析过，农耕社会地主收入比农民收入增长快，并不是地主比农民勤劳，而是地主拥有土地，且土地比劳动力稀缺。同样道理，工业社会资本收入比工资收入增长快，也是劳动力供给相对过剩，资本相对短缺。不然，资本性收入怎可能高于工资增长呢？

回头再说现实。我们要扩大中等收入者比重，关键是要让低收入者拥有资产性收入。然而，今天有两个难题：第一，新中国成立后农村土地归集体所有，不能像土地革命时期那样打土豪、分田地；第二，国家依法保护非公经济产权，也不可能重新分配企业家的资产。怎么办？于是"三变改革"应运而生。将"资源变资产、资金变股金、农民变股东",正好可以破解这两个难题。

在我看来,"三变改革"的妙处在于,它立足于扩大资产增量,而不是抽肥补瘦。资源变资产,是将过去没有效益的资源变为可获得盈利的资产。举六盘水的例子,"三变改革"前,六盘水有大量林地和水域闲置,而且农民的承包地与房屋皆无完整产权。"三变改革"将其确权给农民后,农民不仅可以用土地、房屋入股,还可以用树木、河流入股,如此一改,农民就有了自己的资产。

农民将自己的资产入股,成了股东,于是就有了资产性收入。我看到的数据,"三变改革"前,六盘水农民人均收入仅 4 750 元 / 年;到 2016 年底,人均收入已提高到 1.3 万元 / 年。三年增长近 2 倍。要特别提出的一点是,农民与企业已成为同一利益共同体。农民(股东)收入增长,企业主收入也增长。农民收入增加而没有人利益受损,此改革在经济学看来是典型的"帕累托改进"。

认识"三变"的价值不应仅局限于农村扶贫。这样讲包含两层意思。一层意思是,近期看,"三变"可以协助农村贫困户脱贫;而从长远看,则可以让农民通过取得资产性收入成为中等收入者。另一层意思是,"三变"不仅能造福农民,而且可以造福城市贫困者。这一点是受李再勇的启发。那天听李再勇说贵阳正着手推行"三变",是令人振奋的消息。古人讲

"有恒产者有恒心"。可以肯定,城市贫困人口一旦有了资产,脱贫将指日可待。

最后再说明一点,"三变"不是一种固定的农村扶贫模式,而是一种改革理念。六盘水的经验可以借鉴,但各地情况不同,大可不必照抄照搬。要知道,"三变"的要义在于:要让低收入者脱贫致富,关键是让他们有资产性收入;要让他们有资产性收入,关键是推动资产增值;要推动资产增值,关键是建立相应的利益制衡机制。

就这么简单吗?就这么简单!

# 耕地流转应以农民为主体

> 在经济学里,承包经营权相当于产权。具体说,产权是指耕地的使用权、收益权、转让权。顾名思义,转让权包含"转让"或"不转让"两种权利。这是说,保护耕地产权不仅要保护农民自愿转让的权利,也要保护农民不愿转让的权利。

我在2008年10月写过一篇《徐庄土地合作试验》,今天在网上仍可以搜到。观点很明确:推动耕地流转刻不容缓。当初我的考虑是,中国近20亿亩耕地,有8亿农村人口,人均耕地仅2亩多,若是不搞规模经营,农民在2亩多耕地上无论种什么都不可能脱贫,更不可能富裕。后来在河南豫东农村调研,和农民一起算过账,得出结论:户均耕地至少要有50亩才可能致富。

如今正好 10 年过去了，耕地流转在各地风生水起，做法也基本大同小异。归纳起来，大致有三种模式：一是"公司+农户"，即农户将耕地经营权流转给龙头公司；二是"农户+合作社"，即农户将耕地入股到村集体合作社；三是"农户+合作社+公司"，此模式中合作社只是中介，一方面接受农民的耕地流转，同时又将集中耕地的经营权整体流转给龙头公司。

早在 20 世纪 90 年代初，邓小平预言农村发展有两个飞跃：第一个飞跃是实行家庭联产承包责任制，第二个飞跃是发展适度规模经营。今天耕地流转的势头显然印证了邓小平当年的洞见，所以我这里不再讨论耕地是否需要流转集中，而重点讨论耕地应该向谁集中，或者耕地由农民自己集中的前提是什么。

据我观察，时下耕地流转大多是向龙头公司（工商企业）集中。何以如此？一个重要的原因是，农民手里缺资金，而规模经营需有大量的资本投入。前不久在南方农村调研，我看到当地农户以每亩 300～500 元的价格将耕地经营权转让给了龙头公司，曾问当地干部，农民为何愿意低价转让？当地干部说：农民自己搞不了规模经营，若分散经营，每亩年收入差不多也是 300～500 元。

骤然听，农民照此价格转让土地经营权似乎并未吃亏，可真实情况并不尽然。调研中我一路上不断听到有基层干部抱怨，说现在推动耕地流转难度大，不少农户不愿转让耕地。为了让农民转让，县里还派干部下乡驻村，责任到人，一家一户地去劝说农民。一语道破，原来目前农村耕地流转并非完全出于农民自愿，而是由地方政府在背后推动的。

由此我想到了耕地产权保护。农村耕地实行"三权分置"后，所有权归村集体，承包权和经营权归农户。在经济学里，承包经营权相当于产权。具体说，产权是指耕地的使用权、收益权、转让权。顾名思义，转让权包含"转让"或"不转让"两种权利。这是说，保护耕地产权不仅要保护农民自愿转让的权利，也要保护农民不愿转让的权利。

于是这就带出了一个问题：农民不愿意转让耕地经营权而地方政府却要求转让，此举是否侵害了农民的耕地产权（不转让的权利）？我的看法，地方政府的初衷绝不是要损害农民的利益，相反是为了帮助农民增收。有一位乡干部介绍说，农民将耕地流转给龙头企业后，不仅可以得到耕地转让费，同时还可以就近到龙头企业打工，每月拿到1 000元左右的工资，年收入可达上万元。听得出来，这位乡干部认为耕地转让无疑对农民有利。

乡干部这样看，可你猜农民怎么看？我做入户调查时有农民说："在村里打工能赚工资，到城里打工也一样挣工资。现在企业支付的耕地流转费每亩不足500元，而企业用流转的土地搞规模经营，每亩收益在5 000元以上，如果耕地由我们自己集中，再请省里的农业技术专家当顾问，每亩年收益绝对不止5 000元。"这位农民说得没错，后来我在吉首市隘口村看到农民自己成立合作社，每亩收益达到了 7 000 元。

值得研究的是，搞规模经营需要基础设施投资和引进科技，农民自己没有钱怎么办？在调研中我发现，但凡以农民为主体搞规模经营的地区，都是用耕地经营权抵押从银行取得贷款的。可是此做法目前只是在少数地区试点，面上并未推开。问题就在这里，耕地经营权若不允许抵押融资，农民搞规模经营的资金从何而来？

说实话，对耕地经营权不能抵押，多年来我一直有疑惑。政府当初有此规定，据说是因为农民没有耕地所有权。令人不解的是，我国法律明确规定资产使用权与收益权可以用于抵押，比如国有土地的使用权就可以抵押贷款，工商企业的特许经营权、高速公路收费权等也都是银行认可的抵押物。既然国有土地和工商企业的经营权可以抵押，为何农民的耕地经营权不能抵押呢？

另有一种解释说，如果允许农民把土地经营权抵押，一旦农民还不了贷款将会导致农民失地。我认为这种担心是杞人忧天。要知道，农民抵押给银行的只是经营权，即便日后还不了银行贷款，银行处置的也只是经营权，农民并未丧失承包权。想深一层，农民若将耕地经营权流转给企业，也同样会失去经营权，对农民来说是一回事。不同的是，农民将耕地流转给企业，是真正失去经营权；而抵押给银行，只是有可能失去经营权。

其实，耕地经营权能否抵押融资，从操作层面看关键在银行。当前银行对接受耕地经营权抵押顾虑重重，一方面是现行政策规定银行处置耕地经营权必须征得农民同意，否则不能处置；另一方面是没有全国性的耕地经营权流转市场，虽然各地已建立了区域性流转平台，但交易主体不多，银行难以通过这样的平台及时转让耕地经营权。

写到这里，本文的结论是：要推动以农民为主体的规模经营，必须允许农民用耕地经营权抵押融资。为此我提三点建议：一是尽快修订相关法律法规，确立用耕地经营权抵押的合法性；二是加快建立全国性耕地经营权流转市场，一旦出险，以便银行及时转让耕地经营权；三是由财政出资设立风险补偿基金，为金融机构适度分担或缓释贷款风险。

# 农民为何贷款难

> 耕地是农民的必需品,但应允许用于抵押贷款。城市住房也是必需品,城里人可以把住房用于抵押,为何农民的耕地不能抵押?有人说,是为了避免农民日后流离失所。要知道,允许抵押是一回事,农民是否会用于抵押是另一回事。你凭啥就断定农民会不计后果地将耕地贸然抵押呢?

农民贷款难由来已久,是老问题了。平心而论,这个问题到今天久拖不决并非政府不作为,相反,政府已煞费苦心。那么是银行对农民有偏见吗?当然也不是。撇开政策性银行不说,商业银行在商言商,自然不会对贷款对象分亲疏远近。既然政府重视而银行又无偏见,农民贷款难的症结究竟何在呢?

对此现象的解释,学界时下众说纷纭。而主流的看法则是农村金融机构少，满足不了农民的融资需求。说得直白些，这个观点认为，只要在农村多办一些金融机构，农民贷款难便可迎刃而解。也巧，我手头正好有一份调研报告，称西南某市在央行的支持下已拥有 27 家银行与 63 家非银行金融机构，网点覆盖 173 个乡镇，如此一来，据说当地农民贷款已不再难了。

我没去当地调研，相信报告所说是真的。不过我却有一个疑问：当地农民贷款不再难到底是由于金融机构多还是另有原因？之所以这么问，我想到的是中小企业贷款难。众所周知，目前中国的银行机构大都集中在城市，且为数不少，可为何城市中小企业也会贷款难呢？可见，贷款难不难重点并不在银行机构的多少，若信贷资源紧缺，银行再多怕也于事无补。

类似的例子是春运火车票。比如市场需要 100 万张，而铁路只能供应 80 万张，有 20 万张的缺口怎么办？我们听得最多的建议是增加售票网点（或实名购票），果然铁路公司也这么做了。效果如何呢？不必说，只要车票供应不增加，仅增多售票网点（或实名购票）无疑治标不治本，最后还是会有 20 万人买不到票。其实，农民融资难也一样，若不增加信贷供应，就是把银行办到农民家门口，农民也贷不到款，你信不信？

当然不是说增加信贷供应农民就一定能贷到款，那只是一方面。事实上，农民贷款难的背后还有更复杂的因素。早几年国内曾出现流动性过剩，说明银行手里并不缺钱，可那时农民不也照样告贷无门吗？近几年信贷资金虽然收紧，但银行每天都在发放贷款。令人困惑的是,为何有人能从银行借到钱而农民贷款却难于登天?难道银行真的歧视农民不成?

农民贷款难,可从两个方面分析。先从银行看,说过了,银行是企业,但不是一般的企业。区别在于,一般企业经营的是物质商品,对商品同时拥有使用权与所有权;而银行经营的是货币,而货币主要来自储户存款,银行只有使用权而无所有权。换句话说,信贷资金是银行向储户借来的,日后得还本付息,这也是银行要把"安全性"放在首位的原因。

再从融资角度看。融资有直接融资与间接融资两种,前者发行股票或债券,风险由投资者承担;后者则通过银行贷款,风险由银行承担。问题就在这里,按照《巴塞尔协议Ⅰ》,银行资本充足率不得低于8%,它怎么可能承担过多风险呢?正因如此,于是间接融资便有了特定的制度安排。其中的重要一点是,借贷人必须有资产抵押。想想也是,间接融资原本就是指借贷人自己有资产,只是资产形式与需求不匹配(如有不动产却需现金)才需银行融通。

由此可见,资产抵押是间接融资的前提。不过不要误会,并非所有的借贷都需抵押。银行吸收储户存款也是借贷,可它却无须抵押。为什么?因为银行向储户借贷相当于发债,是直接融资。严格地讲,只有通过中介机构的借贷才是间接融资,比如农民向银行贷款就是典型的间接融资,所以就需要有资产抵押。正是在这个意义上,多年来我坚持认为农民贷款难的症结不在银行，而是农民无资产抵押。

是的，银行不是慈善机构，不可能不规避风险，这一点不仅现在不能改变，今后也不可能改变。而引申到政策层面，其含义是解决农民贷款难问题，不要指望银行改规则，而是要设法让农民有资产抵押。这有可能吗？事在人为，可能性当然有。事实上，今天农民并非一贫如洗，他们是有资产的，至少宅基地是资产，住房也是资产。问题是，农民有资产为何不拿去进行抵押呢？

前几天见到一位县委书记，据他讲，农民目前拥有的宅基地使用权、住房所有权、土地承包权以及林地承包权中，现行法律仅允许"林权"一项可以抵押，且《物权法》与《担保法》明确规定宅基地不得抵押。法律有如此规定，当初立法者意图为何不得而知。最近我查阅文献，看到一位官方权威人士做了解释，其大意是：土地承包权、宅基地、住房等不能抵押而林地承包权可以抵押，原因是前者是农民的生活必需品，而后者不是。

这个解释听上去似乎在理，但深想却不然。我的疑问是，必需品为何不能用于抵押？抵押作为一种风险约束，应当是抵押品越重要，风险约束力越强。再说，城市住房也是必需品，城里人可以把住房用于抵押，为何农民的耕地不能抵押？也许有人说，那是防患于未然，避免农民日后流离失所。此担心虽可理解，但我看是杞人忧天。要知道，允许抵押是一回事，农民是否会用于抵押是另一回事。农民不蠢,你凭啥就断定农民会不计后果地将耕地贸然抵押呢?

所谓法律面前人人平等,我的理解是,人人都得守法,不管是谁,天王老子违法也要惩处,另一层含义是,法律要保障公民的平等权利。具体就银行贷款来说,农民的资产可否用于抵押,旁人不必越俎代庖,还是得多听听农民的意见,把选择权交给农民吧。

## 附录一

# 观察者说

中国经济学家的责任

国际视野与历史眼光

实践是压倒一切的标准

理论提炼与理论验证

我与经济学的不解之缘

# 中国经济学家的责任

> 经济学家不能只回答"是什么",还要研究"怎么做";不能只埋头在书斋里钩沉索隐,构筑自己的理论大厦,还要投身到现实中去,有的放矢,拨云见日。总之一句话,经济学家不仅要"把脉"看病,而且要开药方治病救人。这是经济学的传统,更是中国经济学家的责任。

拿破仑曾经讲过一个笑话:聪明但喜欢走捷径的人,最好去当将军;又聪明又勤快的人,让他去当参谋;不聪明、爱偷懒的人,可以去当传令兵;但勤快、愚蠢的人,最好什么也别让他做。在现代社会中,若照拿破仑的说法对号入座,经济学家的定位,应该是当好"参谋"。

经济学家要当好参谋,就得研究现实、服务现实。若脱离了实际，顶多是个"黑板经济学家"。当年，王明从莫斯科中山大学毕业，学了一肚子理论，言必称马列，自称是百分之百的布尔什维克，可就因为他脱离了中国实际，致使第五次反"围剿"失败，工农红军被迫长征，给中国革命造成巨大损失。相比之下，毛泽东没喝过"洋墨水"，他的马列主义不仅从书本上学，更注重从实践中总结，结果被王明说成"山沟里的马列主义"。事实证明，"山沟里的马列主义"反而能救中国。

对中国经济学家来说，这应当是一个启示。毋庸讳言，之前我们学习的经济学，无非来自两个方面：一方面是马克思主义政治经济学，另一方面是西方经济学。但不管是哪个方面的经济学，都必须结合中国的实践。说得更直白些，中国的经济学应该体现中国特色、中国风格、中国气派；中国的经济学家，应该根植于中国的土壤，致力于解决我们中国自己的问题。

我曾经多次说过，一部经济学说史，其实就是一部经济学家关注现实、改造世界的历史。18世纪中期以前，欧洲各国的经济干预政策，给资本主义发展戴上了枷锁，针对这种情况，亚当·斯密登高一呼，在《国富论》中阐述了著名的"看不见的手"的理论，提出了自由贸易主张，从而为工业革命和资本主义黄金时代的到来铺平了道路。

再伟大的理论，也包容不了不断发展的现实。到1929年，自由放任政策走到了历史的尽头。大危机的风暴席卷西方，企业倒闭、工人失业、生产萎缩、经济凋零,资本主义制度临近崩溃的边缘。就在此时,凯恩斯挺身而出,开出了医治经济危机的"药方",主张国家干预。资本主义由此起死回生,凯恩斯也成为拯救西方世界的英雄。

可是凯恩斯的"药方"同样也不能包治百病,20世纪70年代,凯恩斯"药方"的后遗症发作,西方国家出现了"滞胀"。为了打破这一僵局,以拉弗为代表的经济学家,设计出了一套"减少税收、稳定货币"的经济纲领。这套纲领,帮助里根赢得了1980年的大选,并为里根执政期间医治通胀、刺激经济增长立下了汗马功劳,以至于在美国开创了一个所谓的"里根经济学"时代。

市场经济在西方经历了几百年的演变,许多制度安排,经过长期的磨合,已经达到了相对稳定的状态。就好比一条大河已经形成,人们在大河的旁边,依山傍水建造城市,尽管有时也要对河道进行疏通,但这毕竟只是局部的治理。然而,中国的情况大不一样。我们从计划经济转轨到市场经济,好比是在城市已经初具规模之后,让大河改道。如果设计得不好,一旦大河改道不成,河水泛滥,其后果可能是灾难性的。从这个意义上讲,中国经济学家所面临的挑战,可能比西方经济学家更为严峻。也正因如此,中国经济学家更需要立足现实、脚踏实地,不仅要有大刀阔斧的勇气,而且要有战战兢兢、如履薄冰的谨慎。

回顾过去，中国经济改革成就卓著；展望未来，未来的道路并不平坦。自古华山一条路，一系列重大的理论和现实问题横亘在我们面前——稳定就业、科技创新、国企改革、乡村振兴、生态环境、风险化解等，这些问题相互关联，剪不断，理还乱，亟待我们做出回答。

不过有一点很清楚，那就是解决这些问题的责任，不能完全推给政府决策部门的官员。实现中华民族伟大复兴，是全民族的事情，每个人都应为此尽一份力。而经济学家作为以研究经济为职业的群体，更应该就如何解决当前面临的各种现实问题开展研究，做出具有建设性的理论成果，为政府做决策提供选择方案。

由此说，经济学家不能只描述现象、就事论事、回答"是什么"，还要对症下药，研究"怎么做"；不能一味地指责这个不行、那个不管用，还要研究怎样才能行、怎样才管用；不能只埋头在书斋里钩沉索隐，构筑自己的理论大厦，还要投身到现实中去，有的放矢，拨云见日；不能只做事后诸葛亮、单纯总结教训，还要做事前诸葛亮，未雨绸缪，防微杜渐。总之一句话，经济学家不仅要"把脉"看病，而且要开药方治病救人。这是经济学的传统，也是经济学家的责任。

需要指出的是，经济学和政治学毕竟不是一回事，政治源于经济而又高于经济。经济学家提出一项主张与政府部门做出某项决策，面临的可能是完全不同的约束，依据的可能是完全不同的条件。明白了这个道理，有助于我们走出书斋，进入角色，以求提出的建议尽量符合实际，避免犯不当家不知柴米贵的毛病，甚至闹出堂吉诃德大战风车式的笑话。

明白了上面这个道理，也有助于我们经济学家在自己的建议没得到政府采纳时保持一个平静的心态。这个时候，我们最好相信理性的力量，相信逻辑的力量。改革是一个探索的过程，探索是一个不断认识的过程，30年前，当经济学家提出计划经济体制向市场经济体制转轨的时候，并不被大多数人所理解，然而谁又能否认，今天我们已成功地完成了这一伟大创举呢？

毛泽东同志在《中国革命战争的战略问题》中有一句名言："中国革命战争的规律——这是任何指导中国革命战争的人不能不研究和不能不解决的问题。"由此我们可以做一个类比：中国现代化的规律——这是任何直接或间接指导中国现代化事业的人不能不研究和不能不解决的问题。在山叠嶂、水纵横的经济改革之路上，中国经济学家要拿出顶风冒雨的雄心、舍我其谁的气概，秉承经济学的传统，真正肩负起经济学家的历史使命。

# 国际视野与历史眼光

> 进入21世纪的第三个10年,一次新的发展机遇正朝我们迎面走来,同时我们也将遭遇更为严峻的挑战,单边主义、逆全球化等影响国际环境的不确定性因素增多。知己知彼,百战不殆。要化危为机,变被动为主动,必须有开阔的国际视野和历史眼光。

中国是个文明古国,早在3 000多年前,黄河流域就诞生了"农耕文化",人们日出而作,日落而息,男耕女织,生息繁衍。尧舜禹、夏商周、秦皇汉武、唐宗宋祖,威动海内,四方臣服。泱泱大中华,直到18世纪还是康乾盛世,国富兵强。"普天之下,莫非王土,率土之滨,莫非王臣。"在东方巨人的眼里,大洋西面的世界皆蛮荒小国,只配朝圣觐见,以我为师。

与我们的妄自尊大相反,西方国家从未错过向中国学习的机会。盛唐时期，东瀛使者越洋而来，他们不仅穿上宽袍大袖的唐服，练习笔走龙蛇的汉字，还带走了朱雀大街的图样、大唐帝国的典籍律令。与日本人相比，欧洲人的好学更是有过之而无不及。中国的四大发明，让他们如获至宝，一批批船队装上罗盘，扬帆东行；商人扔掉鹅毛笔和羊皮，印刷出讨伐暴君的檄文；倒皇派摘下长剑和头盔，用火药枪击溃朝廷军队，建立了"共和体制"。

对西方的风云巨变，中华帝国一无所知。当麦哲伦环球航行时，明朝嘉靖皇帝却颁布谕旨，宣布"闭关"。清朝一代雄主乾隆皇帝在给英国国王乔治三世的信中，也回绝了对方扩大通商的要求。西方使节送来的火炮、船模、望远镜，被视为奇技淫巧，束之高阁。英伦三岛的机器轰鸣，美国哈得孙河上汽笛的尖叫，被紫禁城厚厚的宫墙隔开，中西差距在不知不觉中越拉越大。1776 年，英国亚当·斯密发表《国富论》，他指出，忽视海外贸易，闭关自守，使中国的文明停滞了。

鸦片战争的失败，令中国的有识之士觉醒。禁烟英雄林则徐，最早睁眼看世界，一片苦心编撰《四洲志》，但未及上达圣听，就被发配至新疆。他的好友魏源，皓首穷经十余年，写成 100 卷《海国图志》，在国内的发行量却不及日本，其"师夷长技以制夷"的天才思想，让日本人发挥得淋漓尽致，甲午海战以大清舰队全军覆没收场。著名思想家严复，潜心翻译《国富论》，可大清官员怎听得进洋人的"一派胡言"，维新变法的经济改革政策，呱呱落地百余天就中途夭折。西风东渐没多久，大清帝国便荡然无存。

冬去春来，潮涨潮落，诉说着大自然的变化。繁荣鼎盛，人亡政息，折射出人类社会的发展规律。19世纪上半叶，"日不落帝国"还是"世界工厂"，伦敦银行吞吐着天下财富；50年后，美国就通过高速工业化，把昔日的宗主国甩到了身后；拿破仑叱咤欧洲大陆时，德意志还是四分五裂、一盘散沙，但它以经济统一促进政治统一，通过普法战争成了欧洲新霸。

日本在二战后脱胎换骨，以产业政策推动经济赶超；苏联改革的列车脱出轨道，卫星上天，红旗落地。工业革命以来的近300年，世界各国大变革、大竞争、大交流，有的先声夺人，有的急流勇进，有的奋起直追。国际社会，百舸争流，群雄逐鹿，演绎出了一幕幕惊心动魄的人间活剧。

应该说，20世纪80年代前，我们对西方世界仍是管中窥豹、知之甚少。由于种种原因，国人对西方的经济成就更是讳莫如深。而长期的闭塞视听，使我们缺乏冷静的观察思考。我们曾以苏联老大哥为师，建立了计划经济体制，并且认为只有计划经济才是社会主义的独门单方，资本主义无序的市场经济，最终会失败。殊不知早在20世纪30年代，美国罗斯福总统推行"新政"时就借鉴了苏联的做法，国家开始干预经济。

1936年，英国经济学家凯恩斯出版《就业、利息和货币通论》，此后政府调控经济，风行整个西方世界，并创造了数十年的经济繁荣。我们也曾认为，社会主义和资本主义的根本不同，就在于前者是"一大二公"，后者是生产资料私人占有，但却没有看到，二战后欧洲各国大搞"国有化"，国家对经济的控制，比起我们来并不逊色。

我自己是过来人，经历过短缺经济年代。而即便在那个年代，我们还以为西方国家的人民仍生活在水深火热之中，殊不知人家早就建立了社保体系，高水平福利让我们望尘莫及。当我们为既无内债又无外债而沾沾自喜的时候，国际贸易、资本全球流动早已蔚然成风。闭上眼睛捉麻雀，使我们一次又一次地与"历史机遇"擦肩而过。

古人云"亡羊而补牢，未为迟也"。改革开放以来，我们冲破樊笼，解放思想，立足国情，锐意改革，敞开国门，大胆吸收发达国家一切有用的文明成果，国家建设欣欣向荣，经济发展一日千里。从一定意义上说，通过改革开放，我们才对西方世界重新认识、重新定位、重新估价。

打开国门，我们看到了世界的丰富多彩，得出了各国文明的多样性是人类文明进步动力的结论，不再视西方文化为洪水猛兽，而是大胆借鉴，为我所用。正因如此，我们改革开放一路顺风顺水，稳步前行。2010年，中国成为全球第二大经济体，而且已迎来从站起来、富起来到强起来的伟大跨越。中华民族复兴的曙光初现，新中国洗去了百年耻辱，已跻身于世界强国之林。

今天，我们已进入 21 世纪的第三个 10 年，经济全球化风起云涌，中国与世界的联系更加紧密。历史行进于此，一次新的发展机遇正朝我们迎面走来。但毋庸讳言，我们也将遭遇更为严峻的挑战，单边主义、逆全球化等影响国际环境的不确定性因素增多。知己知彼，百战不殆。要化危为机，变被动为主动，我们必须有开阔的国际视野和历史眼光。

纵观世界历史，当西方发展历程中的经典事件逐一展现在我们面前的时候，那些曾经莫衷一是的经济理论、举棋不定的经济决策、盘根错节的经济关系、功过难评的经济后果，一定会触动我们的心灵，引发我们对中国经济问题的深入思考。如果我们能从西方兴衰嬗变的历史中找到经验教训，便可趋利避害、少走弯路。中国改革的巨轮，也一定会乘风破浪、一往无前。

# 实践是压倒一切的标准

> 历史可以昭示未来。我们纪念真理标准问题讨论40周年,就是为了深入领会和牢记"生产力标准",并在未来的全面深化改革中继续坚持这个标准。经济理论工作者无论做理论研究还是提政策建议,都要尊重这个标准;而且政府部门做决策,更应坚持这个标准。

经过40年改革开放,我国已成为全球第二大经济体,综合国力进入世界前列,人民生活水平明显改善,中华民族迎来了从站起来、富起来到强起来的伟大飞跃。现在回过头来总结,我国改革开放取得成功,其中一个重要原因是,我们党在推动改革的过程中始终坚持实践是检验真理的唯一标准。

在经济建设领域,坚持实践是检验真理的唯一标准,就是坚持生产力标准。早在真理标准问题讨论之初，邓小平同志就提出了生产力标准。他指出："按照历史唯物主义的观点来讲，正确的政治领导的成果，归根到底要表现在社会生产力的发展上，人民物质文化生活的改善上。"1980年邓小平在会见外宾时又说："社会主义经济政策对不对，归根到底要看生产力是否发展，人民收入是否增加。这是压倒一切的标准。"

在经济改革领域，坚持生产力标准就是要反对教条主义。1984年10月召开的党的十二届三中全会通过了《中共中央关于经济体制改革的决定》，对我国社会主义建设正反两方面的经验进行了总结，明确提出社会主义经济是在公有制基础上的有计划的商品经济。1984年10月，邓小平在中央顾问委员会第三次全体会议上感慨地说："过去我们不可能写出这样的文件，没有前几年的实践不可能写出这样的文件。写出来，也很不容易通过，会被看作'异端'。我们用自己的实践回答了新情况下出现的一些新问题。"

反对教条主义，在理论上不仅要破除对"苏联模式"的迷信，同时还要破除对西方经济理论的迷信。我们党提出建立社会主义市场经济体制之初，就有西方著名学者说"社会主义市场经济体制的提法不可思议"。因为按照西方经济学的观点，市场经济只能在私有制基础上运行，而中国坚持以公有制为主体，所以他们认为中国不可能建立市场经济体制。

我们党并没有受这种"洋教条"的束缚。1992年，邓小平在南方谈话中提出："计划经济不等于社会主义，资本主义也有计划；市场经济不等于资本主义，社会主义也有市场。"事实胜于雄辩。这些年我们坚持以发展生产力为标准，不断改革公有制实现形式，经过从"放权让利"到"承包经营制"再到建立现代企业制度等一系列改革探索，终于找到了公有制与市场经济的结合点。到 2010 年，我国社会主义市场经济体制已基本建立。

从具体操作层面讲，坚持生产力标准，就是要尊重群众的首创精神。群众是实践的主体，同时也是改革的主体。1979 年，邓小平在《高级干部要带头发扬党的优良传统》中指出："我们搞四个现代化，因为经验不足，会面临多方面的困难……这些问题，归根到底，只有相信群众，依靠群众，充分走群众路线，才能够得到解决。"中国 40 年的改革开放实践证明，无论是农村改革还是城市改革，人民群众都是积极的创造者和推动者。

以农村改革为例。1978 年 12 月，安徽凤阳小岗村 18 户农民自发搞起了"大包干"，由此揭开了农村改革的序幕。1980 年 9 月，中央决定允许农民根据自愿原则实行家庭联产承包责任制；1982 年 1 月，中央一号文件明确指出，包产到户、包干到户"都是社会主义集体经济的生产责任制"；到 1983 年初，中央一号文件进一步肯定，家庭联产承包责任制是"在党的领导下我国农民的伟大创造"。

1983年后，家庭联产承包责任制迅速推开，当年实行"包产到户"的生产队就占到了93%。邓小平指出："农村搞家庭联产承包，这个发明权是农民的。"他说："新的农村政策优势从哪里来的？难道是我们几个中央领导同志，我们的省长、书记们的发明吗？这里面当然有党的集体智慧，各级党政领导确实做了大量概括和提高的工作。而更重要的，却是亿万农民的实践，亿万农民的创造。"他还说："农村改革中的好多东西，都是基层创造出来，我们把它拿来加工提高作为全国的指导。"

事实上，农村民主政治改革也是首先由农民推动的。1980年2月，广西宜山合寨村85户农民以无记名投票方式，选举产生了我国第一个村民委员会，实行村民自治、自我管理。合寨村第一任村委会主任韦焕能回忆说，"包产到户"后，原先生产队的凝聚力和约束力逐渐减弱，村里偷盗、乱砍滥伐集体山林的情况增多，群众呼吁加强管理。在这一要求下，合寨村进行了民主选举，成立了村民委员会，订立了村规民约。合寨村的探索实践为改革后的乡村治理提供了新的经验。1982年，"村委会"这一组织形式被写进修改后的宪法；1987年11月24日《中华人民共和国村民委员会组织法（试行）》在全国人大常委会获得通过，这标志着"中国村民自治第一村"的探索已经上升为国家意志。

再看城市改革。城市改革以国企改革为突破口。在国企改革过程中，企业职工的作用居功至伟。有一项统计，从 1987 年 4 月到 2003 年底，国企职工每年为企业提出的科技建议达 79 万条，被采纳 43 万条，技术创新达 20 万项，创造了显著的经济效益和社会效益。

非公经济的发展也同样来源于群众首创精神的释放。1982 年温州出现创业潮，当地个体工商企业超过 10 万家，形成了闻名全国的"温州模式"。温州的非公经济发展在当时能领跑全国，温州人自己说是他们"敢为人先，特别能创业"的精神得到了充分尊重，所以温州才走出了一条"生活逼出来，市场放出来，群众闯出来"的独特发展之路。

习近平总书记讲过，改革开放是亿万人民自己的事业，必须坚持尊重人民首创精神。他指出，要广泛听取群众意见和建议，及时总结群众创造的新鲜经验，充分调动群众推进改革的积极性、主动性、创造性，把最广大人民的智慧和力量凝聚到改革上来，同人民一道把改革推向前进。党的十八大以来，人民群众的首创精神催生了互联网经济蓬勃发展，电子商务、互联网金融、互联网医院、虚拟产业园等相继涌现。

历史可以昭示未来。在未来的全面深化改革中我们必须继续坚持"实践标准"。我说过，经济理论工作者要当好政府的"参谋"，无论做理论研究还是提政策建议，都要尊重这个标准；而且政府部门做决策，更应坚持这个标准。唯有如此，才能不断开创我国现代化建设的新局面。

# 理论提炼与理论验证

> 世界上没有绝对真理。理论通过事实检验而未被推翻,理论就算暂时成立。但理论不是僵化的教条,实践在发展,理论也要不断接受实践的检验,所以不必迷信西方的经济学理论,应该立足中国实际,坚持与时俱进。

先做一点说明,我这里所说的"理论",是指经济学理论。顾名思义,我这篇文章是要讨论提炼经济理论与验证理论的科学方法问题。理论来自实践,可面对纷繁复杂的经济实践,我们应该怎样提炼理论?同时,从实践中提炼的经济理论,需要经过事实检验而不被推翻才算成立,那么我们又应该怎样验证理论呢?

严格地讲,上面的问题是哲学(逻辑学)方面的学问。读者或许会问:研究经济学为何要谈哲学?不是我要谈哲学,是经济学研究的基本方法是哲学；而且经济学研究到理论层面，都是在用哲学提炼规律。大家知道，《资本论》是一部经济学著作，而马克思用的就是"从具体到抽象，再从抽象到具体"的哲学方法。事实上，古往今来大多数杰出的经济学家，同时也是哲学家。

言归正传。先说提炼经济理论的方法。何为经济理论？经济理论是对经济规律的表述，如大家熟知的"需求定律""供求原理"等皆为经济理论。我们为何需要经济理论？因为事实不能用事实解释，解释事实（认识实践）需要理论。一旦有了科学的理论，也就掌握了规律，掌握了规律便能指导实践。问题是，怎样提炼理论呢？

经济学提炼理论的方法，不外有两种：一种是归纳法，另一种是演绎法。所谓归纳法，是指从经济活动中寻找人类行为共性的方法。共性即规律。举个例子，德国学者恩格尔曾通过观察大量统计数据发现了一个规律性的事实：收入低的家庭，食品支出在收入中的占比相对高；而收入高的家庭，食品支出的占比却相对低。这个发现后来通过事实验证一直未被推翻，于是学界称之为"恩格尔定律"。

由此可见，归纳法具有三个特点：第一，归纳的依据必须是可以观察的事实，而且观察到的样本（事实）越多，所得判断被推翻的可能性越小；第二，归纳所得出的判断是对某类事实共性特征的描述，如"高收入决定高消费""中等收入陷阱"

等，此类判断一般是全称判断；第三，归纳形成的理论是定律（经验性事实）而非定理，如需求定律、恩格尔定律、奥肯定律等。

演绎法不同于归纳法。从推理过程看，演绎法是先提出假设，然后根据假设做推断；从推出的判断看，演绎推出的不是全称判断，而是假言判断或定理（有逻辑前提的判断）。由此决定，演绎推理的重点并不是描述事实，而是解释事实。比如前面提到的"恩格尔定律"是描述事实，而"科斯定理"则是解释事实。"科斯定理"说："若交易成本为零，产权界定清晰，产权无论界定给谁，市场运行皆能达到高效率。"显然，其中"交易成本为零"与"产权界定清晰"是假设，而"达到高效率"是判断。

想深一层，用演绎推理解释事实，其实就是寻找并指出事实存在的约束条件。黑格尔有句名言——"存在即合理"，意思是任何存在都有存在的原因。时下国内房价高企，很多人认为不合理。可按黑格尔的观点，房价高必有房价高的道理。你认为不合理，是因为你不知道高房价存在的约束条件。假若我们不喜欢高房价，应该找到高房价的约束条件并改变它。若约束条件不改变，高房价就一定存在。

以上说的是提炼理论的方法，下面再说怎样验证理论。由于归纳法不同于演绎法，所以对两种推断做验证也有不同的方法。说过了，归纳法提炼理论的依据是事实，证明某理论成立的方法是举证大量的事实。而验证理论相反,验证理论也用事实,但验证的目的不是证实,而是证伪,证伪无须大量举证事实,只要举出一个反例,理论就被推翻,若举不出反例,理论才算成立。

我曾撰文质疑凯恩斯的《就业、利息和货币通论》,该书提出过一个理论,即"边际消费倾向递减规律",说随着人们收入增长,消费也会增长,但消费增长赶不上收入增长,导致消费率不断递减,储蓄率不断上升。在凯恩斯所处的时代,这个现象也许是事实,但我们今天所观察到的事实是,美国的居民储蓄率自 20 世纪 70 年代以来不升反降。仅此一例,足以证明消费倾向递减并非规律,至少不是永恒规律。

验证"演绎推理"要复杂一些。演绎推理是假言判断,对假言判断做验证有三个重点。第一个重点是看"假设"是不是事实,若不是可观察的事实,其推断将无法验证。第二个重点是看推理的结论是不是事实,若结论不是可观察的事实,其推断也无法验证。这样说吧,只要假设与推断有一方不是事实,理论皆不可能被推翻。而不可能用事实证明为错的理论,同样也不可能用事实证明其为对。

若假设是事实,推断的结论也是事实,那么验证理论的第三个重点是看假设与推断是否存在真实的因果关联。比如你家门前的树长高是事实,你家的孩子长高也是事实,可两者间并无内在的因果关系。胡适先生说"大胆假设,小心求证"。大胆假设是指从具体到抽象的研究，通过分析事实存在的各种原因，从而提出一种理论解释；小心求证，则是从抽象到具体的验证，即反复用事实验证理论能否被推翻。

最后我再多说一句，世界上没有绝对真理。理论通过事实检验而未被推翻，理论就算暂时成立。但理论不是僵化的教条，实践在发展，理论也要不断接受实践的检验，不断地完善甚至修正，所以我们不必迷信西方的经济学理论，应该立足中国实际，坚持与时俱进。所谓理论之树常青，说的就是这个道理吧。

# 我与经济学的不解之缘

> 研究经济学要坚持三条：反复读经典，跟踪权威学术期刊，密切关注现实。常读经典可以温故知新，随着生活阅历的逐步丰富，在不同年龄段读经典会有不同的感悟；跟踪权威期刊，是为了把握学术前沿；而只有关注现实，才可能推动理论创新。

中学时代我的梦想是当作家，也发表过几篇文学作品，1979年考大学，却与经济学结下不解之缘。前10年念书，本科与研究生皆就读于中南财经大学，1988年投入中国人民大学宋涛教授门下，1991年7月博士毕业后到中央党校任教。从学术经历讲，从校门到校门，平淡加简单，是人们所说的那种"两门学者"。

曾对朋友说过，我学经济是误打误撞。父母目不识丁，学业上不可能给我建议；而上大学前，自己对经济学也一无所知。当年选择学经济，是以为学了经济会挣钱。小时候家里穷，时常忍饥挨饿，穷则思变，报考经济系便成了首选；再一个原因，读小学时跟村里的会计学过珠算，算盘打得好，自以为有学经济的底子。无知者无畏，于是懵懵懂懂地踏进了经济学的门槛。

所幸运气不错。中南财大当时虽不算名校，但学术氛围非常好，经常举办各种学术讲座，至今几十年过去了，有些讲座我仍记忆犹新。入学不久，听了系主任杨怀让教授"关于社会主义生产目的"的学术报告，我意识到经济学并不是自己原来理解的记账算账那么简单；张培刚、谭崇台、许毅、刘涤源等名家的讲座，更是让我大开眼界，迷上了经济学。

我对母校最深的印象是考试很难，要求背的书很多，同学皆苦不堪言。幸好当时年轻，有点过目不忘的本领，这样大学四年，书确实背了不少，今天写文章引经据典得心应手，就得益于那几年下过苦功夫背书。在读经典方面，给我指导最多的是谷远峰教授，他学富五车，又是湖南同乡，经他指点，本科时我通读了斯密、李嘉图、马歇尔、费雪、凯恩斯等大师的 50 多本著作。

在求学经历中，有两位老师必须提到。一位是我的硕士生导师王时杰教授，他对现实问题的观察入木三分，不仅谈吐风趣，讲课也有举不完的例子。有人说我的演讲风格像他，应该是对的。另一位是博士生导师宋涛教授。宋老乃国内学界泰斗，治学严谨自不必说。从他那里除了学习经济学之外，还懂得了学者的使命与责任。宋老总是告诫我，研究经济要实事求是、讲真话。

说到学术研究，前后 40 多年，我的研究大致分三个阶段：从上大学到博士毕业，研究重点是基础理论，这个时期的论文大多发表在《经济研究》和大学学报上；进中央党校后要给高中级干部授课，不得不走出书斋，赴工厂、乡村调研，其间写过不少内部研究报告；1997 年起，我开始为报刊写专栏，每周一篇，至今未间断。

我体会，研究经济学要坚持三条：反复读经典，跟踪权威学术期刊，密切关注现实。常读经典可以温故知新，随着生活阅历的逐步丰富，在不同年龄段读经典会有不同的感悟；跟踪权威期刊，是为了把握学术前沿；而只有关注现实，才可能推动理论创新，避免闭门造车放空炮。在中央党校工作，调研条件得天独厚，我写文章一定会先去调研，未做实地调查，不会贸然下笔。

研究经济学数十年，不敢说对经济学有多大贡献，但自认是一位勤奋的学者，所撰写的"与官员谈"系列丛书\* 以及《中国的难题》《中国的选择》《中国的前景》等，在党政官员

---

\* "与官员谈"系列丛书共 8 本，分别是《与官员谈西方经济学》《与官员谈中国经济》《与官员谈经济政策》《与官员谈经济学名著》《与官员谈西方经济史》《与官员谈现代金融》《与官员谈财政税收》《与官员谈中国改革》。

中引起强烈反响,《经济学笔谭》《经济学反思》《经济学分析》等也深得读者青睐,在各地调研时,曾遇见不少读者能将书中某些段落背出来。

作为为高中级干部主讲经济学的教师,我一直有一个愿望——写一本供非专业读者阅读的教科书,为此我足足准备了25年。2020年3月卸任中央党校副校长后,便闭门谢客,足不出户,用一年时间终于写完了《王东京经济学讲义》,2021年由中信出版集团出版后,当年重印数次,看到有如此多的读者,说自己没有一点成就感肯定是假话。

现在出版的这本《中国经济突围》,我在前言中做过介绍,这里再多说一句,本书记录的是我对中国进入新发展阶段一系列关键议题的思考。我知道,人们对现实问题往往见仁见智,看法难免有分歧,也正因如此,我才将自己的思考写出来参与讨论,当然也是为了供决策部门参考。

附录二

# 回望改革历程

## 怎样看待改革开放前后两个历史时期
——基于我国基本经济制度形成发展逻辑的分析

## 中国市场经济改革的逻辑

## 国企改革攻坚的路径选择

# 怎样看待改革开放前后两个历史时期

## ——基于我国基本经济制度形成发展逻辑的分析

> 怎样看待改革开放前后两个历史时期？习近平总书记强调："对改革开放前的历史时期要正确评价，不能用改革开放后的历史时期否定改革开放前的历史时期，也不能用改革开放前的历史时期否定改革开放后的历史时期。"习近平总书记还指出："这是两个相互联系又有重大区别的时期，但本质上都是我们党领导人民进行社会主义建设的实践探索。"

研究新中国经济史，有一个问题不会回避：怎样看待改革开放前后两个历史时期？习近平总书记强调："对改革开放前

---

\* 本文发表于《管理世界》2022 年第 3 期。

的历史时期要正确评价，不能用改革开放后的历史时期否定改革开放前的历史时期，也不能用改革开放前的历史时期否定改革开放后的历史时期。"习近平总书记还指出："这是两个相互联系又有重大区别的时期，但本质上都是我们党领导人民进行社会主义建设的实践探索。"*2021年11月，党的十九届六中全会审议通过的《中共中央关于党的百年奋斗重大成就和历史经验的决议》，对改革开放前后两个历史时期做了科学评价。可时至今日，人们对这个问题的认识仍存在分歧。本文将通过分析我国基本经济制度形成发展的理论逻辑和实践逻辑，证明改革开放前后两个历史时期不能相互否定。

## 一、怎样看待改革开放前后两个历史时期生产资料所有制调整

马克思、恩格斯在《共产党宣言》中指出，共产党人就是要消灭私有制†。这也是我们党自成立时就确立的最高纲领。从新中国成立到1978年，我国建立了生产资料"国家所有制"与"集体所有制"，理论界称之为"单一公有制"。改革开放后，我国形成了以公有制为主体，多种所有制经济共同发展的

---

\* 中共中央文献研究室.十八大以来重要文献选编（上）[M].北京：中央文献出版社，2014.
† 马克思，恩格斯.共产党宣言[M].北京：人民出版社，1964.

格局。所有制关系的这种调整，是由我国基本国情和所处的发展阶段决定的。

（一）新中国要站起来亟待建立独立的工业体系，建立独立的工业体系需采用国家所有制和集体所有制

1949年新中国成立时，我国有5亿多人口，而国民收入仅360亿元，经济落后，工业基础尤其薄弱。1949年我国社会总产值中农业占58.3%，工业（包括建筑业、运输业在内）仅占29.3%，工业总产值占工农业总产值的17%，重工业几乎一片空白。与其他国家相比，我国工业化水平更是相差甚远，以钢、电产量为例，1950年，美国人均钢产量538.3公斤，印度4公斤，而中国1952年才2.37公斤；美国人均发电量2 949千瓦时，印度10.9千瓦时，而中国到1952年才2.76千瓦时。毛泽东曾经说："现在我们能造什么？能造桌子椅子，能造茶碗茶壶，能种粮食，还能磨成面粉，还能造纸，但是，一辆汽车、一架飞机、一辆坦克、一辆拖拉机都不能造。"[*]

人类历史告诉我们，落后就会挨打。鸦片战争后的100年，由于我们没有重工业，屡受西方列强欺辱，被人称为"东亚病夫"。新中国成立后百废待兴，急需搞建设，可是以美国为首的西方国家除在经济、技术上封锁中国外，还发动朝鲜战争，

---

[*] 毛泽东.毛泽东文集（第六卷）[M].北京：人民出版社，1999.

企图把新中国扼杀在摇篮之中。中国要真正站起来，必须迅速增强国防实力，建立起自己独立完整的工业体系。毛泽东同志讲："没有独立、自由、民主和统一，不可能建设真正大规模的工业。没有工业，便没有巩固的国防，便没有人民的福利，便没有国家的富强。"*

关于工业化的重要性，毛泽东同志早在20世纪40年代就多次讲，我们在推翻"三座大山"之后的最主要任务，是搞工业化，由落后的农业国变成先进的工业国，建立独立完整的工业体系。†在1949年3月党的七届二中全会上他明确指出，新民主主义革命的胜利，"还没有解决建立独立的完整的工业体系问题，只有待经济上获得了广大的发展，由落后的农业国变成了先进的工业国，才算最后地解决了这个问题"‡。1953年8月，毛泽东同志在修改中央财经会议文件时，正式提出了党在过渡时期的总路线，指出"从中华人民共和国成立，到社会主义改造基本完成，这是一个过渡时期。党在这个过渡时期的总路线和总任务，是要在一个相当长的时期内，基本上实现国家工业化和对农业、手工业、资本主义工商业的社会主义改造"§。可见，在当时的历史背景下，只有加快推进"工业化"，

---

\* 毛泽东.毛泽东选集（第三卷）[M].北京：人民出版社，1991.
† 毛泽东.毛泽东文集（第三卷）[M].北京：人民出版社，1996.
‡ 毛泽东.毛泽东选集（第一卷）[M].北京：人民出版社，1991.
§ 中共中央文献研究室.毛泽东文集[M].北京：人民出版社，1999.

中国才能摆脱困境，才能真正站起来。

推进工业化，需要国家投入大量资金。国家投资办工业企业，生产资料当然归国家所有。可农村土地为何要采用集体所有制呢？1949年我们党取得政权之初，我国农村人口的比重超过90%，是一个落后的农业国。一个农业国发展工业，资金从哪里来？中国既不可能像一些资本主义国家那样通过掠夺殖民地积累原始资本，也无法通过小规模的手工业发展，缓慢积累大工业的资本。唯一的选择就是，依靠农业为工业积累资本。毛泽东同志曾明确讲："为了完成国家工业化和农业技术改造所需要的大量资金，其中有一个相当大的部分是要从农业方面积累起来的。"*

新中国成立后，我国通过土地改革废除封建土地所有制，让广大农民获得了土地。农民有了土地后，"舍不得穿，舍不得吃，尽一切力量投资到生产里头去"†，可农民人均耕地只有3.27亩，牲口和农具严重不足，贫雇农平均每户不足半头耕畜、半部犁，而且农田水利设施也十分简陋。1949年，全国库容超过1亿立方米的大型水库只有6座，库容1 000万立方米到1亿立方米的中型水库也只有17座，其中两座是20世纪50年代续建完成的，灌溉面积仅2.4亿亩。这种状况严重制约了农业生产效率。

---

\* 毛泽东.毛泽东文集（第六卷）[M].北京：人民出版社，1999.
† 陈云，在中国共产党第一次全国宣传工作会议上的讲话，1951年。

基于这种状况，毛泽东同志指出："个体农民，增产有限，必须发展互助合作。对于农村的阵地，社会主义如果不去占领，资本主义就必然会去占领。难道可以说既不走资本主义的道路，又不走社会主义的道路吗？资本主义道路，也可增产，但时间要长，而且是痛苦的道路。我们不搞资本主义，这是定了的，如果又不搞社会主义，那就要两头落空。"* 毛泽东同志还说："不靠社会主义，想从小农经济做文章，靠在个体经济基础上行小惠，而希望大增产粮食，解决粮食问题，解决国计民生的大计，那真是难矣哉！"†

1951 年 12 月，中央印发的《关于农业生产互助合作的决议（草案）》指出，土地改革后的农民中存在着发展个体经济和劳动互助两种积极性，中央既不能忽视和粗暴地挫伤农民个体经济的积极性，亦要在农民中提倡组织起来，按照自愿和互利的原则，发展农民劳动互助；规定实行简单的临时性劳动互助、常年的互助组和以土地入股为特点的农业生产合作社这三种主要的农民互助合作形式，采取典型示范逐步推广，由小到大，由少到多，由低级到高级，逐步引导农民走集体化道路。

在农民自发和政府动员的共同作用下，农民纷纷参加互助组和合作社，尽力添置耕畜、水车、新农具，改善和扩大经营，提高农业生产技术。一些地区率先进行农民互助合作，的

---

\* 毛泽东. 毛泽东选集（第五卷）[M]. 北京：人民出版社，1997.
† 毛泽东. 毛泽东文集（第六卷）[M]. 北京：人民出版社，1999.

确取得了明显成就。中南局 1953 年 2 月给中央的报告说："凡是条件比较成熟，领导强的农业生产合作社，一开始就显示了它的优越性取得群众的拥护，突出成绩为产量的显著提高，从河南已经总结的十余社的材料看，较好的合作社都比互助组与单干户增产一成到五成，如河南苏殿选合作社的小麦每亩平均产量超过了一般互助组产量的 47%，超过了一般单干农民产量的 60%，全年总收入每亩平均产量超过该乡最好互助组 66%，超过一般互助组 101%，超过单干户 125%，湖北饶兴礼合作社水稻每亩平均产量超过 1951 年的 33%。"*

1953 年 2 月中央颁布《关于农业生产互助合作的决议》，正式提出"农民个体经济及互助合作的积极性是恢复和发展国民经济和实现国家工业化的基本因素"。同年 12 月中央又通过《关于发展农业生产合作社的决议》，大力推动农业生产合作社的发展。

随着国家工业化建设规模的不断扩大，对农产品的需求也越来越大，以农民个体所有制为主体的农业生产经营体制，与国家工业化之间的矛盾也越来越突出。要解决这个矛盾，就必须在农业生产互助的基础上进一步合作。1955 年毛泽东同志指出："如果我们不能在大约三个五年计划的时期内基本上解决农业合作化的问题，即农业由使用畜力农具的小规模的经营跃

---

\* 中共中央文献研究室. 建国以来重要文献选编（第四册）[M]. 北京：中央文献出版社，1993.

进到使用机器的大规模的经营,我们就不能解决年年增长的商品粮食和工业原料的需要同现时主要农作物一般产量很低之间的矛盾,我们的社会主义工业化事业就会遇到绝大的困难,我们就不可能完成社会主义工业化。"*

1956年6月,中央颁布实施《高级农业生产合作社示范章程》,把社员私有的主要生产资料转为合作社集体所有,标志着农村土地农民个人所有制的终结和农村土地集体所有制的初步建立。从1957年开始,农业合作化逐步演变为人民公社体制。1958年8月,中央通过了《关于在农村建立人民公社的决议》,决定把各地成立不久的高级农业生产合作社普遍升级为大规模的、政社合一的人民公社,进一步集中了乡村经济权利以外的政治、文化、社会生活等其他权利。1962年,《农村人民公社工作条例(修正草案)》颁布,正式确立了农村人民公社"三级所有,队为基础"的原则。

改革开放前,农村土地集体所有制发挥出了强大的动员能力。广大农民通过投工投劳,兴建了大量的农田水利设施,开展了大规模的土地平整和深翻改土,极大改善了农业生产条件,很多农田水利设施至今仍发挥着重要作用。据统计,1952—1982年,全国共整修、新修堤防、圩垸17.3万公里;建成水库8.7万座,总蓄水库容量达到4 208亿立方米;修建

---

\* 毛泽东.毛泽东选集(第五卷)[M].北京:人民出版社,1997.

了万亩以上的大灌区 5 288 处,其中 50 万亩以上的有 67 处;修建、新建各种塘坝 619 万座;建成机井 267.2 万眼,其中实行配套的井占 68.8%;全国初步治理水土流失面积达 42.4 万平方公里,占全国水土流失总面积的 35.3%;农田有效灌溉面积从 1957 年的 2 733.9 万公顷增加到 1980 年的 4 488.8 万公顷,平均每年增加 76.3 万公顷。

毋庸讳言,人民公社体制作为农村集体所有制的一种实现形式,并不适应我国农业生产力发展,是在生产关系调整方面犯了"冒进"的错误。但不能因此就否定农村集体所有制。从推进工业化的角度看,当时农村采用集体所有制是历史的必然选择,有效地调动了农村资源,筑牢了农业生产体系,创造了大量的农业剩余,为迅速实现工业化提供了有力支撑。据国家权威机构测算,从 1952 年到 1978 年底,我国农业部门为工业部门提供了 5 100 亿元左右的资金积累。

(二)中国要富起来需调动一切积极因素参与现代化建设,必须坚持公有制为主体、多种所有制经济共同发展

从新中国成立到 1978 年以前,我国工业企业基本都是全民所有制和集体所有制,公有制经济占全国工业总产值的比重为 100%,个体经营户仅有 14 万人,从业人员 15 万人,私营经济和外资经济基本消失殆尽。这表明,改革开放前我国经济发展几乎完全依靠国内的资金和技术,完全依靠公有制。数据

显示，尽管当时我国经济增长速度也位居世界前列，但1965—1977年，世界人均GDP从591.72美元增加到1 729.56美元，增长了1.92倍，而我国只增长了0.88倍；1952—1978年，我国年人均收入增长率只有2.3%，低于世界2.6%的平均水平。

对于当时中国的生产力水平和经济状况，1978年3月18日邓小平同志在全国科学大会开幕式上有一个描述："我们现在的生产技术水平是什么状况？几亿人口搞饭吃，粮食问题还没有真正过关。我们钢铁工业的劳动生产率只有国外先进水平的几十分之一。新兴工业的差距就更大了。在这方面不用说落后一二十年，即使落后八年十年，甚至三年五年，都是很大的差距。"* 他在和外宾的谈话中也多次强调"我们中国还很穷"。

贫穷不是社会主义。马克思曾经说过："无产阶级将利用自己的政治统治，一步一步地夺取资产阶级的全部资本，把一切生产工具集中在国家即组织成为统治阶级的无产阶级手里，并且尽可能快地增加生产力的总量。"† 1979年3月，邓小平同志再次指出："我们的生产力发展水平很低，远远不能满足人民和国家的需要，这就是我们目前时期的主要矛盾，解决这个主要矛盾就是我们的中心任务。"‡

改革开放前的30年，我国生产力水平虽有较大提高，但

---

\* 邓小平. 邓小平文选（第二卷）[M]. 北京：人民出版社，1994.
† 马克思，恩格斯. 共产党宣言[M]. 北京：人民出版社，1964.
‡ 邓小平. 邓小平文选（第二卷）[M]. 北京：人民出版社，1994.

与发达国家相比却仍然很低,生产的社会化程度也不高。社会主要矛盾集中体现为人民日益增长的物质文化需要同落后的社会生产力之间的矛盾。按照马克思"生产力决定生产关系、生产关系反作用于生产力"的基本原理,要进一步发展生产力,必须调整之前的生产关系。于是党的十一届三中全会提出,要根据我国社会主义建设的具体实际,改革同生产力发展不相适应的生产关系和上层建筑。党的十一届六中全会对所有制改革首次破题:"社会主义生产关系的发展并不存在一套固定的模式,我们的任务是要根据我国生产力发展的要求,在每一个阶段上创造出与之相适应和便于继续前进的生产关系的具体形式。"邓小平同志还提出了著名的"三个有利于"标准。

随着改革开放的深入推进,我们逐步认识到,公有制在生产力发展的不同阶段,可以采取不同的实现形式。公有制经济不仅包括国家所有制、集体所有制,还包括股份合作制、混合所有制经济中的公有制成分。党的十四届三中全会强调,必须坚持以公有制为主体、多种经济成分共同发展的方针。党的十五大进一步明确提出,公有制为主体、多种所有制经济共同发展,是我国社会主义初级阶段的一项基本经济制度。

改革开放以来的实践证明,坚持以公有制为主体、多种所有制经济共同发展,有力地促进了非公经济快速增长。特别是党的十八大以来,我国民营经济蓬勃发展,各类市场创业主体如虎添翼,为经济发展贡献了巨大力量。到2018年底,民营企业每年为国家贡献50%以上的税收,60%以上的GDP,70%以上的技术创新成果,80%以上的城镇劳动就业,90%以上的企业数量,成为我国经济社会发展的重要基础。

## 二、怎样看待改革开放前后两个历史时期经济体制转轨

改革开放前,我国尚处于工业化初期阶段,资源配置方式采用的是计划手段,也称计划经济体制;改革开放后,我国进入工业化中后期,随着发展阶段及其目标任务的变化,资源配置逐步转向采用市场手段,并建立了中国特色社会主义市场经济体制。

### (一)国家工业化初期需优先发展重工业,优先发展重工业需要采用计划经济体制

从理论上讲,计划与市场都是配置资源的手段,与一个国家的社会制度无关。邓小平同志在1992年的南方谈话中指出,计划经济不等于社会主义,资本主义也有计划;市场经济不等于资本主义,社会主义也有市场。对这一论断,著名经济学家、诺贝尔经济学奖得主科斯早在1937年发表的《企业的性质》一文中就做过论证。

科斯认为,资源配置选择用"计划手段"还是用"市场手段",取决于两种配置方式的交易成本。若用市场配置资源的

交易成本低，就用市场手段；反之则用计划手段。说得更明确一些，当人们不知道应该生产什么或生产多少时，就需要以"价格信号"为指引，用市场配置资源的交易成本会相对低；但若已经知道应该生产什么或生产多少，那么用计划配置资源的交易成本会相对低。1949年新中国成立之初，基本上还是一个农业国，工业基础非常薄弱，自己连一台拖拉机都造不出，所以当时我们非常清楚，应该优先发展工业，建立起自己独立的工业体系。而要快速推进工业化，计划经济比市场经济效率更高。

众所周知，英国是工业革命的摇篮，可英国的工业化进程却长达150多年。若往前追溯，是"圈地运动"变革了土地所有权，改变了农业经营方式和生产组织形式，率先在农业上实现了商品化生产；农业发展使人口持续增长，为工业提供了广阔的市场和充足的劳动力，这样不仅完成了资本的原始积累，而且劳动力市场也已形成。英国的工业化，正是在私有制基础上以及农业、商业、手工业有了较大发展的前提下产生的，并且当时的市场化程度已经相当高了。法国、美国的工业化过程也大体如此，也都是在生产资料私有制的基础上通过自由市场的作用，从传统社会内部自发产生推动工业化的因素，它们都是一种内生型的自由主义工业化模式。

改革开放前的30年，我国虽然建立了社会主义制度，但生产力水平仍远远落后于发达资本主义国家。如果走西方工业化的老路，我国的工业化将是一个更加漫长的过程。道理很简单，自国家工业化初期阶段，快速地推进工业化，需要投入巨大的人力、物力、财力，如果依靠市场来配置资源，在当时资源全面短缺的情况下，资源不可能被投入工业部门，特别是重工业部门。可计划经济体制不同于市场经济体制，其显著特点就是能集中力量办大事，政府可以通过控制生产剩余，把有限的资源配置到最急需发展的工业领域。从这个角度看，较之于市场经济体制，计划经济体制是我国快速推进工业化的不二选择。

今天有人批评说，当时我们选择计划经济是照搬苏联模式。历史地看，我们借鉴苏联模式并没有错。新中国成立初期，我们处于西方国家的军事威胁和重重封锁之中。如何发展社会主义，并没有现成的经验，只能以苏联为师。苏联在短短20多年的时间里，完成了从一个落后的农业国到先进工业国的跨越，计划经济体制显示出了巨大的优势，对我国有着强烈的示范作用。正如后来毛泽东在总结历史经验时谈到，对于建设社会主义经济，我们没有经验，"是懵懵懂懂的""只能基本上照抄苏联的办法"*。他还说："为了使我国变为工业国，我们必须认真学习苏联的先进经验。苏联建设社会主义已经有四十年

---

\* 毛泽东. 毛泽东文集（第八卷）[M]. 北京：人民出版社，1999.

了，它的经验对于我们是十分宝贵的。"*

用计划经济体制推进工业化，一个重要的手段是借助工农业产品价格剪刀差为工业化积累资本。一方面，国家低价收购农产品，在农民拿出剩余产品去交换工业品时，国家就从中取得一定比例的收入，然后将其投入工业领域；另一方面，在工业内部又实行低工资制，确保工业部门能够实现较高利润。1953年11月，我国颁布了《政务院关于实行粮食的计划收购和计划供应的命令》，以法律形式明确了统购统销政策，国家强制实施的这种计划调节与当时的农业合作化相契合，合法地实现了工业化对农业剩余的吸取。公开数据显示，从1953年到1978年，全国预算内的固定资产投资总额为7 678亿元，平均每年240亿元左右，大体相当于每年工农业产品价格剪刀差的绝对值。换句话说，从第一个五年计划到第五个五年计划时期，国家工业化的投资主要来自工农产品价格剪刀差。

计划经济体制不仅有力地推动了工业化，也为中国经济起飞奠定了雄厚基础。新中国成立之初，我们连铁钉和煤油等初级工业品都需要进口，30年后逐步建成相对完整的工业体系，全国基础设施资本存量从1953年的202亿元，上升到1978年的1 113亿元。1949年，我国工业与农业产值之比为1∶2，1978年则变为3∶1，到20世纪70年代末，西方国

---

\* 中共中央文献研究室.建国以来毛泽东文稿（第六册）[M].北京：中央文献出版社，1992.

家所拥有的工业门类，中国几乎全有。到 1978 年，我国工农业总产值从 1949 年的 466 亿元上升到 5 690 亿元，年均增长 9.45%。其中工业总产值从 1949 年的 140 亿元增加到 1977 年的 3 725 亿元，增长了 25.61 倍；GDP 从 1952 年的 679.1 亿元提高到 1978 年的 3 221.1 亿元，增长了 3.74 倍，年均增长 6.71%，接近"亚洲四小龙"黄金时期 8.8% 的平均增速，大大高于 1966—1990 年英国、美国、德国 2%～3% 的年均增长速度。美国著名学者莫里斯·迈斯纳曾说："其实毛泽东的那个时代远非现在普遍传闻中所谓的经济停滞时代，而是世界上最伟大的现代化时代之一，与德国、日本和俄罗斯等几个现代工业舞台上主要后起之秀的工业化过程中最剧烈的时期相比毫不逊色。"

（二）进入工业化中后期需调整产业结构，必须让市场起决定性作用和更好发挥政府作用

在"一五"到"五五"时期，计划经济体制对推进国家工业化发挥了巨大的作用，但同时也带来了一些问题，如农、轻、重比例和积累与消费比例出现了严重失调，城乡居民收入也没有得到显著提升。1978 年世界发达国家人均收入 8 100 美元，发展中国家人均收入 520 美元，而我国人均收入只有 230 美元。"文化大革命"结束后，邓小平指出："考虑的第一条就是要坚持社会主义，而坚持社会主义，首先要摆脱贫穷落后状

态,大力发展生产力,体现社会主义优于资本主义的特点。"*而要发展生产力,就必须改革。他说:"如果现在再不实行改革,我们的现代化事业和社会主义事业就会被葬送。"其中首要的改革,就是"对妨碍我们前进的现行经济体制,进行有系统的改革"†。

改革开放从农村拉开序幕,安徽小岗村农民率先实行"大包干"(家庭联产承包责任制),这一改革得到了中央领导的肯定后,各地农村可谓一呼百应。到1983年底,全国90%以上的生产队都实行了"大包干"。农村土地经营制度的改革创新,极大地调动了广大农民的生产积极性,农村生产力实现了爆发性增长。1984年,我国粮食总产量达4亿吨,人均粮食拥有量达到390.29公斤,创下了历史最高水平,国内粮食基本自给自足,之后有些年份还出现了农民卖粮难和打白条的问题。到1993年,国家正式取消了"粮票""布票"等计划经济时期各类限制供给的票证。

城市改革以国有企业为突破口。1979年以重庆钢管厂等6家国企作为试点,推开扩大企业自主权改革。从1981年起,又相继实行了"利润包干"和"利改税"。1984年开始实施"承包经营责任制"试点,明确所有权与经营权适当分离,要求

---

\* 冷溶,汪作玲. 邓小平年谱(1975—1997)(下)[M]. 北京:中央文献出版社,2004.

† 同上。

企业自负盈亏。1987年6月，国务院在全国范围普遍推行承包经营责任制，按照"包死基数、确保上交、超收多留、歉收自补"的原则，重新界定国家和企业的关系。到20世纪90年代初，中央提出建立现代企业制度，根据"产权明晰、权责明确、政企分开、管理科学"的十六字方针对国企进行公司制改造。以上改革举措极大地激发了国有企业的活力，国内工业品供给日益丰富，人民生活水平不断提高，但同时工业品逐步出现了过剩，生产结构失衡问题也凸现出来。

在过去短缺经济时代，国家可以用计划手段配置资源，农产品和工业品国家皆可统购包销。可进入工业化中后期，工农业生产全面过剩，国家已无法再用计划手段决定企业应该生产什么、生产多少，也没有能力再统购包销。在这样的背景下，改革计划经济体制成为普遍的呼声。党的十三大报告提出"社会主义有计划商品经济的体制"，"国家调节市场，市场引导企业"；到1992年党的十四大，中央又明确提出建立社会主义市场经济体制。党的十八大以来，市场化改革全面深化，在党的十八届三中全会上，习近平总书记提出"使市场在资源配置中起决定性作用和更好发挥政府作用"。

我国在公有制为主体的基础上推进市场化改革，是我们党领导中国人民的伟大创举。不仅在理论上发展了马克思主义政治经济学，创造出了"中国市场经济模式"，而且所取得的成就举世瞩目。2010年，中国经济总量超过日本，成为全球第二大经济体。国家的经济实力、科技实力、国防实力、综合国力均进入世界前列，国际地位也实现了前所未有的提升，中华民族的面貌发生了前所未有的变化。

## 三、怎样看待改革开放前后两个历史时期分配制度改革

马克思在《哥达纲领批判》中指出："消费资料的任何一种分配，都不过是生产条件本身分配的结果。"\* 马克思所说的生产条件，主要是指各要素的所有制关系。随着我国所有制结构调整和经济体制改革，分配制度也经历了从改革开放前的"单一按劳分配"到"以按劳分配为主体、多种分配方式并存"的转变。

### （一）单一公有制与计划经济决定了单一的按劳分配体制

西方经济学讲分配，是指生产要素所有者共同参与的分配，也是企业内部的初次分配。关于个人收入分配原则，19世纪初法国著名经济学家萨伊曾提出过所谓"三位一体"公式：资本得到利润，土地得到地租，劳动得到工资。后来经济学家将此公式简称为"按生产要素分配"。需要特别指出的是，萨伊提出的"按生产要素分配"有两个制度性前提：一是生产要

---

\* 马克思，恩格斯.马克思恩格斯选集（第三卷）[M].北京：人民出版社，2012.

素归个人所有，二是存在普遍的商品交换关系。可见，改革开放前的 30 年我国实行单一的按劳分配，是因为当时我们的生产资料采用的是单一公有制，而经济体制是计划经济。

新中国成立后，随着社会主义过渡时期的完成，城市国营经济不断壮大，农村集体经济取代了农民个体经济。实现单一公有制后，资本和土地等生产要素已经归国家或集体所有，只有劳动力归劳动者个人拥有。在这种体制下，个人收入当然只能按劳分配。在城市，1950 年我国开始建立全国统一的工资制度，即"等级工资+计件工资+奖励工资"；1956 年开始实行货币工资制，也是以按劳分配为原则，确立干部 24 级、工人 8 级工资制。1950 年农村实行土地改革后，经过互助组、初级社和高级社阶段，农村个体经济向集体经济转变，农民收入分配形成了"缴纳国家税金，扣除生产费用、公积金和公益金后的各尽所能、按劳分配"的格局。

对于按劳分配，那时人们的看法并不完全一致。比如城市的计件工资制度，就被认为是资产阶级法权思想的残余，且在 1958 年被废除。尽管 1961 年后有所恢复，但原有按照技术、职务、行业、区域为基本参照的"按劳分配"制度被削弱，出现了平均主义倾向。在农村，人民公社制度确立后，农民基本按工分取得货币收入和实物报酬。无论是农产品定价，还是集体经济收入，都由国家统一管理，农民失去了自主收入权和分配权。到"文化大革命"期间，由于特殊的时代背景，按劳分配被视为资产阶级法权受到批判，计件工资和奖励制度也被当作资本主义元素被全盘否定。邓小平曾经批评说："如果不管贡献大小、技术高低、能力强弱、劳动轻重，工资都是四五十块钱，表面上看来似乎大家是平等的，但实际上是不符合按劳分配原则的，这怎么能调动人们的积极性？"*邓小平同志批评这种平均主义的分配体制，目的其实是推动收入分配制度向真正的"按劳分配原则"回归。

从经济学逻辑上讲，我国过去实行单一的按劳分配，是与当时的生产资料所有制与经济体制相配套的。今天绝不能全盘否定这种分配制度，也不能将按劳分配原则与平均主义"大锅饭"混为一谈。事实上，改革开放前的按劳分配体制不仅为国家工业化积累了大量资金，而且由于国家对收入分配的控制，也保障了人民的生存权利和社会稳定，保障了医疗、教育、社会保障等公共产品的低水平普遍供给。

（二）多种所有制共同发展与市场经济体制决定了以按劳分配为主体，多种生产要素共同参与分配

党的十一届三中全会后，个体经济和工商业的专业户相继出现，民营经济也应运而生，不久便出现了雇工现象。到1979年底，全国个体工商户发展到31万人（户），比1978年

---

\* 邓小平. 邓小平文选（第二卷）[M]. 北京：人民出版社，1994.

增长了一倍多。适应改革开放的要求，政府也鼓励"在农村和城市，都要鼓励劳动者个体经济在国家规定的范围内和工商行政管理下适当发展，作为公有制经济的必要的、有益的补充"。这就明确了个体经济等非公有制经济是活跃市场、改善人民生活的重要经济形式。所有制结构的变化，迫切要求对单一的按劳分配制度进行变革，让收入分配制度适应所有制结构出现的新变化。

20世纪80年代中期，随着非公有制经济逐步发展，土地、资本、技术等生产要素作为创造物质财富必不可少的条件，也越来越多地参与收入分配。社会上出现了个体劳动收入、企业债权收入、利息收入、股份分红、经营收入等多种分配形式。对于收入分配中出现的新问题，党的十三大报告做出回应："目前全民所有制以外的其他经济成分，不是发展得太多了，而是还很不够。对于城乡合作经济、个体经济和私营经济，都要继续鼓励它们发展。"并且指出，"社会主义初级阶段的分配方式不可能是单一的。我们必须坚持的原则是，以按劳分配为主体，其他分配方式为补充"。这是中央第一次明确提出在按劳分配为主体的原则下，允许其他收入分配形式存在。

1992年，党的十四大召开，中央提出建立社会主义市场经济体制。而市场经济体制下的分配，其实也是交换。各生产要素所有者参与生产活动，按照等价交换原则就得参与收入分配。党的十五大首次提出"坚持按劳分配为主体、多种分配方式并存的制度。把按劳分配和按生产要素分配结合起来","鼓励资本、技术等生产要素参与收益分配"。进入 21 世纪后，随着市场经济体制的建立，国有企业中职工持股，或以技术入股、专利入股、以无形资产兼并弱势企业等已经很普遍。党的十六大报告中，又增加了劳动和管理两个要素，提出"确立劳动、资本、技术和管理等生产要素按贡献参与分配的原则"，充分肯定了各种生产要素在社会经济中的功能和地位。

党的十八届三中全会再次拓宽可参与分配的要素范围，首次将"知识"作为生产要素。随着信息技术革命的深刻变革与广泛渗透，数据日益成为生产经营活动不可或缺的新生产要素，如云计算、智能终端、数字营销、数字金融等产业方兴未艾。党的十九届四中全会又将"数据"增列为参与分配的要素，提出"健全劳动、资本、土地、知识、技术、管理、数据等生产要素由市场评价贡献、按贡献决定报酬的机制"，以进一步激发经济主体的主动性与创造性，让各类生产要素的活力竞相迸发，让一切创造社会财富的源泉充分涌流。

## 四、简短的结论

马克思曾经说过："人们自己创造自己的历史，但是他们并不是随心所欲地创造，并不是在他们自己选定的条件下创造，而是在直接碰到的、既定的、从过去承继下来的条件下创造。"\* 我国基本经济制度的形成与发展，是由不同时期的基本国情、发展任务和发展条件决定的，应该科学评价改革开放前后两个历史时期。

总结全文分析，可以得出三点重要结论。

第一，中国作为社会主义国家，必须始终坚持以公有制为主体。实践证明，在从农业国向工业国转变的初期阶段，为了建立自己独立完整的工业体系并迅速推进工业化，采用"国家所有制"和"集体所有制"是必要的，也是正确的；而进入工业化中后期，则需调动一切积极因素参与现代化建设，必须在坚持公有制为主体的前提下，鼓励多种所有制经济共同发展。

第二，计划与市场都是资源配置手段，采用计划经济体制还是采用市场经济体制，取决于两种体制配置资源的交易成本。在实现工业化初期阶段，政府明确知道需要发展工业，特别是重工业，采用计划体制的交易成本相对低，而且效率更高；进入工业化中后期，由于逐步出现了生产过剩和结构失衡，继续采用计划体制配置资源的交易成本升高，所以必须改革计划经济体制，让市场在资源配置中起决定性作用，更好发挥政府作用。

第三，从人类社会发展史看，消费资料的任何一种分配，都是生产条件本身分配的结果。也就是说，一个国家采用什么

---

\* 马克思，恩格斯. 马克思恩格斯选集（第二卷）[M]. 北京：人民出版社, 2009.

样的分配制度,是由这个国家的所有制结构和经济体制决定的。改革开放前的30年,中国实行的是"单一公有制"与计划经济体制,决定了当时只能实行按劳分配;而改革开放后以公有制为主体、多种所有制共同发展,同时建立了市场经济体制,所以决定了分配制度以按劳分配为主体、多种分配方式并存。

# 中国市场经济改革的逻辑 *

> 我国改革开放的实践证明,在公有制为主体的基础上建立市场经济体制,前提是创新公有制实现形式;使市场在资源配置中起决定性作用,前提是改革价格形成机制;更好发挥政府作用,前提是政府要立足于弥补市场失灵。

改革开放 40 年来,我国在公有制为主体的基础上建立了社会主义市场经济体制。这一成功实践是马克思主义政治经济学中国化的重大成果,回答了公有制与市场能否结合以及如何结合等一系列重大问题,对推动经济理论创新做出了开创性贡献,极大地丰富和发展了中国特色社会主义政治经济学。

---

\* 本文发表于《经济日报》2018 年 8 月 23 日理论版。

## 一、公有制与市场经济结合，前提是创新公有制实现形式

改革开放之初，国内理论界对在公有制基础上能否发展商品经济展开了讨论。当时人们一致的看法是，国有企业与集体所有制企业之间可以产生商品交换，但国有企业之间不可能形成交换关系。1992年邓小平同志发表南方谈话指出："市场经济不等于资本主义，社会主义也有市场。"可当时有人质疑，说马克思明确讲"私有权是流通的前提"，中国以公有制为主体，何以产生商品交换呢？

追根溯源，公有制不能产生交换的观念来自古典政治经济学。古典政治经济学认为，商品交换有两大前提：一是社会分工，二是财产私有且受法律保护。没有分工，大家生产相同的产品用不着交换；若财产不是私有或不受法律保护，无偿占有别人的产品不受惩罚，也不会产生交换。

将分工作为交换的前提，学界没有人反对；人们的分歧在于，财产私有到底是不是发展市场经济的前提？一些国家至今不承认中国的市场经济地位，其理由是我们坚持以公有制为主体。由此看来，对这个问题很有必要从理论上做进一步的澄清。让我们先看看马克思是怎样论述的，以及其原意究竟是什么。

不错，马克思在《政治经济学批判（1857—1858年手稿）》中确实讲过，"私有权是流通的前提"；在《资本论》第一卷中

马克思还说，交换双方"必须彼此承认对方是私有者"。于是有人据此推定，马克思认为交换的前提是私有制。然而，认真研读马克思这方面的论述，我们发现以上推定其实是对马克思的误读，并不是马克思的原意。

首先，马克思从未说过交换产生于私有制，相反他认为是产生于公有制。在《政治经济学批判》第一分册中他写道："商品交换过程最初不是在原始公社内部出现的，而是在它的尽头，在它的边界上，在它和其他公社接触的少数地点出现的。"在《资本论》中他也表达过相同的观点。

其次，马克思讲作为流通前提的"私有权"，也不是指生产资料私有权。他在《资本论》第一卷中说："商品不能自己到市场去，不能自己去交换。因此，我们必须找寻它的监护人，商品所有者。"而且还说，商品是物，为了使这些物作为商品发生关系，必须彼此承认对方是私有者。显然，马克思这里讲的"私有"并非生产资料私有而是产品私有。

事实上，生产资料私有与产品私有也的确不是一回事。以英国的土地为例。土地作为重要的生产资料，英国法律规定土地归皇家所有，但土地上的房屋（产品）却可归居民私有。正因如此，房屋才可作为商品用于交换。这是说，产品能否交换与生产资料所有制无关，关键在产品是否私有。

既然商品交换的前提是产品私有，那么在公有制基础上产品怎样才能私有呢？要说清这个问题需引入"产权"概念。在现代经济学里，产权不同于所有权。所有权是财产的法定归属权，产权则包含财产的使用权、收益权与转让权。以银行为例，银行的信贷资金来自储户，信贷资金的所有权归储户；而银行通过支付利息从储户那里取得信贷资金的产权后，资金如何使用、收益如何分享以及呆坏账如何处置，银行皆可独自决定。于是所有权与产权出现了分离。

所有权与产权一旦分离，生产资料公有而产品则可以私有，因为产权的最终体现是产品所有权。以农村改革为例，当初将集体土地的产权承包给了农民，于是交足国家的、留足集体的，剩下的就是农民的。再比如国企，国企的厂房、设备等生产资料归国家所有，而企业之所以能将产品用于交换，也是因为国家将产权委托给了企业，让企业拥有了产品所有权。

综上分析可见，商品交换的前提不是生产资料私有，而是产品私有；而所有权不同于产权，产品是否私有与生产资料所有权无关。我国的改革实践也已证明，只要改革公有制实现形式，将生产资料所有权与产权分离，并把产权明确界定给企业或农户，在社会主义公有制基础上可以发展市场经济。

## 二、使市场在资源配置中起决定性作用，前提是改革价格形成机制

关于市场在资源配置中的作用，中央强调，"使市场在资

源配置中起决定性作用"。当年亚当·斯密有个形象的比喻，说资源配置有两只手：政府有形的手与市场无形的手。而且他认为，资源配置应首先用无形的手，只有那些市场覆盖不到的地方才需政府拾遗补阙，用有形的手去调节。

20世纪30年代国际上发生了一场大论战。当第一个计划经济国家——苏联建成后，许多学者为计划经济大唱赞歌，可奥地利经济学家米塞斯1920年却发表了《社会主义制度下的经济计算》一文，指出资源的优化配置不可能通过"计划"实现。米塞斯的观点，得到了哈耶克和罗宾斯等学者的极力推崇。

1937年美国经济学家科斯发表了《企业的性质》。科斯说，资源配置在企业内部是计划，在企业外部是市场。于是科斯问：如果计划一定比市场有效，可为何未见有哪家企业扩大成一个国家？相反，若市场一定比计划有效，那人类社会为何会有企业存在？由此科斯得出结论：计划与市场各有所长，互不替代，两者的分工取决于交易费用。

"交易费用"人们已耳熟能详，无须再解释。科斯的意思是，资源配置用"计划"还是用"市场"，就看何者交易费用低。若计划配置比市场配置交易费用低，就用计划配置；否则就用市场配置。逻辑上，科斯这样讲应该没错；可困难在于，交易费用是事后才知道的结果，事前难以预知计划与市场谁的交易费用低，既然不知，我们又如何在两者间做选择呢？

骤然听似乎是棘手的问题，不过仔细想，我们对交易费用并非全然无知。至少有一点可以肯定，但凡市场失灵的领域，计划配置的交易费用就要比市场配置低。以"公共品"为例，由于公共品消费不排他，供求起不了作用。经验表明，此时公共品若由市场配置，交易费用会远比计划配置高。

让我用灯塔的例子做解释。灯塔属于典型的公共品，灯塔若由市场配置会有两个困难。一是难定价，由于灯塔消费不排他，不论多少人同时享用也不改变建造灯塔的成本，故市场无法给灯塔服务定价。二是由于灯塔消费不排他，过往船只中谁享用或谁没享用灯塔服务无法辨别，这样给灯塔收费造成了困难，若强行收费必引发冲突。

可见，无论是定价还是收费，由市场配置灯塔皆会产生额外的交易费用，这也是为何古今中外灯塔要由政府提供。中央强调"更好发挥政府作用"，就是指在公共品领域政府应承担起自己的责任。反过来，非公共品即一般竞争性资源的配置，就要交给市场。市场配置虽然也有交易费用，但相对政府配置会低得多。

中央提出"使市场在资源配置中起决定性作用"，有三个重点。一是市场决定价格，即让价格由供求决定。二是用价格调节供求。价格调节供求的过程，就是结构调整的过程。三是开放要素市场。要让价格引导资源配置，需允许生产要素自由流动，若要素市场被固化，不能在行业间流动，价格机制将难以发挥作用。

## 三、更好发挥政府作用，前提是政府要立足于弥补市场失灵

强调更好发挥政府作用，一个根本原因是市场会失灵。在亚当·斯密 1776 年出版《国富论》后的 100 多年里，人们对自由市场一直推崇备至。然而，20 世纪初出现了第一个计划经济体，1929 年至 1933 年西方又发生了经济大萧条，这两件事不得不让人们对市场进行反思。1936 年凯恩斯《就业、利息与货币通论》的出版，更是彻底动摇了人们的"市场信念"，很少再有人相信"市场万能"的神话。

对市场为何会失灵，经济学家有三点解释：一是信息不充分（或不对称），二是经济活动存在外部性，三是社会需要提供公共品（服务）。在我看来，信息不充分与外部性不是市场失灵的原因，公共品会令市场失灵，但除了公共品之外，市场失灵还有更深层的原因。

经济学家指出市场可能失灵，是想证明政府不可或缺，或者政府可以弥补市场缺陷。也正因如此，我不赞成将信息不充分（或不对称）作为市场失灵的原因。理由简单，因为信息若不充分政府也会失灵。事实上，在信息不充分的情况下，资源由市场配置比由计划配置的代价要小得多。恰恰是由于信息不充分，资源配置才需要通过市场试错。从这个角度看，我们不能把市场失灵归咎于信息不充分。

再看经济外部性。许多经济活动会有外部性，如造纸厂排放废水废气给周边造成污染，是经济的负外部性。问题是，存在负外部性市场就一定失灵吗？20世纪60年代前，经济学家大多是这样看的，其中最具代表性的经济学家是庇古，他对解决负外部性提出的方案是，先由政府向排污企业征税，然后补偿给居民。此主张曾一度成为政府解决负外部性的经典方案。科斯不赞成庇古的方案，他在1960年发表的《社会成本问题》中分析说，由于企业私人成本与社会成本分离，企业只承担私人成本而不承担污染所造成的社会成本，所以经济活动才出现负外部性。于是科斯指出，只要交易成本为零，产权界定清晰，市场就能将社会成本内化为企业成本，解决负外部性问题。比如，政府限制企业的排放权，赋予居民不受污染的权利，通过"排放权指标"交易一样可减少污染，市场不会失灵。

再看公共品（服务）。公共品有两个特征，一是消费不排他，二是公共品消费增加而成本不增加，因而不存在边际成本。由此看来，公共品确实会导致市场失灵。但除了公共品之外，还有一个原因即市场分配机制也会导致市场失灵。根据当年马克思对资本积累趋势的分析，资本主义市场分配将导致两极分化：一极是资本家阶级的财富积累，另一极是无产阶级的贫困积累。而且马克思说，这种两极分化的结果必发展为两个阶级的冲突，最后剥夺者一定会被剥夺。

有人认为，马克思分析的是资本主义的市场分配，社会主义的市场分配不会两极分化。这种看法并不符合实际。众所周知，市场分配的基本规则是"按要素分配"，只要要素占有或人们的禀赋存在差别，收入分配就一定会出现差距，若差距过大就一定会产生社会矛盾。社会主义与资本主义的区别，并不在于分配是否会出现差距，而在于政府能否主动调节并缩小收入差距。

将市场分配形成的过大收入差距看作市场失灵，理论上不应该错。目前中央正在实施精准扶贫方略，强调打赢脱贫攻坚战，这既是决胜全面建成小康社会的重要举措，也是弥补市场分配机制缺陷的重要抓手。有一个事实值得我们思考，以往计划经济时期人们的收入差距并不大，可为何搞市场经济后收入差距就逐步拉大了？主要原因是与市场分配机制有关。

弥补市场失灵需要政府发挥作用。一般来讲，市场经济条件下政府职能有四项：保卫国家安全、维护社会公平、提供公共品（服务）以及扶贫助弱。若从弥补市场失灵的角度看，我认为政府职能可归结为两个大的方面：一是维护国家安全与社会公正；二是调节收入分配差距，防止两极分化，最终实现共同富裕。

# 国企改革攻坚的路径选择 *

> 目前国有企业改革已进入关键期,推动国企改革攻坚,可取的办法是引入非公资本"花自己的钱办自己的事"的机制,并通过"混合所有制改革"改组股东会,实行投资主体多元化,完善企业法人治理结构,把"混资本"与"混机制"结合起来。

国企改革自 20 世纪 80 年代初启动,先后经历了利改税、承包经营责任制、公司制改造三个阶段,目前已进入改革攻坚期。如何推动国企改革攻坚?本文拟从财产所有权与产权分

---

\* 本文发表于《管理世界》2019 年第 2 期。

离、产权结构安排与企业行为选择等角度，对国企改革攻坚的路径选择做分析。

## 一、所有权、产权及产权界定

产权问题在国内一直有争议，当年为避免争论，邓小平同志讲不要问"资"姓"社"。老人家一言九鼎，为后来国企改革赢得了时间。可时至今日仍有人将产权等同于所有权，甚至说国企产权归国家，清清楚楚，明晰产权莫非要搞私有化？这一批评显然是望文生义，没弄清所有权与产权的区别。

在现代经济学里，所有权与产权是两个不同的概念，所有权是指财产的法定归属权，而产权则是指除了归属权之外的其他三项权利，即使用权、收益分享权与转让权。今天人们之所以将所有权与产权混为一谈，其实也是事出有因。在人类社会早期，所有权与产权是融为一体的，若某人对某财产拥有所有权，也就同时拥有了产权。

不过这是早期的情形。今非昔比，当借贷资本与现代公司产生后，所有权与产权就分离了。典型的例子是银行。大家知道，银行的信贷资金主要来自储户存款，资金所有权仍然属于储户，既然资金的所有权是储户的，银行发放贷款为何可以不征得储户同意？原因是银行通过支付利息从储户那里购得了资金产权。在这里，所有权与产权已经实行了分离。

是的,产权源自所有权,但也可独立于所有权。从这个角度看,所谓明晰产权并不是改变所有权,而是明确财产的使用权、收益权、转让权。由此见,明晰产权与所有权是否私有无关。也许有人问,既然不改变所有权何须明晰产权?我的回答,财产无论公有私有,所有权清晰并不等于产权也清晰。此点特别重要,让我举例解释。

张三与李四相邻而居,北边的院子是张三的私产,南边的院子是李四的私产。有一天,张三在自家院子里焚烧垃圾,北风将烟尘刮进李四的院子,起初李四好言劝阻,可张三置若罔闻,结果两人大打出手。为何如此?是产权不清晰。当初张三建房时,法律并未规定在院子里不能烧垃圾,而李四建房时,法律也未承诺他有不受污染的权利。可见,南北两个院子虽分别为张三和李四的私产,所有权很清晰,但产权却并不清晰。

产权不清晰,会引起相关当事人的摩擦,要避免摩擦就必须明晰产权,这就带出了本文要讨论的第二个问题:产权应该如何界定?

美国经济学家科斯说:"若交易费用为零,产权界定清晰,无论产权界定给谁皆不影响经济的效率。"这里所谓的交易费用,是指利益各方为达成某项交易而产生的协调费用。比如用于谈判、通信方面的花费,请客送礼的开销,调解纠纷的行政费用或法律诉讼费用等。总之,除生产费用之外的一切费用,都统称为交易费用。

假如科斯的前提成立，推论肯定对。说我亲眼所见的例子。多年前，我曾赴湖北某纺织企业调研，见厂门口有十数人静坐，问原因，工厂主事人告诉我，静坐的都是周边居民，他们生病认为是工厂冒烟所致，故要求厂方报销医药费。按科斯的理论，解决此纠纷不难。如果政府能明确居民有不受污染的权利，那么工厂就得安除尘器；相反，如果明确工厂有冒烟的权利，那么居民就得集资替工厂安除尘器。

问题是，交易费用为零是一个理论假设，除了鲁滨逊一人世界，真实生活里几乎不存在。还是上面的例子，假如政府把产权界定给工厂，居民花钱给工厂安除尘器，可工厂的头头说，安除尘器可以，但得给工厂一些好处费，于是就产生了交易费用，若交易费用过高，后果有两个：一是维持现状，居民继续受污染；二是居民不堪忍受，到工厂寻衅滋事。

很明显，一旦有了交易费用，产权界定必受交易费用的约束。或者说，产权如何界定必须顾及交易费用的高低。想想吧，当下政府为何要求企业节能减排？从产权角度看，这实际上就是限制企业的排污权，而把不受污染的权利界定给居民。政府这样做，一方面是保护环境，另一方面是考虑交易费用。因为把产权界定给居民的交易费用要比把产权界定给工厂低得多。

类似的例子如下。交通法规定，机动车在人行道撞伤行人要负全责，在机动车道伤人也要赔偿。为什么？因为把产权

（安全保障权）界定给行人，不仅交易费用低，而且可减少交通事故。国家规定不许强行拆迁民宅，原因也是保护民宅的交易费用低。如果民宅不受保护，允许强行拆迁，引发的社会矛盾会层出不穷，政府管理的交易费用将不堪设想。

相反的例子是农民的耕地产权。国家规定，农村土地承包经营权长期不变。可现行承包经营权，只含使用权与部分收益权，转让权并未界定给农民，所以近年来强征农民土地的事时有发生。农民不服，于是就上访，有的地方甚至还闹出了人命。假如国家能明确规定土地产权（包括转让权）归农户，卖与不卖或按什么价格卖，一切均由农民自己做主，政府处理土地纠纷的交易费用就会大大降低。

由此我有四点结论：第一，产权有别于所有权，明晰产权不等于要改变所有权；第二，公有制产权不清晰，私有制产权也同样不清晰，因此产权改革未必要搞私有化；第三，产权包含使用权、收益权、转让权，明晰产权就是要对此三权予以界定；第四，产权做何种安排，最终应以节约交易费用为依归。

## 二、产权结构与企业行为选择

分析了产权与所有权的区别，让我们再看产权与企业行为选择是何关系。经济学研究行为选择通常要运用"需求定律"，该定律指出，某商品价格越高，消费者需求越小；反之亦然。

显然，这里的价格是行为选择的约束条件，需求变化是价格约束下的选择结果。需求定律的一般含义是，人类所有行为选择皆服从特定约束下的利益最大化。

企业行为当然是人类行为，这样，我们就可以用"需求定律"来研究企业的行为选择，比如将"产权"作为约束条件，便可推断出在不同产权安排下企业行为选择的一般规律。不过在展开分析之前，还需对"利益"与"最大化"两个概念做解释。

顾名思义，利益要比利润的外延更宽，利益不仅指利润也指非经济收益。利润最大化是利益最大化，但不能反过来说利益最大化就是利润最大化。人们面临的约束不同，追求最大化的目标也会不同。比如企业家追求的是利润，教师追求的是学术声誉，而官员追求的则是政绩。对于解释行为，利益最大化显然比利润最大化更实用。

何为"最大化"呢？经济学讲最大化，是指以最小成本获取最大收益（利益）：收益一定，成本越低越好；成本一定，收益越高越好。这是说，最大化要从成本与收益两个维度考量，既不能只考虑收益而不计成本，也不能只考虑成本而无视收益。

明确了"利益"与"最大化"的概念，我们便可讨论行为选择的规律了。若将产权作为约束，人们为了利益最大化会怎么做？回答这个问题，当然要看产权如何安排。前面说过了，产权不同于所有权，所有权是法定归属权，产权指使用权、收益分享权、转让权。若把转让也看作使用，则产权等于使用权加收益分享权。所谓产权安排，就是指产权结构，具体说可以有四种组合。

组合一：有使用权，也有收益分享权。我想到的例子是中国农村的耕地。宪法规定，农村土地归集体所有，而 20 世纪 80 年代末的农村改革将土地产权承包给了农民，而且规定 30 年不变。这就意味着 30 年内农民不仅拥有了土地使用权，同时也拥有了收益分享权。

组合二：有使用权，无收益分享权。这方面的典型例子是改革前的国有企业。国有的生产资料企业可以使用，但利润却要全额上缴。当年国企改革之所以从利改税起步（改上缴利润为上缴税收），目的是让企业缴税之后可以留存利润，实质是给企业界定收益分享权。

组合三：无使用权，但有收益分享权。比如 20 世纪 90 年代国内曾出现过一个非常特殊的群体，老百姓称为"官倒"。他们倒卖土地、钢材以及各种紧俏物资的批文。其实，他们并不具有这些物资的使用权，也无须使用，而是凭借特殊身份或权力倒卖批文，从中渔利。

组合四：无使用权，也无收益分享权。其代表性的例子是社会福利或公益机构，这些机构可接受社会捐赠，但捐赠品只能用于那些需要救助的人，机构工作人员自己既不能使用捐赠品，也不能利用捐赠品去谋取收益。

以上是产权结构的四种组合，这里要注意的是，若说某人（机构）对某资产有使用权，表明他使用该资产就是花费自己的成本；若说某人拥有收益分享权，表明他是在为自己办事。这样根据上面四种组合便可导出花钱与办事的四种类型：组合一是花自己的钱办自己的事，组合二是花自己的钱办别人的事，组合三是花别人的钱办自己的事，组合四是花别人的钱办别人的事。

此转换很重要，有了此转换我们就可用需求定律推断人类行为。前面说，人类行为是在特定约束下追求利益最大化，而最大化是以最小成本获取最大收益，基于此，我们便有了以下推论。

推论一：花自己的钱办自己的事，既讲节约又讲效果。这些年我时常听说有人装修机关办公楼吃回扣，结果被人发现后受到处分甚至判刑。可是我从未听说有人因为自己家里装修吃回扣而被纪委双规，何故？自己家里装修是花自己的钱办自己的事，自己吃自己的回扣岂不是发神经？

推论二：花自己的钱办别人的事，只讲节约不讲效果。有件事我从前一直不解，政府曾重拳打击假冒伪劣，可为何市场上假茅台屡禁不止？后经多方查访，才知原来是有人要用假茅台送礼，对假茅台有需求。人们为何要用假茅台送礼？因为送礼是花自己的钱办别人的事。只要够便宜，酒好不好喝他可以不管，酒能不能喝他也可以不管。

推论三：花别人的钱办自己的事，只讲效果不讲节约。读者想想，"八项规定"出台前，对于公务消费，为何有人敢一掷千金地盲目高消费？原因其实简单，那是花公家的钱办自己的事。而"八项规定"出台后高消费悄然降温，那是因为审计部门卡住了财务报销，堵住了公款消费的后门。

推论四：花别人的钱办别人的事，既不讲节约也不讲效果。前面讲到的办公楼装修就是花别人的钱办别人的事的例子，现实中类似的例子很多，道理也好懂，这里不再多解释。

以上推论对国企改革有何启示？主要有两点：第一，对所有权与产权可以分离的企业，政府最好将使用权与收益权一并界定，让企业既讲节约又讲效果；第二，如果出于特殊原因不能将使用权与收益权完全界定给企业，那么就得有严格的监督，否则不讲节约或者不讲效果的事恐怕难以避免。

## 三、国企"混改"应分类推进

根据以上分析，推动国企改革攻坚，可取的办法是引入非公资本"花自己的钱办自己的事"的机制，并通过"混合所有制改革"改组股东会，实行投资主体多元化，完善企业法人治理结构，把"混资本"与"混机制"结合起来。

将"混改"作为国企改革攻坚的方向是正确的，但也不能一刀切，应分类推进。目前的难题在于，国企到底应该如何分类？分类后又将如何改革？现行的分类方法比较多，有的是按出资主体分（如央企与地方国企），有的是按行业分（如制造企业与能源企业等）。但从改革角度，我认为应按"功能"分。政府之所以办国有企业，说到底是它具有其他非公企业不能替代的功能。

一般来讲，企业的功能就是创造就业与税收，但国企要特殊些。"特"在哪里？回答此问题得从政府职能看。市场经济的政府职能，学界一致的看法是四项：保卫国家安全、维护社会公平、提供公共品（服务）以及扶贫助弱。骤然听，以上职责并不多，可操作起来却千头万绪，政府很难事必躬亲。迫不得已，于是政府只好办企业，让国企来协助。我们讲国企特殊，特就特在它要承担部分政府职能。

我们可以重读一下党的十五届四中全会通过的《中共中央关于国有企业改革和发展若干重大问题的决定》。中央强调，国企改革要有进有退，有所为有所不为。国企往哪里进？《决定》讲得很明确，有三大产业：一是国家安全产业，二是自然垄断产业，三是公共品与公共服务产业。为何是这三大产业？往深处想，这是否与政府职能相吻合？是的，让国企进入此三大产业正是政府办国企的目的所在。换句话说，除了以上产业，政府是用不着办企业的。

明确了国企的定位，改革分类其实也就跟着明确了。大致可以分四类：第一类是国防军工企业，第二类是资源型企业，第三类是提供公共品与服务的企业，第四类是一般竞争性企业。需要说明的是，对照政府职能，第四类显然非政府职能所需。而之所以将其列入，一是它客观存在而且为数不少，二是考虑改革不能留死角。要是视而不见，这类企业就会游离于改革之外。

转谈改革吧。大家若认同上面的分类，那么改革则可对症下药。为表述方便，让我分类说。

第一类，国防军工企业。由于此类企业事关国家安全，特别是那些拥有核心技术的企业，毫无疑问必须由国家独资，旁人不能参股；而与军工相关的零配件生产企业，可允许非公资本加入，但也得由国家绝对控股。这并不是说军工企业无须改革，该改还得改，但改革并非只有"混合所有"一途，军工企业改革的重点是完善内部分配机制，强化对管理层与员工的激励与约束。

第二类，资源（能源）型企业。此类企业虽与军工企业不同，但也关乎国家的经济命脉与生态保护，故此类企业为完善治理结构，投资主体可多元化，实行混合所有，但前提是国家要绝对控股。改革的关键是，公司董事会构成要按出资比例定，而经理人员一律由董事会招聘。这是说，对国有绝对控股企业，国资委今后只需选派董事、董事长，不得再任命总经理、副总经理。

第三类，提供公共品与服务的企业。由于公共品的消费不排他，市场对公共品又难以定价，对于公共品的生产民营企业通常不会投资。而既然是公共品，公众有需求，政府提供就义不容辞。所以公共品通常得由国家投资的企业提供。参照国际经验，此类国企改革重点有二：一是建立由社会公众参与的企业考评机制，并将考评结果作为高管层任免的重要依据；二是通过招标委托非公企业生产，然后政府订购，再提供给公众。

第四类，一般竞争性企业。一般竞争性企业并非政府职能所需，下一步应加大这类企业的改革力度。总的原则是"有所不为"，当然不是要完全从竞争性领域退出，但国资的比重应降低。分两种情况：现有的高新技术与支柱产业的企业，国家可相对控股，无须绝对控股；除此之外，所有其他竞争性企业国家仍可持股，但不应再持大股，不然国企拿着大股不放，民间资本想请怕也请不来。

以上改革思路，只是框架性的，纸上谈兵易，真刀真枪地改要比这复杂得多。最近学界正在热议"员工持股"，虽然政府有明确表态，但大家的看法似乎并不一致。理论上，国有企业为全民所有制企业，内部职工可持股，那么外部职工可否持股？这些都是有待进一步研究的问题。

## 四、去行政化与是否要取消行政级别

近些年，社会上对国企"去行政化"的呼声一直很高，矛头直指国企行政级别。当初中国铁路总公司组建时就有人对其定为正部级提出过质疑。而我当时撰文回应：别的国企有行政级别为何铁路总公司不能有？铁路总公司要是没级别，铁道部撤分后的官员何以安置？

这是我之前的看法。我现在认为，安置政府分流官员只是给国企定级的一个理由，背后其实还有更深层的原因。原因具体为何我暂且不说，让我们先讨论下面三个问题：第一，国家当初为何要给国企定行政级别？第二，国企有行政级别是否就一定是政府的行政附属物？第三，凡事有利有弊，取消国企行政级别的利弊如何评估？

对第一个问题，我的回答是与中国的国情有关。新中国成立之初，国家一穷二白，加上西方又对我们搞封锁，为避免落后挨打，我们急需发展工业。可那时民间资本太弱小，无力建设大工业项目，迫不得已，国家只好自己出手。政府投资办了企业，当然就要派人去管理。问题是这些管理者都是国家干部，有行政级别，为了保留他们的级别，于是企业也就跟着有了级别。

以上是历史原因。再从国企自身特点看，既然国企是国家投资，那么国企就不是一般的企业。事实上，国家当初办企业一方面是为了加速工业化，另一方面则是希望国企作为国家的"长子"控制国家经济命脉。而要达到此目的，最直接的办法当然是将企业管理者纳入行政管理。管理者是国家干部，令行禁止，无疑可降低管控成本。无论算政治账还是算经济账，此举都不失为明智之选。

对于国企有了行政级别是否会成为政府的行政附属物这个问题，我认为不能笼统地答，需做具体分析。毋庸讳言，在以往计划经济时期国企的确是政府的行政附属物。那时候企业生产什么、生产多少以及怎样生产皆由国家下计划，生产的产品也由国家统购包销。企业既无自主经营权，也无须自负盈亏。正因如此，当时国家投资的企业皆称国营企业。

然而，经过30多年的改革，原来的"国营企业"早已改称"国有企业"。不要以为只是称谓的变化，国有与国营虽仅一字之差，但两者却有本质的区别。作为改革的见证人，我亲历了20世纪80年代的承包制、20世纪90年代的股份制以及目前的混合所有制改革，这一系列改革，其实都在推动所有权与经营权分离，实行政企分开。

这并非我的个人揣测，读者想想，从最初的承包制给企业扩权，到股份制确立企业法人地位，再到混合所有制完善法人治理结构，哪一项改革不是在去行政化？有目共睹，尽管今天国企有行政级别，但国资委作为出资人代表已从过去管人、管事、管资产退回到现在只管资本，企业重大决策皆由董事会定，经营权也在经理手里。可见国企有行政级别也未必就是政府的行政附属物。

对取消国企行政级别的利弊怎么评估？这个问题稍复杂些。据我所知，很多人认为取消行政级别的最大好处是可以让国企享有充分的人事任免权。说实话，这正是我的担心所在。政府作为出资人，若对企业高管任免完全放手，请问将来谁来对出资人负责？又如何保证企业不出现内部人控制？换位思考，假若你投资办企业，你作为老板会对企业人事安排不闻不问吗？

在我看来，将国企高管纳入行政系列管理既是一种低成本激励，也是政府的特有机制。经济学说，人的行为都要追求最大化利益。这里的利益不单指货币收入，也包括行政职级。比如近几年国企高管限薪后为何仅有少数人跳槽而多数人不离开？说明在薪酬与职级之间多数人更看重职级。既如此，又何必取消国企的行政职级呢？

事实上，给国企定行政级别还有一个好处，那就是有助于政府与国企的干部交流。目前不少省市和国家部委的官员来自国企，你道为什么？因为国企的高管懂经济。若国企行政级别被取消，高管没有对等的级别，无疑就堵住了国企与政府交流干部的通道。以后国企高管进不了政府，政府官员也进不了国企，如此老死不相往来显然对政府与国企皆不利。

基于以上分析，我的观点如下：第一，给国企定行政级别既有历史原因，同时也由国企的特点所决定；第二，保留国企行政级别不等于政府需直接经营企业，企业也未必就是政府的行政附属物，是两码事，不可混为一谈；第三，国企去行政化，重点不是取消行政级别，而是完善法人治理结构，实行政企职责分开。

去行政化的焦点是完善治理结构，对此中央的思路其实很明确：让国有资本与非公资本混合，通过投资多元化改组董事会。毫无疑问，混合所有制改革肯定没错，可问题是，企业由国家控股非公资本是否愿加入？最近我看到一篇报告，说非公企业主目前正犹豫不决，总担心入股后自己没有话语权。有此担心情有可原，关键是怎么解决。

有一个前提要明确，国企由国家控股不能含糊。但控股要分绝对控股与相对控股，对国家安全与自然垄断领域的国企，国家应绝对控股；对其他国企，国家只需相对控股。比如有10个股东，国家持股28%而其他每人持股8%，结果仍由国家控股，所不同的是，非公资本加总占72%，这样他们在董事会就有了话语权，有了话语权，当然也就不会有后顾之忧。

## 五、理性看待高管限薪

国企改革还有一个问题，国企高管的薪酬怎么定？对国企高管给予一定的激励无可厚非，但前些年国企高管年薪动辄数百万元,甚至上千万元,引起社会普遍非议。也正是基于此,2009年8月国务院相关部委联合发布了《关于进一步规范中央企业负责人薪酬管理的指导意见》,被社会称为"央企高管限薪令"。社会各界一片叫好,说明此举深得人心。

叫好归叫好,然而回到经济学理性,我认为要对高管限薪的效果做评估。早在20多年前,政府就曾对国企高管工资封过顶,规定最高不能超过员工平均工资的5倍。可执行得怎样呢?可以说是雷声大雨点小,后来也就不了了之。其实,企业由内部人控制,高管巧立名目拿钱的由头多的是,政府纵有三头六臂,想管也未必管得住。

当然现在不同了,中央要求对央企高管限薪,令行禁止,今天再没有人敢闯红灯。可问题是,限薪究竟要限多久?是长久之策还是权宜之计?倘若只作为临时的应急安排,我完全赞成。相反,如果限薪不是应急安排而是长期政策,那么就值得好好研究了。

企业高管的年薪,说白了就是他们管理企业的报酬。这样看,年薪的高低,就得按管理者的贡献定。贡献越大,年薪越高。举个例子,假如年薪按企业利税千分之三计提,企业利税一个亿,年薪为30万元,利税三个亿,年薪则为90万元。可现在政府要将年薪封顶,比如最高只能拿90万元,这无非是说,政府要对经营者的贡献设限。不是吗?企业利税若超出三个亿,经营者则不可多取分文,这样他们哪里有进取的动力呢?

是的，当下国企高管薪酬的症结，并不在年薪的高低，而是年薪制度设计有缺陷。这几年我走访的企业不少，与职工座谈，发现职工对高管薪酬有意见，不完全是因为高管拿钱多，而是年薪未能与贡献挂钩。大家议论较多的一种现象是，有些人本来在政府为官，对管理企业不在行，可一旦感觉升官无望，就设法转入国企任高管，摇身一变，年薪则上百万元。是他们对企业贡献大吗？非也。对企业无贡献却拿高薪，无功受禄，老百姓怎会没意见呢？

不仅如此，说现行年薪制度设计有缺陷，我认为最大的问题还是高管自己给自己定年薪。要知道，国企不同于民企，民企董事会可以定年薪，那是因为董事都是出资人，拿自己的钱发工资，有利益约束自然不会乱来。可国企高管不是出资人，董事会不过是出资人代表，是拿国家的资产办国家的企业，若年薪由董事会定，无疑是用国家的钱给自己发工资，钱不烫手，自己说了算当然是多多益善。这些年，国企高管年薪升得快，原因虽多，但说到底还是与这种自己给自己发钱的机制有关。

令人感到蹊跷的是，年薪虽由董事会提方案，但董事会也非一手遮天。按规定，方案最后还得拿到国资委去批。国资委由国务院授权，管人管事管资产，大权在握为何不严加把关呢？曾与国资委的朋友交流过，他们说国资委权力是不小，可对企业来说，国资委终归是局外人。由于信息不对称，怎好轻易否决企业的分配方案呢？何况董事会成员不蠢，既然敢将分配方案提交上来，一定是有备而来，理由可以说得天花乱坠。人家有理有据，国资委总不能平白无故卡住不批吧？

确实是头痛的问题。以企业经营业绩为例，高管的年薪通常与经营业绩挂钩，可业绩怎样考核，很复杂，不容易说得清。比如前几年煤炭价格飞涨，煤炭企业赚得盆满钵满，你能说高管有多少功劳吗？不好说吧！再有国家垄断行业，虽是靠政策赚钱，但你能说就没有高管的贡献吗？当然不能。困难在于，高管究竟对企业有多大贡献，当事人心里有数，可旁人很难说得清。既然说不清，清官难断，国资委官员也只好听之任之了。

不过我还想到另有一层，国资委官员对企业高管层年薪把关不严，也许多少有送顺水人情的成分。反正钱是国家出，别人多拿钱而自己毫发不损，事不关己，谁会斤斤计较得罪人呢？前面说过，当下政府官员到企业任职是常事，而国资委官员近水楼台，被派进企业做高管的机会更多。问题就在这里，只要主事官员心存此念，他们当然要为自己留后路，与人方便与己方便，有利益在，自然没必要对企业年薪高低过于较真。

上面种种，说的都是现在年薪制的缺陷。问题摆在那里，没人会否认，现在应该亡羊补牢，可问题是如何对症下药。对此我觉得可以借鉴经济学的"分粥原理"。比如，一群人分粥如何才能避免苦乐不均？经济学的答案是，不能让掌勺分粥的人先取，而让别人有优先选择权。若将此引入年薪管理，道理也相通，年薪仍可由企业定，但谁去做高管，必须公开招聘，若条件相同，外部竞聘者优先。机制一变，高管自不会漫天要价。

　　用岗位竞争代替行政限薪，一招制胜又易于操作，应当说是一个可取的办法。而且经验表明，复杂问题简单处理往往有奇效，可以事半功倍。所以我的看法，政府与其直接对高管限薪，倒不如将高管职位拿出来公开竞争。

# 后　记

我写经济专栏已经 25 年，除开寒暑假，差不多每周一篇。所幸自己在中央党校任教，有机会与学员朝夕研讨，可写的问题多，选题不难，难的是怎样写。专栏文章虽篇幅不长，但每篇都得为读者释疑解惑。若就事论事，或是堂吉诃德大战风车，读者不爱看，专栏肯定写不下来。

于今回顾，我写专栏其实是受了学员的启发。1992年我到党校工作，第一项任务是到省部班当辅导员。当时邓小平"南方谈话"不久，不少学员对中国搞市场经济仍心存疑虑。主要有两点：一是公有制与市场经济能否结合，二是搞市场经济是否会改变中国的社会主义性质。大家争论不休，希望我给全班做一次讲座。

研究上面的问题后,我发现学员存在疑虑,是因为不了解"所有权"与"产权"可以分离,更没想到决定商品交换的不是"所有权"而是"产权";同时,也误以为市场经济就是资本主义。虽然有学员认为中国应该搞市场经济,可又讲不清道理。我那次讲座回答了学员的困惑,大获成功,我也因此成为省部班主讲教员。

事后我自己做过总结,最深的体会,给领导干部讲课要抓住三个重点:一是学员想不到的问题,二是学员想到了但想错了的问题,三是学员想对了却不会用学理分析的问题。30年来,我讲课一直深受学员好评,曾有同事问我有何秘诀,我不知道这算不算秘诀,如果算,那么我的秘诀很简单:坚持"问题导向"。

在报刊写专栏,我的看家本领也是坚持"问题导向"。在我看来,写专栏与讲课只是受众多少不同,两者并无实质区别。怎么讲,就应该怎么写,都要回应受众的关切。设想一下,一篇专栏文章若能引导读者想到以往未曾想到的层面,或能纠正某种流行的误解,或能提供某种分析方法,读者是不是会耳目一新、醍醐灌顶?

当然,坚持"问题导向"只是一方面。不同于写"新闻时评",写经济专栏需有学理支撑,即用经济学逻辑分析解决现实难题。教师讲课要理论联系实际,得有现实针对性,可有现实针对性并不等于直接提对策。中央党校学员曾多次反映,教师讲课不仅要讲对策,更应讲清对策背后的理论逻辑,让人真懂,才有底气真用。

说一件往事。10 多年前,我听一位专家讲"生态环保"专题报告。本来慕名而去,结果却扫兴而归。他一开始演示了大量幻灯片,介绍当时环境污染有多严重,接着分析环境污染的原因是人们观念滞后,地方领导不重视,监管不力,财政对环境治理投入不足,最后提对策:转变观念、加强领导、加强监管、加大投入。

不能说这位专家讲得不对,可惜他未做学理分析,提出的对策不过是"头痛医头,脚痛医脚"。若用经济学原理分析,生态环境被污染,根本原因是"私人成本"与"社会成本"分离。由于企业无须承担污染环境的社会成本,所以才肆无忌惮地排放废水废气。这样看,解决环境污染的关键,是将社会成本内化为企业的私人成本。

回头再说我这本书。全书共 79 篇,讨论的皆是当前经济的热点难点,也是针对读者的困惑写。而且每篇文章也都提供了学理分析框架。我在本书前言中说过,读者可以不同意我的某些观点,但应该留意我观察分析的角度。我所说的"角度",就是指经济学的思维逻辑。

经济学研究的是人类行为,确实人人都有发言权。可是我想,假若能掌握经济学的基本原理,能用经济学思维方式看世界,大家的分歧是否会少一些,提出的对策是否会更有针对性、更管用？答案应该是肯定的。25年来我一直写专栏，正是为了帮助读者学会用经济学思维逻辑，分析解决现实经济难题。

好了，不再多说了，再说会有"王婆卖瓜"之嫌。我写这本书，虽希望有更多的读者阅读，也希望自己的观点能被读者认同，但我不是一个固执己见的人，若有读者指出某个观点错了，能够说服我，我会立即认错，再版时会修改。事实上，每篇文章写出初稿后都征求过同事和朋友的意见，也是一改再改。文章越改越好，我当然是求之不得。

王东京

2022年8月10日

于北京大有庄

# 致　谢

读万卷书，行万里路。就我自己的感受而言，《中国经济突围》这本书与其说是写出来的，毋宁说是在基层一线调研走出来的。

首先要感谢这些年接受过我访谈的各级政府官员、企业家以及工人和农民兄弟，大家推心置腹的交谈，让我受益良多。

同时，要感谢《学习时报》10多年来为我提供版面，让我能通过"经济学家专栏"这个平台保持与读者对话交流。

本书初稿曾分别请同事、朋友和博士生阅读提意见，其中大多数建议我都采纳了，对他们的帮助，我要由衷地表示感谢。

最后，要感谢全国哲学社会科学工作办公室将此研究列为马克思主义理论研究和建设工程重大项目、国家社科基金重大课题，为我赴基层调研提供了大力支持。